Was ist, was will, was kann Moral?

Myron Hurna

Was ist, was will, was kann Moral?

Springer VS

Myron Hurna
Freiburg, Deutschland

ISBN 978-3-658-15992-4   ISBN 978-3-658-15993-1   (eBook)
DOI 10.1007/978-3-658-15993-1

Die Deutsche Nationalbibliothek verzeichnet diese Publikation in der Deutschen Nationalbiblio-
grafie; detaillierte bibliografische Daten sind im Internet über http://dnb.d-nb.de abrufbar.

Springer VS

Gedruckt auf säurefreiem und chlorfrei gebleichtem Papier

Springer VS ist Teil von Springer Nature
Die eingetragene Gesellschaft ist Springer Fachmedien Wiesbaden GmbH
Die Anschrift der Gesellschaft ist: Abraham-Lincoln-Str. 46, 65189 Wiesbaden, Germany

Vorwort

Wer sich mit Moral auseinandersetzt, der gelang schnell in ein Gebiet kontroverser Auseinandersetzungen und er blickt in den meisten Fällen in den Abgrund einer langen Geschichte der Moralphilosophie, die so unbeständig ist wie es ein Gebiet philosophischen Nachdenkens nur sein kann. Nichts ist festgelegt und der Begriff der Moral scheint selbst offen zu sein für weite und weiteste Auslegungen. Je weiter man in der Geschichte der Moralphilosophie zurückgeht und je genauer man die Metamorphosen des Begriffs der Moral nachzuvollziehen geneigt ist, um so mehr wird man zum Ergebnis kommen, dass es bis heute nur begriffliche Entwürfe gibt für eine Sache, die durch ihren praktischen Charakter doch einer sicheren Festlegung bedarf. Aber eben die gibt es auf dem Gebiet der Moral nicht. Moral – das kann die eigene oder die gesellschaftliche Moral meinen, die Moral der Herrschenden oder die Gegenmoral der Unterdrückten. Vom Begriff der *mores* abgelöst ist Moral in der philosophischen Neuzeit dasjenige Handeln, das sich entweder an den eigenen Werten oder an den gesellschaftlichen Normen orientiert. Für viele geht der Begriff der Moral gänzlich in den gesellschaftlichen Normen auf; Moral ist dann Heteronomie, nicht Autonomie. Individuell ist die Moral im eigenen Gewissen, im eigenen Ethos oder in den internalisierten Normen; sozialpsychologisch gewendet ist sie die Fähigkeit zur Normenbefolgung, ja zum Normen-Opportunismus. Auf der Linie der begrifflichen Differenzierung und der Metamorphose der Begriffe Moral und Ethik verlaufen dann auch die meisten moralphilosophischen Versuche. Deshalb wird jeder, der sich philosophisch mit Moral beschäftigt, von der Heterogenität der Begriffsbestimmungen, sei es des Begriffs der Moral selbst, sei es einer seiner Konstituenten, zunächst erstaunt sein. Dabei hilft es nur wenig, die Bestimmungen der Moral, die im Laufe der Moralphilosophie entwickelt wurden, an bestimmte Autoren zu knüpfen oder in Klassen zu ordnen, denn das selbstständige Nachdenken über Moral, das einzige, das Aussicht hat, für das eigene

Handeln bestimmend zu werden, muss irgendwann entscheiden, wie der Gegenstand aufzufassen ist.

So legt sich auch die vorliegende Arbeit einigermaßen fest und versucht zwei großen Paradigmen der Moralphilosophie gerecht zu werden: Das ist zunächst Moral als Inbegriff der gesellschaftlichen Normen, denen sich der Einzelne anzupassen hat, insofern er darauf aus ist, nicht sanktioniert zu werden und insofern er die Freiheit genießen will, um derentwillen die moralischen Normen überhaupt erst etabliert wurden. Dann aber auch Moral als autonome Fähigkeit, wirklichen Werten gerecht zu werden, sein eigenes und das Glück anderer zu suchen und sich selbst zu kultivieren, schließlich um gerecht zu handeln und anderen aus Altruismus zu helfen. Beide Paradigmen lassen sich weiter unter verschiedenen kulturellen, evolutionären, sozialpsychologischen, soziologischen und spieltheoretischen Blickwinkeln betrachten. Die Resultate, die aus solchen Untersuchungen folgen, sind Legion und so konnte es hier nicht darauf ankommen, alle interessanten Wege zu verfolgen, die tief in das Dickicht der Moralphilosophie und ihrer verwandten Disziplinen führen. Ausgeklammert werden musste hier die Moralpsychologie, da sie hier nur hätte theoretisch rekonstruiert werden können, was bei den Aufsehen erregenden praktischen Ergebnissen, die viele Untersuchungen zutage förderten, recht nutzlos gewesen wäre. Auch die spieltheoretischen Überlegungen, die besonders idealistische moralphilosophische Entwürfe konterkarieren, mussten hier übergangen werden. Moralisches Verhalten ist insofern ein genuines Objekt der Spieltheorie, weil ein solches Verhalten eine Rechnung mit Unbekannten ist: Was tut der andere und was muss ich daher tun? Trotzdem nimmt diese Arbeit eine zur Spieltheorie passende soziologische Position ein, die Moral als gesellschaftliches Handeln betrachtet, die nicht genuin aus dem Einzelnen (als Gewissen, Ethos, Altruismus etc.) erwächst. Da wir es beim moralischen Handeln mit Urteilen und Entscheidungen zu tun haben, die sich auf unbekannte Größen des Verhaltens anderer beziehen, wird im Unterschied zu einer idealistischen Auffassung von Moral der praktische und das heißt bisweilen auch improvisierte Charakter moralischen Handelns deutlich: Hypothetische Imperative haben gegenüber kategorischen Imperativen Vorrang. Andererseits muss Moral, müssen die gesellschaftlichen Normen als Institution angesehen werden, ohne die ein Zusammenleben nicht funktioniert und die deshalb, *vor* Erscheinungsformen der politischen und juridischen Institutionen, als feste gesellschaftliche Einrichtung zu beschreiben sind. Das gilt sowohl für die Moral als praktizierte als auch für die ideale Moral, die sich Akteure innerhalb einer Gesellschaft entwerfen.

Moral ist als Institution eine Art Stütze für individuelles Handeln. Sie ist beschreibbar als etwas Festes und zuweilen auch Belastendes, *weil* sie eine

Institution ist. Aber sie ist eine informelle und daher eine schwache Institution (vor allem im Vergleich zu den formellen und starken Routinen der Justiz und der Administrative). Moral ist als ein Werk von Menschen auch eine Institution, die zerfallen kann. Und vor diesem Hintergrund ist die etablierte und periodisch auftretende Rede von moralischer Krise erst verständlich. Und diese Rede ist doch zu jeder Zeit falsch. Sie ist deshalb falsch, weil eine gesellschaftliche Moral immer in Bewegung und Entwicklung ist. Von einer moralischen Krise wird nur diejenige Gruppe sprechen, der die herrschende Moral gerade nicht nützt.

Doch wurde der Begriff der Moral hier bisher nur mit möglichen Perspektiven verbunden, nicht aus sich heraus definiert. Man muss fragen, um was es in einer, wenn nicht gar in der einzig möglichen (universellen) Moral geht. Kern einer idealen (das heißt anzustrebenden) und Kern einer tatsächlich praktizierten Moral ist das Prohandeln gegenüber anderen, ggf. auch gegen die eigenen Interessen. Dieser Kern ist unabhängig von jeder ideologischen Einbettung und auch unabhängig von der tatsächlichen gesellschaftlichen Erscheinungsform: Demokratische und liberale Moralen, die Moralen der Aristokratie und des Bürgertums, auch die Moralen heroischer Gesellschaften besitzen diesen Definitionskern, auch wenn es in ihren Moralen *auch* um andere Dinge geht. Die *Fremdnützigkeit* ist das, was wir am ehesten mit dem Begriff der Moral verbinden – sie betrifft das eigene Ethos, das jemand haben kann, ebenso wie die etablierten Normen, denen sich jemand anpasst. Fremdnützigkeit ist Zweck-Kern der Moral und aller möglichen Moralen, auch wenn deren Normen zusätzliche Motivatoren haben (etwa Machtgewinnung) und auch, wenn sie (wie in einem kulturell-evolutionären Prozess) blind und ungerichtet entstehen. Ein bündiger Ausdruck dessen, worum es in einer Moral geht, ist der von Peter Stemmer verwendete Term ‚Handeln zugunsten anderer‘. Der Zusatz ‚auch gegen meine Interessen‘ verstärkt das Problem moralischer Entscheidungen zugunsten anderer. Erst dann sind Interessenkollisionen mitgedacht, und nur in solchen sind moralische Entscheidungen nötig und zugleich brisant. Instrumente der Moral sind solche, die das Eigeninteresse zugunsten des Interesses anderer lenken, ohne dabei zur Selbstaufgabe zu zwingen, denn keine säkulare Moral fordert die Selbstaufgabe (sie kann Inhalt heroischer oder religiöser Moralen sein, nicht jedoch moderner liberaler Moralen).

Alle Moraltypen wirklich praktizierter Moral und auch alle Ideale von Moral müssen den Kern der Fremdnützigkeit enthalten und sie müssen zugleich von den anthropologisch-existenziellen Bedingungen des Menschen ausgehen. Eine Moral ist eine Institution, die auf die *Conditio humana* verweist und ihr aufruht. Das heißt, man muss von den materiellen, historischen, anthropologischen und kulturellen Faktoren ausgehen, wenn man Moral beschreibt (oder sogar eine bestimmte Moral fordert). Ebenso sind alle Bauelemente einer beliebigen Moral, so unterschiedlich sie auch sein können, auf die *Conditio humana* bezogen. Bausteine einer Moral sind die materiellen Grundlagen, die Interessen der Menschen, ihre Freiheit und ihre Fähigkeit, etwas wertvoll zu finden. Weitere positive Faktoren sind: Das menschliche Wollen (Prowollen und widerstrebendes Wollen), die Transzendenz der Gegebenheiten, die Glücksfähigkeit, die Kultivierbarkeit des eigenen Seins und Handelns, die Fähigkeit der Ausbildung von Zielen und Idealen, das Interesse am über das Notwendige Hinausgehende. Negative Parameter der *Conditio humana* sind die Zeit (Werden und Vergehen, Begrenztheit und Unwiederholbarkeit des Augenblicks, Alter und Tod), die Verletzlichkeit und Gefährdung des Menschen, seine Festgelegtheit auf das Notwendige und nicht zuletzt Aggression und Lust am Schädigen.

Aus diesen und anderen Gründen ist Moral ein Versuch der (bewussten, gesteuerten) Ordnung des Zusammenlebens; sie besteht (neben wertbasierten, materiellen und psychologischen Grundlagen) aus heteronomen Ordnungsinstrumenten: Normen und Sanktionen. Diese können sich im Laufe der Zeit ändern. Beide enthalten jedoch immer das Problem von Macht und Herrschaft. Und da die Fähigkeit von Ego Alter zu schaden und das entgegengesetzte Interesse von Alter zum Anspruch gegen Ego führt, moralisch zu sein, liefern die Macht- und Schadensinstrumente der Moral selbst einen Anlass für eine reflexive Ebene der Moral, nämlich die moralische Beurteilung moralischer Sanktionen. Dieser Zusammenhang ist in der gegenwärtigen Moralphilosophie selten und wenn, dann nur oberflächlich, behandelt worden. Ein Stufenbau der Moral als gesellschaftliches System wird von ihren Bauelementen und von der Stärke der Normen nahegelegt, doch haben die wenigsten Moralphilosophen versucht, eine solche Hierarchie zu rekonstruieren, obschon sie behaupteten, dass es in einer gesellschaftlichen Moral um (die in besagter Hierarchie auftretende) Heteronomie geht, die begründet werden muss, statt um Autonomie, die einen Begründungsanspruch erst etabliert.

Indem man einige traditionelle Fragen der Moralphilosophie zu beantworten strebte, hat man neue Probleme aufgeworfen, insbesondere solche, die Moral an und für sich betreffen – als gesellschaftliches System, als heteronome Institution. Wenn es unkontrovers ist, dass eine Moral Normen etabliert, dann sagt uns diese Moral, was richtig und was falsch ist. Aber sie sagt uns nicht, ob sie die richtige Moral ist. Und was kann uns sagen, was eine richtige oder gar die beste Moral für eine Gesellschaft ist? Oder: Wenn ausgemacht ist, welche Werte und Normen richtig sind, kann sich dann das damit etablierte Kriterium der Richtigkeit auch auf das ganze System der Interessen, Werte und Normen beziehen? Oder gerät man dann nicht in eine tautologische Rechtfertigung, die auch noch in totalitären Gesellschaften wahr ist und die somit das totalitäre Universum schließt, das nur Außenstehende mit anderen Kriterien als kritikwürdig bewerten können?

Diese Fragen betreffen auch die mit den Normen verbundenen Durchsetzungsmittel, die Sanktionen, die ebenfalls auf ihre Richtigkeit und Güte hin befragt
werden können. Die Idee der moralischen Sanktion wurde vor einigen Jahren
von Stemmer wieder popularisiert. Sie ist aber sehr alt und findet sich stärker
vertreten in der Soziologie und in der Politologie, aus denen auch das Problem
der Rechtfertigung von Normen, normativen Institutionen und Gesellschaften als
ganze stammt. Stemmer favorisiert den Zusammenhang von moralischem Handeln aus heteronomen Beweggründen, ohne eine autonome, besonders an Idealen orientierte Handlungsmotivation zu bestreiten. Damit wird aber die Moral im
Wesentlichen auf eigeninteressiertes Handeln reduziert, obschon der Definitionskern von Moral das fremdnützige Handeln war und weiterhin ist. Stemmer definiert den Beweggrund für normkonformes Handeln über die Sanktion, kann also
den moralischen Wert einer Handlung nicht erklären und findet keinen Beweggrund für genuin altruistisches Handeln, besonders in dem Fall, in dem ein Akteur
nicht durch ein altruistisches Ideal bewegt ist. Das dürfte jedoch der Normalfall
sein. Gänzlich übersehen hat Stemmer in seiner Definition von gesellschaftlicher und individueller Moral die Folgen seiner anderweitigen Behauptung, dass
Moral aus *informellen* Normen besteht. Denn diese (richtige) Behauptung schlägt
sich auf die Frage nach der Formalität moralischer Sanktionen durch. Insofern
musste hier auf dieses Problem im zweiten Kapitel eingegangen werden. Zudem
verwechselt meiner Ansicht nach Stemmer das Wesen der Normativität (denn ein
solches Wesen wird mit der Begrifflichkeit von Normativität nahe gelegt) mit der
schnöden und wesenlosen Funktion von Sanktionen. Tatsächlich gibt es keine
gehaltvolle Frage nach einer Genese von Normativität. Es handelt sich um ein
Scheinproblem ähnlich wie das Problem der Subjektivität und Objektivität von
Werten. Beide Fragen erforderten überdies eine besondere Ontologie des Wesen-
haften und der Werte und eine langwierige Diskussion ontologischer Fragen – ein
Grund, sie in diesem kleinen Buch nicht eigens zu behandeln.

Ich danke dem Springer-Verlag für die Realisierung des Buches. Gedankt sei
hiermit auch meinen Freunden und akademischen Kollegen, die wertvolle Kom-
mentare zum Text gegeben haben, besonders Wagner de Barros und Professor
Dieter Birnbacher. Gewidmet ist diese kleine Arbeit wie immer María.

Freiburg, Deutschland   Myron Hurna

Inhaltsverzeichnis

1   Was ist, was will, was kann Moral?   1

2   Ein zweiter Blick auf die Moral: Normen und die Krise
    der Sanktionspraxis   29

3   Der Begriff der Pflicht.   63

4   Rationalität, Selbstsorge, Moralität und Glück   85

5   Das Gute und das Schlechte. Das Glück des Menschen   105

Literatur.   149

Was ist, was will, was kann Moral? 1

Moral lässt sich beschreiben als ein gesellschaftliches Ordnungssystem, das Handlungen von Menschen zu motivieren und zu leiten beansprucht. Wenn wir nach der Moral einer Gesellschaft fragen, dann fragen wir danach, um was es in der betreffenden Moral geht, zu welchem Zweck sie etabliert wurde und durch welche Mittel sie ihre Zwecke erreicht.

Die Moral einer Gesellschaft versucht mittels Rechten und Pflichten, durch Regeln, durch bestimmte individuelle und kollektive Einstellungsmuster oder durch Haltungen (Tugenden, charakterliche Moralität etc.), mittels Verboten und Erlaubnissen das Handeln von Individuen und Gruppen derart zu beeinflussen, dass bestimme grundlegende Interessen (Werte) vor Verletzung geschützt sind. Moral sagt, wie jemand (nicht) handeln soll, und sie sagt im besten Fall auch, warum dies so ist. Sie sagt in vielen Fällen aber auch, was oder wie jemand sein soll; nicht selten gibt moralisches Handeln tatsächlich Auskunft darüber, wer oder was jemand ist.

Bevor ich im Einzelnen auf die Inhalte und die Instrumente der Moral eingehe, möchte ich zunächst das *Grundproblem* jeder Moral erläutern. Ich sagte, Moral ist beschreibbar als Ordnungssystem; tatsächlich sind Gesellschaften und andere Kollektive mehr oder weniger geordnete, aber auch für Unordnung und Chaos anfällige Systeme. Akteure schaffen daher in allen sozialen Kontexten Einrichtungen, die das Handeln, Planen und gemeinsame Gestalten ihres kollektiven und individuellen Lebens betreffen, mehr oder weniger feste Ordnungssysteme oder institutionalisierte Bereiche, in denen das Handeln (insbesondere das als Konkurrent oder Kooperent) erwartbar und absehbar gemacht wird (vgl. Luhmann 2008, 28 ff.). Dieses Vorgehen verweist auf drei wichtige miteinander zusammenhängende Parameter, der sich jede menschliche Gesellschaft gegenüber sieht: Es sind

© Springer Fachmedien Wiesbaden GmbH 2017
M. Hurna, *Was ist, was will, was kann Moral?*,
DOI 10.1007/978-3-658-15993-1_1

dies erstens die Freiheit der Akteure bzw. die Willkür und Unabsehbarkeit ihrer möglichen Handlungen; zweitens ihre Verletzlichkeit und drittens ihre Mortalität. Die Freiheit der Akteure ist für Dritte deshalb ein Problem, weil sie eine Unvorhersehbarkeit menschlicher Handlungen impliziert. Die Verbote und Gebote der Moral beziehen sich auf die unberechenbare Freiheit der jeweils anderen, setzen dieser Freiheit Forderungen entgegen und versuchen aus dem reichen Handlungsspektrum der Akteure nur bestimmte, nämlich erwünschte Handlungen zuzulassen. Da Akteure grundsätzlich verletzlich und sterblich sind, da sie der Freiheit der je anderen ausgesetzt sind, da bestimmte frei vollzogene Handlungen verletzen und töten können, versucht die Moral als Ordnungssystem dieses Risiko zu minimieren. Anders formuliert: Moral versucht die gegenseitigen negativen Handlungen einzudämmen und somit eine Gesellschaft allgemein zu befrieden. Diese drei sehr essenziellen Probleme jeder Gesellschaft (und jeden individuellen Lebens in ihr) sind der allgemeine Anlass, überhaupt so etwas wie Ordnung in ein kollektives Leben einzuführen.

Die Moral einer Gesellschaft ist jedoch noch ein viel spezifischeres Ordnungssystem; ihr geht es auch um andere Probleme, nämlich um solche, die erst im Laufe eines Vergesellschaftungsprozesses entstehen. Moral ist die Antwort auf den Schutzanspruch derjenigen Akteure, denen etwas wichtig ist, sei es, weil sie grundsätzlich Opfer der Freiheit von anderen werden können, sei es, weil sie vor dem Hintergrund ihrer Verletzlichkeit und ihrer Sterblichkeit ganz unterschiedliche Güter und Werte zu schützen beanspruchen. Moral ist daher nur *eine* Ordnungslösung unter anderen. Diese anderen Ordnungssysteme nennen wir gewöhnlich Konvention und Recht (Rechtssystem), aber auch sie sind nur spezielle Ordnungen, die, obschon sie sich mit der Moral teilweise überschneiden, andere Inhalte als die Moral und auch einen mehr oder weniger anderen Charakter haben.

Konventionen sind Koordinationsmittel, um Akteure in ihren Zielen und Handlungen, in ihren Ergebnissicherungen und in ihren Orientierungen hinsichtlich der Handlungen anderer zu leiten; sie sind zunächst Antworten auf „Koordinationsprobleme" (Lewis 1975, 5). Um Probleme der Koordination, also des gemeinsamen Handelns und Planens zu lösen, generieren Konventionssysteme mehr oder weniger starke Verbindlichkeiten: die Konventionsnormen. Es sind Normen, die mit einem gewissen „Druck" (ebd. 99) ausgestattet sind, damit Akteure den bereits etablierten Handlungs- und Entscheidungsroutinen folgen – auch wenn sie sich stets gegen sie und für eine Alternative entscheiden können (vgl. ebd. 71).

Darüber hinaus nennen wir Konventionen kollektive Praktiken, die in ausdifferenzierten Gesellschaftsbereichen als Werte und als (Werte schützende) Normen etabliert werden, nicht zuletzt zum Zweck der Abgrenzung gegen andere Milieus oder zur intramilieuspezifischen Kommunikation. Konventionen normieren jedoch nie sehr essenzielle Interessen; sie beanspruchen nie einen essenziellen Schutz vor Verletzungen, sondern sie normieren spezifisch erwünschtes Verhalten, Identitäten oder Werte nicht sehr grundsätzlicher Art.

Konventionsnormen sind also zunächst reine, gesellschafts-, aber nicht zielunabhängige Koordinationsparameter. Konventionsnormen, die darüber hinaus etabliert werden, sind dagegen vom gesellschaftlichen Milieu geprägt; von Milieus, in denen bestimmte Werte kultiviert werden (so zum Beispiel der Wert der Jungfräulichkeit im bürgerlichen Milieu des 19. Jahrhunderts oder gewisse Vorstellungen von ‚Anstand‘). Diese Werte und Verhaltensformen muss man dann achten und beachten, wenn man dem Milieu angehören will. Das aber ist einem freigestellt, so dass die Unterordnung unter Konventionsnormen relativ freiwillig geschieht. Es geht bei milieugeprägten Konventionen um eine Ausdifferenzierung von Verhalten, durch das man von anderen Milieuangehörigen akzeptiert und als zugehörig erkannt wird. Die intraspezifische Differenzierung der Werte und der sie normierenden Konventionen kann dabei so stark sein, dass sich Milieus sichtbar voneinander unterscheiden; die Differenzierung von Konventionsnormen kann aber auch so weit gehen, dass das bloße Befolgen von Konventionen einen Wert an sich darstellt. Wir haben es dann mit leeren Konventionen zu tun, die befolgt werden, nur weil man meint, sie müssten befolgt werden. Etwas kann zum guten Ton gehören, obschon keiner mehr weiß, welchen Wert er eigentlich normiert oder welchem Zweck er dient. Wesentlich für den einzelnen Akteur ist dann nur, dass er sein Verhalten dem Meinen bzw. den Erwartungen anderer anpasst, so leer beide auch sein mögen. Auch ein bloßes Meinen kann Forderungen erzeugen, zumindest mit ihnen verbunden werden.

Anders das zweite große normative Ordnungssystem, das man neben der Moral nennen kann und auch nennen muss, weil es wesentlich die Werte der Moral noch einmal stärker normiert. Was der Moral wichtig ist, ist dem Rechtssystem noch wichtiger, insbesondere die Abwehr von willkürlichen, negativen Handlungen, Verletzungen und Tötung. Das Rechtssystem einer Gesellschaft ist genuin abhängig von einer schon praktizierten Moral; es kann nicht gegen die Moral einer Gesellschaft stehen, ohne dass die Akteure sich von ihm unterdrückt fühlen und das Rechtssystem umstoßen wollen würden. Das Rechtssystem kann nicht andere Werte etablieren, insbesondere nicht solche, die den Werten einer Moral entgegen stehen; und jedes Rechtssystem, jedes Urteil, das die allgemein geltenden Moralvorstellungen verletzt (sc. Willkürjustiz), sorgt für Empörung.

Doch die Abhängigkeit des Rechtssystems von der Moral zeigt sich schon viel früher: Die Werte sind, bei aller Differenzierung im Detail, dieselben: Wer es als moralischen Normenverstoß ansieht, verletzt zu werden, der beansprucht nicht selten, dass das Recht ihn besonders schützt. Wer in der Moral beansprucht, nicht belogen zu werden, der wird das Recht zu Hilfe nehmen, wenn er einen anderen darauf verpflichten will, in formellen Kontexten die Wahrheit zu sagen. Wer die Glaubwürdigkeit eines anderen erbittet oder sich auf ihn in einem kooperativen Zusammenhang verlassen will, der wird auch zu rechtlichen Institutionen greifen, seinen Vertrag abzusichern. Denn das Recht bietet mehr formelle Sicherheiten als die informelle Moral; es ist eine Institution mit deutlich kodifizierten, teils starren, meist klaren (oft aber auch unübersichtlichen und fehleranfälligen) normierten Werten, um größtmögliche Sicherheit in der regulativen Lösung (oder Elimination) von Interessenkonflikten herzustellen. Damit ist aber nicht gesagt, dass das Recht auf möglichst optimalen Interessenausgleich oder gar auf eine gerechte Anwendung seiner Normen bedacht ist. Das kann schon deshalb nicht sein, weil das Rechtssystem einer Gesellschaft, anders als die Moral, weniger universalisierbar ist; das Recht ist immer noch von nationalen Idiosynkrasien abhängig und von der spezifischen freien Rechtsauslegung des Richters.[1] Da das Recht, anders als die Moral, strukturell hierarchisiert ist, da die Rechtsfolgen und die Entscheidungen über solche an bestimmte normative Status und Positionen gebunden sind, da diese aber Interesseneinflüssen von außen unterliegen und da der Zugang zum Rechtsweg trotz des gleichen Rechtsanspruchs abhängt ist von finanziellen Voraussetzungen, ist das Rechtssystem anfällig für Deformationen durch Macht und Interessen. Diese stehen ihrerseits auch einer Universalisierung der Rechtsnormen entgegen.

Ohne weiter auszuführen, was es noch zum Verhältnis von Konvention, Moral und Recht zu sagen gäbe, soll es hier nur darauf ankommen, dass die wichtigsten und allgemein verbindlichen moralischen Werte und Normierungen, die in jeder Gesellschaft zu gelten scheinen, historisch aus regionalen Moralen und Milieus, und ihre Normen aus unterschiedlichen Systemen von Konventionen entwachsen sind und sich erst in einem Verlauf von Rationalisierung zu einer allgemein verbindlichen Moral, zu einer Moral aller Menschen, die die wichtigsten Werte gemeinsam besitzen und durch Normen vertreten, entwickelt haben, wobei die meist baugleichen, aber doch unterschiedlichen Rechtssysteme dann jeweils nur die institutionellen und positiven Differenzierungen der Moral sind. Von allen drei Ordnungssystemen ist nur die Moral insoweit universalisierbar, als dass diese den Regionalismus und die Milieugeprägtheit der Konventionen hinter sich lässt, gleichzeitig aber auch der petrifizierenden Institutionalisierung des Rechts entgeht. Man kann sich eine Moral denken, die die Moral einer Weltgesellschaft

---

[1]Die richterliche Unabhängigkeit ist vor allem ein Resultat epistemischer Schwierigkeiten der Tatsacheneruierung und Normenanwendung, die ein Mensch leisten muss und die keiner Maschine überlassen werden kann. Selbstverständlich etabliert die richterliche Unabhängigkeit auch die Flexibilität der juristischen Praxis. Zugleich erhöht sie das Risiko fehlerhafter, weil unangemessen subjektiver Urteile.

ist, in der jeder Akteur denselben Status als Person, also dieselben Rechten und Pflichten hat wie andere Personen. Man kann sich zwar auch ein globales Recht denken, dieses wird sich aber, wo es allgemein und universell ist, nur auf die vorhergehenden allgemeinen und universellen moralischen Werte und Normierungen beziehen können, ansonsten aber spezifisch regional sein, weil jede formelle Institution eine Antwort auf lokale Gegebenheiten ist.

Kehren wir zur Moral zurück. Ich sagte oben, Moral ist eine informelle und zweckhafte Einrichtung. Die Moral dient Zwecken, sie ist selbst ein Mittel bzw. zerfällt in Mittel, von denen die prominentesten die Moralnormen selbst sind. Die Zwecke der Akteure verdichten sich in den Werten, um derentwillen die Normen aufgestellt werden. Bevor ich jedoch Normen und Werte und den Prozess der Normierung darstelle, soll ein Blick auf die Akteure der Moral geworfen werden. Man kann nämlich fragen: Wem dient die Moral? Dazu gibt es drei klassische Behauptungen: Die Moral dient den Schwachen, denn die Schwachen werden durch die Moralnormen geschützt. Die entgegengesetzte Behauptung ist, dass Moralnormen vor allem den Starken dienen, die die Normen als Abwehrrechte und oft als Unterdrückungsmittel benutzen. Die dritte Auffassung verbindet diese zwei Thesen, indem sie behauptet, dass Moral zum gegenseitigen Schutz etabliert wird.[2] Alle drei Auffassungen geben wahrscheinlich jeweils eine richtige Perspektive auf den tatsächlichen Sachverhalt wieder: Eine etablierte Moral schützt jeden Akteur gegen die verletzenden und bedrohlichen Handlungen anderer, aber sie schützt vor allem diejenigen, die diesen Handlungen besonders ausgesetzt sind, also die Schwachen.[3] Zugleich können die Starken die Moralnormen für sich nutzen, um sich Vorteile zu verschaffen; sie können den anderen Akteuren Pflichten auferlegen und von den eigenen Rechten profitieren. Dass sie dies nicht ausnutzen ist ein zusätzlicher moralischer Anspruch.

Wenn es den Moralakteuren untereinander gelingt, ein effektives Schutzsystem aufzubauen, das nur in beschränktem Maße von den Interessen der Starken

---

[2]Der erste Standpunkt ist der von Kallikles: „Gesetz und Brauch stellen immer die schwachen Menschen und die Menge auf. Für sich selbst und in ihrem eigenen Interesse geben sie Gesetze und erteilen Lob und Tadel. Dadurch wollen sie die stärkeren Menschen, welche die Kraft besäßen, sich mehr Vorteile zu beschaffen als sie, einschüchtern[.]" (Nestle 1956, 195) Der zweite Standpunkt wird von Thrasymachos vertreten: „Gerechtigkeit ist nichts anderes als der Vorteil des Stärkeren." (Ebd. 199) Den dritten Standpunkt vertritt Lykophron: „Das Gesetz ist ein Vertrag, worin man sich gegenseitig das Recht verbürgt; aber es ist nicht imstande, die Bürger zur Sittlichkeit und Gerechtigkeit zu erziehen." (Ebd. 194)

[3]Moralische Handlungen sind prosoziale Handlungen (durch Tun oder Unterlassen) und nützen daher zumeist den Schwachen, also solchen Akteuren, die auf prosoziale Handlungen angewiesen sind.

deformiert wird, dann trägt die etablierte Moral in der Tendenz zur Gesamtbefriedung einer Gesellschaft bei. Sie maximiert die Freiheit durch den etablierten normativen Schutz; zugleich konterkarieren die Normen, deren Etablierung ja die Heteronomie insgesamt erhöht, den Freiheitsanspruch und ziehen die Menge der Freiheit auf ein suboptimales Niveau hinab. Die Akteure, die Normen aufstellen um Werte zu schützen, die zugleich aber, wenn sie ihre Freiheit als Wert pflegen, durch die Erhöhung der normativen Heteronomie ihre Freiheit einschränken, erhalten eine paradoxe Situation: Bestimmte Freiheiten werden durch die normative Sicherheit etabliert (wer nicht geschädigt wird, kann frei handeln), aber das *vor* jeder Einschränkung bestehende Freiheitsspektrum der Akteure wird durch Normen eingeschränkt.[4] Letztlich liefert die Moral nur einen *Kompromiss* zwischen

---

[4]Um genau zu sein sind es mehr als ein Drittel der möglichen Handlungen eines Akteurs, die eingeschränkt werden. Geht man aus der Perspektive eines freien Akteurs davon aus, dass er ein offenes Handlungsspektrum besitzt, das wir als eine Gesamtheit betrachten, dann können wir sagen, dass auf dieses Spektrum von anderen Akteuren eine Bewertung trifft, die seine Handlungen in erwünschte, neutrale und unerwünschte Handlungen einteilt. Alle erwünschten Handlungen sind zulässig, zumindest nicht verboten, manchmal sind sie gefordert, doch da sie nicht restriktiv normiert sind, kommen sie dem Handelnden voll zugute. Die neutralen Handlungen kommen dem Handelnden ebenfalls zugute; sie sind ebenfalls nicht restriktiv normiert. Vielleicht handelt es sich um erlaubte oder um geduldete Handlungen, aber verboten sind sie nicht. Sie sind neutral in dem Sinne, dass sie weder schaden noch nützen, obschon sie selbstverständlich als Handlungen in der Welt wirken. Diese Klasse möglicher Handlungen wird nur in einer bestimmten Hinsicht eingeschränkt, die wir aber erst verstehen können, wenn wir verstehen, was für Handlungen das sind und inwiefern sie mit den verbotenen Handlungen in einem Zusammenhang stehen. Als dritte Klasse kommen all diejenigen potenziellen Handlungen infrage, die von anderen Akteuren als unerwünscht angesehen werden und daher verboten sind, sei es, weil sie tatsächlich schädigen können, sei es aus anderen Gründen der Normierung. Selbstverständlich handelt es sich bei den Handlungen um solche, die potenziell sind; sie sind also im Prinzip unerschöpflich. Normiert wird die Art bzw. der Modus einer Handlung, insbesondere also der Modus der Schädigung. Man sieht, dass zumindest ein Drittel der potenziellen Handlungen eines ansonsten freien Akteurs restriktiv normiert werden. Hinzu kommen aber noch diejenigen neutralen Handlungen, die man Funktionshandlungen nennen könnte, und die eigentlich nicht verboten sind, die aber ausgeführt werden *müssen*, wenn verbotene Handlungen ausgeführt werden. Auch sie fallen dann in die Klasse der verbotenen Handlungen. Es sind konstituierende Handlungen oder Implikate von Handlungen, die verboten sind. Wenn die Mitgliedschaft in einer terroristischen Vereinigung oder die Vorbereitung eines Anschlags verboten sind, fallen alle möglichen Handlungen darunter, die der verbotenen Handlungen immanent sind – obschon sie selbst nicht verboten und an sich neutral sind (etwa das durch die Türgehen bei einen Tötungsakt, um diesen zu ermöglichen). So werden letztlich *über ein Drittel* aller möglichen Handlungen eines Akteurs restriktiv normiert, was schon eine recht große Einschränkung seiner Freiheit darstellt, die gerechtfertigt werden muss.

dem Freiheits- und dem Sicherheitsbedürfnis der Akteure. Dieser Kompromiss (als Verhältnis zwischen Autonomie und Heteronomie) ist veränderlich und dynamisch, weil Gesellschaften sich verändern.

Wir sollten aber jetzt einen Blick auf die Details der Moral werfen, nachdem wir sie in groben Zügen von Konventionen und Recht abgegrenzt haben und nachdem gezeigt wurde, um was es der Moral bzw. den Moralakteuren hauptsächlich geht. Die Motivation, eine Moral zu etablieren bzw. realistischer: sich einer bereits etablierten und entwickelten Moral als einzelner Akteur anzuschließen und sie selbst zu vertreten, wird deutlicher, wenn wir neben dem allgemeinen Ziel der Befriedung und der Schutzleistungen die Mechanismen der Werteetablierung und der Normierung betrachten. Interessen, Handlungen, Werte, Normen und moralische Einstellungen von Akteuren behandle ich dabei als Bausteine jeder möglichen menschlichen Moral.

Jeder Moral liegen Werte zugrunde; es ist deshalb nötig zu definieren, was ein Wert ist, um die primäre Ebene einer Moral besser zu verstehen. Dass wir ‚Wert‘ definieren und Werte nicht lediglich beschreiben ist kein Nachteil, denn bei Werten handelt es sich um Konstrukte, mit denen etwas zum Ausdruck gebracht wird; und zu sagen, Werte seien real wäre eine unzulässige Reifikation. Weil aber Werte Konstrukte sind, wie wir gleich sehen werden, ist es sinnvoll, sie zu definieren. Eine Definition verbindet einfach etwas Abstraktes mit etwas Wirklichem, indem es sie in ein nominales Verhältnis setzt. Und das kommt uns bei Werten zugute: *Ein Wert ist ein Etwas, das wir erstens erlangen wollen, woran wir zweitens bei drohendem Verlust festhalten und das wir drittens nach einem Verlust betrauern.*[5] Wertvoll und deshalb ein Wert kann alles sein; jedes Ding oder jeder Zustand kann von einem oder mehreren Akteuren für wertvoll gehalten (wertgeschätzt) werden. Werte sind als gut oder als erhaltenswert bezeichnete Dinge oder Zustände; die Bewertung erfolgt akteursrelativ. X ist ein Wert, wenn Akteure ein spezifisches Interesse an X haben, sei es, dass sie X haben, erhalten, nutzen oder genießen wollen, sei es, weil sie es aus sonst einem Motiv schätzen. Wertvollsein ist also ein Modus, der vom Interesse eines Akteurs geschaffen wird.

---

[5]Alternativ: Wertvoll ist etwas, was wir schaffen würden, wenn es nicht wäre – was ein Äquivalent ist zum Erhalt dessen, was schon ist. Hans Reiner formuliert: „[Die] Forderung oder Aufforderung geht, wo diese Werte uns als in der Wirklichkeit existierend begegnen, dahin, sie nicht anzutasten; wo ihre Existenz bedroht erscheint, werden wir aufgefordert, sie zu schützen, soweit wir dazu in der Lage sind. Schließlich, wo wir bemerken, dass solche Werte in der Wirklichkeit fehlen, sehen wir uns aufgefordert, wenn möglich ihre Wirklichkeit herbeizuführen." (Reiner 1965, 20)

Nun muss man sagen, dass X wertvoll ist, wenn es von jemanden geschätzt, also für wert gehalten wird, gleichgültig aus welchen Motiven. Der Wertschätzung zugrunde liegt immer ein Akteur, der etwas will. Etwas wertschätzen heißt, es in dieser oder jener Art wollen, mindestens, dass es existiert.[6] Man kann den Prozess der Wertschätzung auf unterschiedliche Weise spezifizieren, je nachdem, welche Dinge oder Zustände gewollt werden. Diese sind formal nichts weiter als Variablen, denn ihr Inhalt ist veränderlich; ausgezeichnet sind die Dinge oder Zustände lediglich durch den Bezug, den ein Akteur zu ihnen hat. Ein Wert wird aus dem Akt der Wertschätzung generiert; das ist wertvoll, was man erreichen oder was man nicht verlieren will, was man genießen, besitzen, verwenden usw. will; und wertvoll ist es nur dem Grad nach, ganz so, wie der Grad des Interesses daran ist. Wertvoll ist, was einen anzieht, nicht wertvoll, was einen abstößt, ekelt, ängstigt oder gefährlich scheint.

Der erste Frage, die sich hier stellt, ist, ob manche X nicht von sich aus (oder an sich) wertvoll sind, während andere tatsächlich nur akteursrelevant wertvoll sind. Man spricht von objektiven oder absoluten Werten, die an und für sich verbindlich sind, also von solchen Dingen oder Zuständen, die für sich, ohne jeden Bezug zu einem Akteur wertvoll sind. Trotz einiger eindrucksvoller Argumente für die Existenz absoluter Werte ziehen sie doch erhebliche epistemologische Schwierigkeiten nach sich. Denn sobald uns absolute Werte erscheinen würden, stünden sie in einem Bezug zu einem Akteur und müssten hinsichtlich ihrer ‚Werthaltigkeit' von ihm bewertet werden. Hinzu kommt das Paradox, dass etwas, was absolut, das heißt für sich wertvoll wäre, doch eine Verbindlichkeit aus sich heraus erzeugen müsste. Wenn beispielsweise Leben unabhängig von den Bedürfnissen und Interessen lebendiger Wesen ein Wert wäre, so generierte dieser Wert die Verbindlichkeit, Leben zu erhalten. Eine Verbindlichkeit kann aber nur an subjektive Wesen gerichtet werden. So fielen absolute Werte wieder in einen Akteursbezug zurück; und die Akteure entschieden darüber, was ihnen wichtig ist, nämlich ob sie die Verbindlichkeit annehmen oder nicht. Daher ist die Rede von absoluten Werten in sich paradox. Der Prozess der Wertgenese nimmt seinen Anfang beim Interesse eines Akteurs. Und das, was einem Akteur wichtig ist, kann nicht ohne weiteres für ihn oder andere Akteure verbindlich sein; dazu bedarf es der *Normierung*.

Damit sind wir bei der grundsätzlichen Unterscheidung von Werten und Normen angekommen. Beide können einander nicht substituieren; sie sind grundverschieden.

---

[6]Im Ausdruck *Amo volo ut sis* findet sich diese Logik der Wertschätzung: Die Liebe zu einem anderen ist eine hochgradige Wertschätzung; der andere soll unverletzt bleiben und existieren.

Normen sind den Werten nachgelagert, sie normieren Werte und das heißt nichts anderes, als dass ein Akteur, dem etwas wichtig ist, diesen Wert für andere verbindlich setzt. Es handelt sich hier zunächst nur um eine Forderung an andere. Gegenüber dem, was ihm wichtig ist, verlangt er ein bestimmtes Verhalten. Werte gehen also der Normierung voraus und sind ihr Objekt; die Normierung macht Werte mehr oder weniger verbindlich, zumindest beansprucht sie, dass andere das, was jemandem wichtig ist, achten. Werte und Normen haben auch sonst verschiedene Funktionen; man kann gegen Werte handeln oder gegen Normen; meist handelt man gegen normierte Werte, wenn man gegen Normen handelt. Zwar können auch Normen wieder Gegenstand von Normierungen werden, aber zunächst sind es Werte, die Objekt einer Normierung sind. Wir werden den Prozess der sekundären, tertiären, quartären Normierung und der Bewertung von Normen später im Detail sehen. Der wichtigste Unterschied zwischen Werten und Normen ist zunächst, dass wir über ein X sagen, es sei gut oder schlecht (oder Derivate davon: unnütz, nützlich etc.). Werte geben also zu erkennen, was gut oder schlecht ist (oder dafür gehalten wird); Normen jedoch, was richtig oder falsch ist (oder dafür gehalten wird). Wer einer Norm folgt verhält sich richtig; er kommt einer Forderung nach; wer gegen sie verstößt verhält sich falsch. Dass er sich darüber hinaus gut oder schlecht verhält hängt davon ab, ob man sein Verhalten als gut oder schlecht ansieht, also in dieser Hinsicht *bewertet.*

Es können Dinge und Zustände Gegenstand von Bewertungen werden – und Werte Gegenstand von Normierungen. Historisch frühe Normierungen stellen übrigens Verbote dar, die als Tabu gekennzeichnet wurden. Tabus sind lediglich Verbotsnormen mit spirituellem oder sakralem Gehalt; sie sind kaum rationalisiert und oft mit einer besonderen, metaphysischen Autorität versehen; und das Heilige ist historisch der Ausdruck für etwas, was man in besonderer Weise (nämlich als Absolutes) wertschätzt oder fürchtet. Diese Bewertungen und Normierungen haben für eine rationale Moral an Bedeutung verloren. Als Baustein jeder Moral sagen Werte, was gut, Unwerte, was schlecht ist; und wer Normen folgt handelt in Bezug auf das, was ein Wert ist, richtig oder falsch; richtig handelt er, wenn er sich einer Forderung gemäß verhält, falsch, wenn er gegen sie verstößt. Aber handelt er dann auch gut oder schlecht? Tatsächlich hängt das davon ab, ob eine Normenbefolgung wiederum als etwas Gutes gilt.[7] Wenn die Akteure einer Gesellschaft überwiegend den moralischen Normen folgen und dadurch dem

---

[7]Die Redeweise von Gutem oder dem Guten schlechthin ist problematisch. Das Gute ist hier nur als Nominalisierung von ‚gut' verstanden, entsprechend das Schlechte als Nominalisierung von ‚schlecht'.

dienen, was als wertvoll gilt, kann man durchaus sagen, dass das insgesamt gut ist
– vorausgesetzt, ein solches Verhalten gilt als gut, wird selbst als gut angesehen.
Zumindest kann die kollektive Normenbefolgung als nützlich angesehen werden,
nützlich aber ist ein spezifisches Derivat von ‚gut‘. Gutes findet sich im Nützlichen, denn nichts ist nützlich, was nicht auch gut wäre, gleichgültig, worin der
spezielle Nutzen besteht. Von einem Nützlichen sagen wir immer, dass es auch
gut ist, wogegen Gutes nicht immer nützt.[8]

Soweit ist also klar, dass Werte und Normen in einer Beziehung stehen und
nicht gleichrangig und keinesfalls synonym sind; auch ist das Interesse an Werten
und Normen verschieden. Wertvoll ist etwas, woran einem Akteur liegt; er agiert
dabei meist autonom. Normen treten dagegen von außen an die Akteure heran;
sie sind Bestandteil von Heteronomie. Das heißt, Akteure meiden tendenziell,
dass sie freiheitsbeschränkenden Normen unterliegen, aber letztlich unterliegen
sie in einer Gesellschaft zahlreichen moralischen und anderen Normen. Normen
stellen also in gewisser Weise eine besondere Art der Vertretung von Werten dar;
jemand hat Werte, er kann für sie eintreten, für sie werben, aber er kann sie auch
normieren, indem er an andere Akteure Forderungen adressiert, den Wert zu achten, nicht zu verletzen etc. Ohne Werte hätte die Moral keine Basis; und ohne
Werte hätten die einzelnen Akteure keine Motivation, Normen aufzustellen. Ob
es gelingt, durch Normen angemessen Werte zu schützen, steht auf einem anderen
Blatt. Sicher ist jedoch, dass mit der Wertnormierung Heteronomie erzeugt wird,
an der viele Akteure kein Interesse haben, unabhängig davon, ob sie an den normierten Werten Interesse haben oder nicht.

Ich habe schon gesagt, der Ursprung der Werte ist das Interesse von Akteuren
bzw. das Etwas-für-Wert-Halten. Es handelt sich letztlich um einen evaluativen
Akt; die Wertschätzung kommt aus einer psychischen bzw. volitiven Quelle.
Menschen liegt einfach etwas an verschiedenen Dingen oder Zuständen; ob es
bestimmte Dinge gibt, die von sich aus wertvoll sind, also vielen oder allen Menschen wertvoll erscheinen *müssen,* würde an dieser Beschreibung nichts ändern.

---

[8] ‚Nützlich‘ und ‚gut‘ dürfen sicher nicht miteinander identifiziert werden; die Rede vom
Derivat umgeht Probleme des naturalistischen Fehlschlusses. Etwas ist für bestimmte
Zwecke nützlich, deswegen bewerten wir es auch als gut, unabhängig von jeder Spezifizierung des Nutzens. Umgekehrt ist etwas gut, weil es in bestimmter Hinsicht auch nützt,
gleichgültig, was es sonst noch gut macht. Manche Dinge sind gut, weil sie nützen, andere,
weil sie ästhetisch sind, wieder andere, weil sie weiteren Erwartungen genügen. Dennoch
bewegen sich Nutzen, Ästhetik und Befriedigung eines bestimmten Anspruchs im Bereich
des Positiven; wäre dies nicht so, gäbe es keinen Grund, Nutzenerfüllung, ästhetische oder
sonstige Befriedigung als gut anzusehen.

Die Klasse all derjenigen Güter und Zustände, die aus eigenem Interesse und aus eigener Motivation für Akteure wertvoll werden, ist unendlich groß. Bei der Frage, ob gewisse Wertschätzungen zwingend sind, ob gewisse Dinge oder Zustände das Wollen der Akteure von sich aus hinsichtlich einer Wertschätzung beeinflussen, hilft es, zwei Weisen, wie Akteure auf die Welt Bezug nehmen können, zu unterscheiden. Es sind dies *Bedürfnis* und *Begehren*.[9]

Dass menschliche Wesen in vielerlei Hinsicht bedürftig sind ist unbestritten. Menschen brauchen zum Vollzug des Lebens bestimmte Subsistenzmittel und durchlaufen bestimmte Zustände. Alles, was zum Vollzug des Lebens relevant, also ein Subsistenzmittel oder ein Subsistenzzustand ist, ist von Wert; die Werthaftigkeit drängt sich gewissermaßen auf. Man spricht oft von eherner Notwendigkeit, wenn es um Subsistenz geht. Doch auch hier muss man sagen, dass die Notwendigkeit nur entsteht, wenn Akteure leben wollen. Ein Akteur, der dies nicht will, ist nicht gezwungen, Subsistenzmittel an und für sich, vor jedem weiteren individuellen Interesse, für relevant zu halten. Auch das Begehren, das vom Grundvollzug des Bedürfens unterschieden werden muss, weil es freier ist und keine notwendigen Gegenstände hat, generiert Werte; Akteure begehren, aus welchen Gründen auch immer, bestimmte Dinge und Zustände.

Bedürfen und Begehren sind genuin physische und psychische Quellen von Wertschätzung; sie sind eng mit der Konstitution des Menschen verbunden. Wenn man von Bedürfnissen spricht, dann meint man damit, dass bestimmte Subsistenzmittel notwendigerweise konsumiert werden müssen, um das Bedürfnis zu stillen. Das Begehren hat ebenfalls Objekte, die es befriedigen; die Befriedigung erscheint aber insgesamt als nicht notwendig. Es ist klar, dass alles, was Objekt eines Bedürfnisses ist, für den Bedürftigen mehr oder weniger (dem Grad des Bedürfnis und der Dringlichkeit seiner Befriedigung nach) wertvoll ist. Und das gilt auch für alle Wesen, die über eine entsprechende Konstitution verfügen. Und Menschen sind Lebewesen, die auf bestimmte Dinge und Zustände angewiesen sind. Diese erscheinen dann als wertvoll. An dieser Stelle wäre man den objektiven, nicht-akteursrelativen Werten schon sehr nahe. Aber letztlich kann ein Akteur entscheiden, ob er ein bedürftiges Leben führen möchte oder nicht; entscheidet er

---

[9]Die Grammatik verdeutlicht, dass Bedürfnis ein Zustand, Begehren ein Akt ist. Bedürfen ist ebenfalls ein Akt, doch gibt es keine Begehrnis als Zustand. Gleichwohl können wir unterstellen, dass es Zustände sowohl des Bedürfens als auch des Begehrens gibt, aus dem entsprechende Akte folgen können.

sich dagegen, so entscheidet er sich gegen seine Konstitution und hat als Alternative nur den Tod.[10] Also sind auch die Objekte, die dem Bedürfnis wertvoll erscheinen und wertvoll erscheinen müssen, weil sie für die Bedürfnisbefriedigung *konstitutiv* und *notwendig* sind, letztlich, aufs Ganze gesehen, nicht notwendig; notwendig sind sie nur, *wenn* man sich für eine Existenz mit einer bestimmten Konstitution entscheidet, und dieses Wenn ist das relativierende Moment. Man kann also nicht sagen, dass es genuin objektive Werte gibt, jedenfalls nicht, wenn man unter Objektivität Notwendigkeit versteht.

Bedürfnis und Begehren sind also Quellen, bestimmte Dinge oder Zustände für wertvoll zu halten; das Bedürfnis von Menschen verweist auf ihre spezifische Konstitution, auf die notwendige Angewiesenheit auf bestimmte Dinge und Zustände; tatsächlich geht das Begehren über das Bedürfnis hinaus und konstituiert andere wertvolle Dinge in einer unendlichen Vielfalt.

In diesem Zusammenhang können wir jedoch noch drei Bereiche identifizieren, in denen Begehren und Bedürfnis als physisch-psychologische Parameter eine Rolle spielen; es handelt sich um drei voneinander abgrenzbare Bereiche, die beschreiben, woran Menschen etwas liegt: Erstens ist es das Notwendige, also alles, was Menschen tun müssen, um zu leben; zweitens ist es das Nützliche, darunter fällt alles, was Menschen schaffen, weil sie dadurch die über das Notwendige hinaus gehenden Zwecke erreichen; drittens ist es der Bereich des Vergnüglichen; er umfasst all diejenigen Handlungen und Ziele, die Menschen einfach deshalb ausüben, um vergnügt zu sein (und seien die Inhalte des Vergnügens noch so bizarr). Innerhalb dieser drei Bereiche können Dinge wertvoll werden; es entstehen *spezifische* Werte, Wertklassen oder Zwecke, die einander unterscheiden, obschon sie miteinander verbunden werden können, da auch Bedürfen und Begehren miteinander verbunden werden können.

---

[10]Dass die Alternative nur zwischen Leben und Tod besteht, trägt erheblich zum Zwang bei, mit dem wir die Notwendigkeiten im Leben erleben müssen, *wenn* wir uns für das Leben (in seiner Allgemeinheit) entscheiden. Gäbe es eine dritte Alternative, eine Möglichkeit nicht zu leben, *ohne* zugleich sterben zu müssen, so wären die Notwendigkeiten, die das Leben einerseits und der Tod andererseits mit sich bringen, schon erheblich gemildert. Wie sie dann im Einzelnen beschaffen sind, hängt von der Beschaffenheit der dritten Alternative ab. Wenn bei risikoreichen Unternehmungen im Leben nicht der Tod als mögliche Folge droht, sondern irgendeine Alternative zwischen Tod und dem Bestehen des Risikos oder der Gefahr, etwa eine bewusste und gut situierte Existenz in einem milden Limbus, dann ist einerseits das Unternehmen im Leben nicht mehr mit einem spezifischen Risiko behaftet, das seinen Gehalt essenziell von der Todesbedrohung erfährt, andererseits ist die Notwendigkeit der Wahl zwischen Leben und Tod mit den entsprechenden Inhalten nicht mehr so hart.

Wir können alle relevanten Terme so darstellen:

Das Notwendige	Das Nützliche	Das Vergnügliche
Bedürfnis	Bedürfnis/Begehren	Bedürfnis/Begehren
Werte	Werte	Werte

Das Bedürfnis gehört genuin dem Bereich des Notwendigen an; das Begehren entsteht in den Bereichen des Nützlichen und des Vergnüglichen; hier nach wertvollen Dingen oder Zuständen zu streben und sie zu erreichen ist entweder (hinsichtlich weiterer Ziele) nützlich oder (für sich) vergnüglich (bzw. zweckfrei). In diesen Bereichen können auch Bedürfnisse entstehen; das ist genau dann der Fall, wenn die Zwecke des Nützlichen oder des Vergnüglichen eine *künstliche* Notwendigkeit werden oder die Befriedigung der dort entstehenden Objekte *künstlich* konstitutiv für den entsprechenden Vollzug ist. Normen entstehen übrigens in der Sphäre des Nützlichen, denn sie nützen Akteuren, die ihre Werte geschützt sehen möchten.

Kehren wir den Werten und der Wertgenese den Rücken zu und zur Moral zurück. Moral ist eine praktische, im Ganzen nützliche Einrichtung, da es ihr darum geht, Werte zu schützen und das Handeln der Akteure, das oft konfliktiv ist, zu befrieden. Wir sind beim Problem angelangt, wie Forderungen, die gegenüber anderen erhoben werden, durchgesetzt werden können. Die Frage lautet: Wie kann man sicherstellen, dass Akteure einander die vertretenen Werte, Güter und Interessen achten und nicht verletzen? Mit anderen Worten: Können Normen jene Verbindlichkeit gegenüber anderen schaffen, die der Normsender erzeugen will? Immerhin handelt es sich bei den anderen um freie Akteure, die im Grunde genommen tun und lassen können, was sie wollen; und die oft genug in ihrer eigenen Wertvertretung die Werte anderer verletzen (denn es kann Interessenkonflikte und daher auch Wertkonflikte geben). Hier ist die *Freiheit* der anderen wieder das zentrale Problem.[11]

---

[11]Für die Erzeugung von Verbindlichkeit werden häufig Normen, Sanktionen, Pflichten und Befehle als Mittel genannt. Alle können auf je spezifische Weise versuchen, Verbindlichkeit zu erzeugen, obwohl alle keine determinierende Kraft besitzen. Unter dem Gesichtspunkt der Koordination bleibt Freiheit ein Problem. Moral und auch alle anderen Normensysteme müssen mit der Freiheit der Akteure als Unwägbarkeitsfaktor rechnen. Normensysteme wollen die Unsicherheit des freien Handelns reduzieren und Planbarkeit schaffen; sie benötigen dazu Instrumente der Erzeugung von Verbindlichkeit. Diese ist nie vollständig zu erreichen, daher die Tendenz, bestimmte Instrumentarien zu institutionalisieren, womit wir zu den Rechtsnormen und auch zu bestimmten Arten politischer Normen kommen. Insofern Normen zur Anwendung kommen, stoßen sie bei den Adressaten auf Freiheit, die in Anerkennung, Befolgung und Widerstand umgesetzt werden kann. Anerkennung, Befolgung und Widerstand sind Implikate der untilgbaren Freiheit menschlicher Akteure.

Ich hatte schon gesagt, dass Moral ein System ist, das mit der Freiheit der Akteure rechnen muss und das etabliert wird, um durch heteronome Maßnahmen, eben den Normen, die Freiheit der Akteure gegenseitig erwartbar und weitgehend verbindlich zu machen. Aber leistet das die Moral bzw. können dies Normen leisten? Normen sind Durchsetzungsmittel für bestimmte (wertbezogene) Interessen; das Interesse, dass Akteure den Normen folgen, ist ein nachgeordnetes und später entstehendes Interesse als dasjenige, dass Werte geachtet werden. Aber es gibt dieses Interesse und man muss sich fragen, wie die Durchsetzung der normativen Forderungen gelingen kann. Es muss Gründe für den Normadressaten geben, den Forderungen des Normsenders nachzukommen. Als die zwei prominentesten Mittel, diese Motivation zu erzeugen, gelten Sanktionen und Anreize – und mit diesen Mitteln vergrößert sich die Komplexität der Moral, denn Sanktionen und Anreize werfen weitere Probleme sowohl der Koordination als auch der moralischen Beurteilung auf.

Menschen sind motivierte Wesen; sie vermeiden das, was ihnen schadet und trachten das zu erreichen, was ihnen gut tut, nützt oder ihnen Vergnügen bereitet.[12] Jeder ist durch etwas mehr oder weniger motivierbar, aber grundsätzlich streben alle Menschen in die Richtung des Positiven und vermeiden die Richtung

---

[12]Dies sind Kardinalannahmen der verschiedensten Ethiken, sei es die des Aristotelismus, sei es die des Utilitarismus. Das Theorem vom Streben nach Gütern (oder einem obersten Gut) und das Vermeiden von Übeln beherrscht die Moralphilosophie seit ihren Anfängen und konstituiert Ethik, weil sie erstens damit zu tun hat, ein solches Gut, wenn es eines gibt, zu bestimmen (so Moore in *Ethics*) oder die relevanten Übel, die zu vermeiden sind, zu bestimmen (so Gert in *The Moral Rules*). Zweitens aber will Ethik bestimmen, was richtige Handlungen sind; und richtige Handlungen kann man nur mit Bezug auf ein relevantes Gut bestimmen. Drittens fordert Ethik, dass die richtige Handlung, was immer ihre Richtigkeit auszeichnen mag, zu befolgen ist, wenn die Richtigkeit bestimmt werden konnte. Richtige Handlungen lassen sich aber bestimmen, wenn das ihnen zugrunde liegende Gut bestimmt werden kann. Dass es der Ethik bisher nicht gelungen ist, das oder die relevanten Güter für menschliche Handlungen und Lebensvollzüge zu bestimmen, hat verschiedene sachliche und historische Gründe; dessen ungeachtet aber ist es Sache der Ethik, sich tatsächlich mit der Frage nach den Gütern, dem richtigen Handeln und der Verpflichtung zu richtigen Handlungen herumzuschlagen. Dennoch müssen ‚gut‘ und ‚schlecht‘ als allgemeine Richtungen menschlicher Intention verstanden und in die ethische Theorie aufgenommen werden. Das Gebot ‚Tue das Gute und meide das Schlechte‘ käme nicht zustande, wenn es keine Gutheiten und Übel in der Welt gäbe oder sie nicht Möglichkeiten unseres Handelns wären. Und das moralische Gebot ‚Tue das Richtige und meide das Falsche‘ käme nicht zustande, wenn nicht gesagt werden könnte, worin das relevante Gut bzw. das relevante Übel besteht und beide nicht Gegenstand unseres Handelns wären.

des Negativen, was das auch im Einzelnen sein mag.[13] Um die Bewegung im Detail plausibel zu machen, bedürfte es immer der Angabe dessen, was genau als positiv oder negativ gilt und unter welchen Umständen (und unter welchem Aufwand) das eine angestrebt und das andere vermieden wird. Aristoteles hat das Streben der Menschen nach Gütern (und besonders die Verdichtung des obersten Gutes in der εὐδαιμονία) pauschal unterstellt; Mill und andere Utilitaristen haben das Ziel des Strebens nach Positivem als Lust spezifiziert; die moderne Sozialpsychologie hat den Gedanken hinsichtlich verschiedener basaler Güter differenziert, aber grundsätzlich daran festgehalten, dass Menschen Positives anstreben und Negatives meiden, und dass das Positive eigentliches Ziel menschlichen Wollens und Handelns ist, und das Negative nur ein Vermeidungsziel. Philosophen wie Moritz Schlick haben dies als psychologisches Gesetz formuliert.[14] Die Ökonomie hat die externen Effekte von Aufwand-Nutzen-Kalkulationen auf das Streben nach Positivem beschrieben, musste dabei aber schon vom Begriff des Nutzens, der den des Guten enthält, und dem Begriff des Aufwands oder Schadens, der den des Schlechten enthält, ausgehen. Wie auch immer es sich mit dem Streben und dem Vermeiden verhält, Menschen sind doch eingespannt in diese Richtungen und lassen sich von Positivem und Negativem, soweit sie ihnen in den verschiedenen Dingen und Zuständen erscheinen, leiten.

Sanktionen und Anreize können nun als künstlich motivierende Mittel dem Positiven und dem Negativen und entsprechend dem Erstreben und dem Vermeiden zugeordnet werden, unabhängig von den konkreten Inhalten der Anreize und der Sanktionen, die davon abhängen, was für Ziele, Bedürfnisse und Begehren der jeweilige Akteur hat. Das ist bekannt, weswegen Anreize und Sanktionen Mittel sind, womit Akteure sich gegenseitig künstlich motivieren. Gesellschaften sind überdies Systeme, die Mittel produzieren, um daraus spezifische Anreize und Sanktionen (und Kontrollmittel) herzustellen.

---

[13]Dieser Annahme des Utilitarismus, der Lust- bzw. Glücksstreben und Leidvermeidung als zentralen und einzigen Inhalt seines Nutzenkalküls formuliert, könnte entgegengehalten werden, dass Menschen, gleichgültig, wonach sie konkret streben, vor allem danach streben, das Leichte zu tun oder Güter leicht zu erlangen. Menschen, so könnte man sagen, lassen sich vor allem durch Unmittelbares, durch leicht zu Erlangendes verführen, wodurch sich erklären ließe, warum kaum robuste Tugenden, die Lastern standhalten, kultiviert werden bzw. warum viele schlechte Handlungen begangen werden, denn oft sind (zumindest, wenn es sich nicht um aufwendige Tatbegehungen handelt) die negativen Handlungen auch die, die sich einfach vollziehen lassen (Destruktion erfordert weniger Kraft als Konstruktion).

[14]Vgl. Schlick 2002, 87 f.

Mit Anreizen und Sanktionen haben wir neben Werten und Normen nun weitere (nicht-moralische) Bauelemente der Moral gefunden; sie stehen auf der Seite der Normen und sind Mittel, den Forderungen zur Durchsetzung zu verhelfen. Über die Komplexität von Sanktionen und Anreizen sowie über die Möglichkeit der intelligenten Verbindung müssen wir hier nur ein paar Worte verlieren. Akteure setzen Sanktionen und Anreize in unterschiedlichem Maße erfolgreich oder weniger erfolgreich ein, um andere Akteure in ihrem Verhalten zu steuern. Das hat zur Auffassung geführt, dass nicht eigentlich Normen Verhalten steuern, sondern eben Sanktionen und Anreize als faktische Mittel; mehr noch seien es Sanktionen, die erwünschtes Verhalten motivieren, da diese anzudrohen weniger aufwendig sei; Sanktionen würden erst fällig bei einem tatsächlichen Normenverstoß und müssten so seltener eingesetzt werden als Anreize (bzw. Belohnungen) (vgl. Stemmer 2008, 141 f.; Popitz 2006, 142). Tatsächlich aber kann das empirisch nicht entschieden werden, ohne in bestimmten praktischen Arrangements zu messen, welche Akteure tatsächlich wie oft zu Sanktionen oder zu Anreizen greifen und wie erfolgreich sie andere Akteure motivieren oder demotivieren, etwas Bestimmtes zu tun. Vorausgesetzt bei der Behauptung, dass vor allem Sanktionen motivieren und dass vor allem sie eingesetzt werden (da sie kostengünstiger als Anreize sind), ist aber die bereits vorhandene Infrastruktur von Sanktion und Kontrolle, die jedoch, nur weil sie faktisch etabliert wurde, selbst keinen Beweis für die Richtigkeit der Behauptung darstellt. Auch die Infrastruktur der sozialen Kontrolle kostet. Wenn dagegen vorausgesetzt ist, dass Menschen nach Positivem streben und Negatives vermeiden, dann ist plausibel, sie mittels Sanktionen *und* Anreizen motivieren zu können.

Das Bestehen von Sanktionen und besonders von Infrastrukturen der Kontrolle und Sanktionierung (wie sie ja das Rechtssystem noch viel mehr als die Moral zur Voraussetzung hat), also insgesamt Mittel der Heteronomie, stellt nun aber selbst ein Problem für die Moral dar, da nun gefragt werden muss, ob bestimmte Sanktionierungen und Kontrollen moralisch vertretbar sind. Dazu muss nach den Werten gefragt werden, die dem Mehr oder Weniger an Sanktionsmacht und Kontrolle zugrunde liegen. Auch die Infrastruktur von Anreizen führt zu moralischen Fragen, etwa solchen der gerechten Verteilung von Anreizmitteln. Dieser Punkt soll hier nicht vertieft werden, aber es sollte klar sein, dass Mittel zur Durchsetzung moralischer Forderungen selbst moralische Probleme aufwerfen. Und das erklärt sich einfach aus der Tatsache, dass Heteronomie und Autonomie auch auf dieser Ebene relevant sind.

An diesem Punkt sollte ich jedoch anhalten und die bisherigen Elemente einer Moral in ein Beispiel konkreten moralischen Handelns überführen. Denn es stellt sich ja spätestens jetzt die Frage, ob das Fordern bestimmter Handlungen und das Normieren bestimmter Forderungen überhaupt etwas mit Moral und nicht nur mit prudentiellem Verhalten zu tun hat. Bisher scheinen nur Werte moralisch, und auch das nicht, da sie auf Interessen und Wertschätzung zurückgehen. Anders gefragt: Wo ist der genuin moralische Gehalt all diesen Handelns? Dass Akteuren etwas wichtig ist, ist noch nichts Moralisches, und dass sie versuchen, andere Akteure zu bewegen, gewisse Werte zu achten, ist ebenfalls nichts Moralisches. Ganz im Gegenteil scheinen diese Handlungen vollkommen prudentieller Natur zu sein, nämlich beide Male, auf der Ebene der Werte und auf der Ebene der Normierung, von Interessen bestimmt. Und das Sanktionieren ist ganz offenkundig interessengeleitet, auch wenn es Gegenstand einer moralischen Beurteilung werden kann. Wir müssen also an dieser Stelle fragen, was eine *moralische* Beurteilung ist und wo sie in diesem Gesamthandeln von an ihren Werten interessierten Akteuren stattfindet.

Es liegt nahe, uns nicht allzu weit von alltäglichen Beispielen zu entfernen. Nehmen wir drei Akteure (A, B und C) und einen moralischen Konflikt. A unterhält zu B eine bestimmte Beziehung, in der Vertrauen und Treue relevant sind. Das bedeutet, A schießt B Vertrauen vor; A vertraut B darin, dass dieser etwas Bestimmtes (nicht) tut etc. Dieses Vertrauen wird verletzt, sei es, weil B etwas tut, was A nicht wollte oder erwartete, sei es, weil B einem A widerstreitenden persönlichen Interesse folgt und dadurch das Vertrauen (von dem er wusste) bricht. Es ist angemessen, so allgemein zu bleiben, denn der Gegenstand des Vertrauens, der Treue oder anderer moralisch relevanter Beziehungen kann sehr verschieden sein. Die Reaktion von A gegenüber B erfolgt, weil A entweder B mitteilen will, dass er von ihm *verletzt* wurde, oder um ihn zu *bestrafen,* oder um einen *Ausgleich* der von B bewirkten Verletzung herzustellen. Diese Motive können sinnvoll kombiniert werden. Die Reaktion bzw. die Sanktion auf das Verhalten von B erfolgt entweder in angemessener oder in unangemessener Form; entweder gibt A B die Einheit an zugefügter Verletzung genau zurück oder er verletzt B mehr oder weniger durch seine Sanktion. Relevant ist das Motiv von A. B hat irgendeinen Wert von A verletzt (im schlimmsten Fall wissend und absichtlich). Dies empört A moralisch, wobei der Ausdruck ‚moralisch' hier genau den Gehalt besitzt, den er auch im Alltag hat. Wir finden es empörend, zum Teil beschämend, wenn unser Vertrauen oder unsere Treue missbraucht werden, wenn unsere Liebe oder unser Wohlwollen verraten oder ausgebeutet werden, wenn etwas, was uns wichtig war, verletzt oder wenn eine Kooperation, insbesondere unser Einsatz, kassiert wird (Die Gründe, die dann diese unmoralischen Akte jeweils erklären oder rechtfertigen können, einmal beiseite gelassen.) Und bei unserer Empörung geht es nicht um eine bloß emotive Stellungnahme zur Verletzung. Es geht darum, dass wirklich in das, was uns wichtig war, *eingegriffen* wurde, ähnlich wie in unsere Gesundheit eingegriffen wird, wenn man uns physisch verletzt. Die moralische Verletzung hat also wirkliche Folgen; sie schlägt ein in die Motiv- und Wertschätzungsstrukturen von Personen. Selbstverständlich bewerten wir solche Handlungen, und wir nennen solche Bewertungen explizit moralisch, wenn sie sich auf Güter beziehen, die für uns schon einen ‚moralisch relevanten Gehalt' haben. Was dieser Gehalt ist und warum er im Modus des Wertschätzens auftritt, lässt sich nicht leicht angeben; für unser Beispiel kommt es nur darauf an, dass sich eine moralische Situation zwischen zwei Akteuren so darstellen lässt – im Unterschied zu solchen Situationen, in denen zwei Akteure zwar durch ihr Handeln einander beeinflussen, aber keine moralische Beurteilung im Spiel ist (wie es bei Max Webers einander entgegenkommenden Radfahrern der Fall ist, die das Ausweichen koordinieren). Was nun aber diese Beurteilung als spezifisch moralisch qualifiziert, was also auch Akte der Empathie, des Wohlwollens und der Hilfe letztendlich moralisch macht (geschweige denn die Akte von Treue, Vertrauen, Versprechen und Verzeihen usw.) wissen wir letztendlich nicht. Für viele ist Moral ein persönliches Gefühl; sie merken, wenn sie sich moralisch verletzt fühlen oder dass sie gekränkt sind, wobei selbstverständlich nicht jede Kränkung moralische Empörung auslöst. Den spezifischen Gehalt von Moral, der in Wertungen und in Reaktionen, in Forderungen und in bestimmten Akten des zwischenmenschlichen Agierens fühlbar, sichtbar und kommunikativ wird, können wir *letztendlich begrifflich* nicht bestimmen. Wir wissen aber, dass ein Versprechen zu brechen unmoralisch ist und als unmoralischer Akt auch von den meisten Menschen angesehen wird.[15]

In unserem Beispiel haben wir jedoch bisher nur eine einfache Ebene der Wertsetzung, der Normierung und der Sanktionierung betrachtet; wenn alles gut läuft, kann A B sanktionieren und damit die moralische Verletzung von B deutlich

---

[15]Ein Versprechen erzeugt die Pflicht, das Versprochene zu halten, und das ist eben die Ordnungsfunktion, die der Akt des Versprechens in unserem praktischen Alltag ausübt. Der moralische Gehalt daran ist, dass das Gut, um dessentwillen das Versprechen eingegangen wird, den Akteuren wichtig ist. Auch in der Pflicht steckt nichts genuin Moralisches; Pflichten sind ebenfalls nur Elemente, gewisse Handlungen tatsächlich zu erzeugen. Die moralische Situation, ein Versprechen zu halten und nicht zu brechen, die Empörung, die ein gebrochenes Versprechen auslöst, oder das Lob, das ein unter besonders widrigen Bedingungen eingehaltenes Versprechen nach sich zieht, werden durch die Werthaftigkeit erzeugt, die dem Versprechen zugrunde liegt. Diese Werthaftigkeit ist selbstverständlich *intentionaler* Art; jeder Akteur hält etwas für wert, er beabsichtigt etwas, und dementsprechend liegt einer moralischen Beurteilung auch eine Intention zugrunde.

machen oder sogar ausgleichen.[16] Ob er selbst damit moralisch handelt, hängt davon ab, wie B diese Reaktion von A beurteilt. In einem Zwei-Personen-Kosmos werden A und B relativ zügig zu einem Verständnis dessen kommen, was moralisch ist und welche Akte unmoralisch sind, weil sie wichtige Interessen und Werte verletzen. Aber die soziale Welt ist komplexer; es kommt mindestens ein weiterer Akteur hinzu. In unserem Beispiel ist es C, der nicht in die grundlegende Beziehung zwischen A und B involviert ist, der aber selbstverständlich alle bisherigen Wertungen und Normierungen und auch die Sanktion zum Gegenstand seiner eigenen Wertschätzung bzw. moralischen Beurteilung machen kann. Und es kann sogar sein, dass C nicht nur den Wert, den A normierte, ebenso normieren würde, es kann auch sein, dass C die Handlungsfolge von A gegenüber B wertschätzt und entsprechend normiert, so dass B (oder D usw.) nichts gegen die Sanktion von A einwenden kann. Dies geschieht ja auch in der Moral und insbesondere im Recht, wo die Handlungsfolgen deutlicher sind, während sie in der Moral informell sind (und damit ein gewisses Risiko bergen, dass man am Ende nicht weiß, wie man in moralischen Angelegenheiten angemessen handeln soll).

Wenn nun C in der gesellschaftlichen Position ist, gutzuheißen, was A tut, und wenn er in der Lage ist, aus dieser Situation eine Standardsituation moralischen Verhaltens zu machen, dann normiert er den ganzen Akt und stellt ihn als wertzuschätzende Einheit vor andere Akteure hin. Freilich kann ein hinzukommender D ganz anderer Auffassung sein; er kann meinen, dass das Vertrauen, das A gegenüber B hatte, nicht die Wertschätzung, die A ihm gab, verdient, so dass B mit einem gewissen moralischen Recht handelte, so dass auch die Normierung von C als nichtig zu gelten hat. Dies kann sich mit der entsprechenden Komplexität fortsetzen und tut es in einer Gesellschaft widerstreitender Ansichten auch. In der Moral sind viele Güter und Zustände als Werte aufgefasst und normiert, aber nicht alle diese Dinge sind jedem gleich wertvoll geschweige denn gleich stark normiert; insofern sind sie anfällig für Verletzungen; und nur diejenigen Werte, die auf dieser korrumpierbaren Ebene der Moral noch besser gesichert werden sollen, erlangen letztendlich den Status, den ihnen die Rechtsnormen geben. Es kann sein, dass ich jemanden ohne eine Sanktion belügen kann; aber auf der Ebene der Rechtsnormen, beim Abgeben einer eidesstattlichen Versicherung beispielsweise, habe ich meiner Wahrheitspflicht nachzukommen; die Sanktionsdrohung ist entsprechend größer. Die Wahrheitspflicht ist in der Moral schwach normiert, im Recht stark.

---

[16]Etwa die Verletzung dadurch heilen, dass B A um Entschuldigung bittet und, oft noch wichtiger, sein zukünftiges Verhalten ändert.

Die Akte Wertschätzen und Normieren führen tatsächlich zu in sich komplexen Wert- und Normensystemen. Werte werden primär, sekundär, tertiär und quartär normiert, sei es durch die Moral oder durch das Recht oder durch beide zugleich. Alle diese Normierungsebenen werden zum Teil selbst als Wert ausgegeben; es wird etwa gesagt, dass es einen Wert darstellt, die Tötung eines Menschen mit Freiheitsstrafe zu bestrafen (etwa, weil damit die Wertschätzung des Lebens und der Freiheit zum Ausdruck gebracht werden), dass die Freiheitsstrafe aber nicht exorbitant sein darf (etwa, weil auch mit der Reduzierung der Strafe die Wertschätzung des Lebens und der Freiheit zum Ausdruck gebracht werden). Die Moral kann eine Verletzung von Vertrauen normieren, aber bestimmte Ausnahmebedingungen der Sanktionierung schaffen, mit denen sie ggf. den Wert von Freiheit normiert und selbst als schätzenswertes Element ausweist. Welche Werte wie normiert sind und welche Normen wertgeschätzt werden ist nicht immer eindeutig feststellbar.

Dass die Moral informell ist, dass ich also oft nicht weiß, welche Werte wie normiert sind und welche Sanktionen bei welcher Normverletzung drohen, macht die Moral insgesamt anfällig, nämlich anfällig dafür, dass Akteure einander zu hohe oder zu niedrige Ansprüche stellen und zu stark oder zu schwach sanktionieren. Und Moral ist nicht nur ein informelles System, weil ihre Normen im Unterschied zum Recht nicht kodifiziert sind (die moralische Erziehung erfolgt mündlich oder durch Handeln, nicht jedoch werden Schriftsätze und Normentabellen zu Hilfe genommen). Moral ist auch ein *informationsarmes* System. Selbstverständlich weiß ich allgemein, dass ich weder lügen noch betrügen darf, dass ich Hilfe leisten soll und dass ich Versprechen halten muss usw. Aber wie stark oder schwach diese Akte normiert sind und welche Sanktionen im Fall ihrer Verletzung drohen, weiß ich nicht immer. Die Moral teilt hier eine Implizität, die den Konventionsnormen zu eigen sind. Bei den Konventionsnormen weiß ich auch nicht immer, was erwartet wird, bis ich es mir von anderen abschaue. In der Moral sind die einzelnen Reaktionen, insbesondere die Sanktionen (die relativ stark sein können: Ausschluss aus einer bestimmten Gruppe, Verlust der Glaubwürdigkeit, allgemeiner Ansehensverlust etc.) nicht immer absehbar, was die Verhaltenssteuerung letztlich fragil macht. Es ist nun noch nicht einmal klar, ob die meisten Menschen sich angesichts dieser Unterinformiertheit in Sachen der Moral überhaupt von drohenden Sanktionen leiten lassen, oder ob es nicht andere Motivatoren gibt (etwa der soziale Anschluss, das Bemühen um Kooperation etc.). Es obliegt daher dem Rechtssystem, die wichtigsten Güter zu normieren bzw. mit Strafen zu bewehren und dies kann nicht anders sein, da gewisse grundsätzliche Interessen und Werte der informellen und fragilen Moral entzogen werden müssen. Das Recht kodifiziert deutlicher seine Normen und macht die Strafbewehrung explizit, so dass es in dieser Hinsicht ‚Rechtssicherheit' bietet. Jeder weiß, was ihm blüht, wenn er einen anderen verletzt oder tötet; bzw. jeder kann das Risiko abschätzen, bei der gegebenen Infrastruktur etablierter Kontroll- und Sanktions-systeme erwischt und bestraft zu werden. Das sichere Abschätzen tatsächlicher Handlungsfolgen macht das Recht attraktiv gegenüber der Moral (wenngleich die komplizierten Details der Gesetze und der Ordnungsvorschriften diese Übersicht zunichte machen). Um die Sicherheit der Akteure zu erhöhen, nämlich die Orien-tierung darüber, was gilt und was geschieht, wenn man Normen verletzt, ist das Recht eine Ansammlung positiver, informativer und gehaltreicher Rechtsnormen bzw. tatsächlicher formeller Handlungsfolgen, die aus administrativen Handlun-gen gebildet werden (und die auch einem Täter Sicherheit bieten und ihn über seine spezifischen Rechte, die im System der Rechtssanktion als Anreize oder Puffer von Sanktionsfolgen angesehen werden können, informieren).

Nach dieser Darstellung von Wertschätzung und Normierung kann auch deut-lich werden, warum zwischen Recht und Moral so oft (und vielleicht sogar not-wendigerweise) ein Konflikt besteht. Oft erscheinen uns Strafen als zu gering oder als zu stark; oft erscheinen uns richterliche Urteile falsch, unverhältnismäßig oder als durchaus treffend; oft stößt uns das Gebaren der Justizvertreter ab. Das alles sind Beurteilungen des Rechtssystems anhand moralischer Überzeugungen bzw. Einstellungen. Wir denken manchmal, ein Straftäter habe eine andere Strafe verdient; dass die Strafen festgelegt bzw. dass sie in die Abwägung des Richters gestellt sind, ist der Preis dafür, dass sie eben positiv kodifiziert sind. Und soviel wie wir unser Rechtssystem, seine Vertreter und bestimmte Urteile moralisch beurteilen, so unerheblich ist es, was das Recht zur Moral einer Gesellschaft sagt.[17] Das Recht bestimmt nicht über die Moral, sondern im Rechtssystem kann nur das zum Ausdruck gebracht werden, was in einer Moral schon an Werten existiert. Andererseits kann das Recht aus der Auffassung der Richter heraus (die aber sowohl der Rechtsprechung als auch ihrem Gewissen, das heißt ihren eige-nen moralischen Überzeugungen folgen) Impulse für die Moral geben, etwa wenn das Recht sagt, dass man keineswegs, wie es manche Bürger wünschen, bestimmte Straftäter *überstrafen* oder lebenslänglich in Sicherungsverwahrung nehmen kann. Hier gibt es immer Quellen für Konflikte zwischen Moral und Recht. Umgekehrt wurzelt aber das Recht in der Moral, im besten Fall in einem

---

[17]Meist bleibt der Bezug zur Moral, wie im Falle der Sittenwidrigkeit, vage. Oft korrigiert das Recht seine Normen hinsichtlich der moralischen Entwicklung der Gesellschaft, der das Recht angehört, was seine Abhängigkeit von der gesellschaftlichen Moral zeigt (sogar dann, wenn diese Moral nicht konsistent ist).

moralischen Wert, der in der Gesellschaft fest etabliert ist und von dem man sagt, er solle das juristische Handeln leiten (dies kann nach Hans Kelsen Gerechtigkeit sein, wenngleich gerade bei der Justiz deutlich wird, dass Rechtsprechung nicht immer am Ideal der Gerechtigkeit orientiert ist, meist sogar überhaupt nicht).

In der Moral gibt es also eine Tendenz zur Unklarheit hinsichtlich dessen, was geschätzt wird, und hinsichtlich der Art, wie die Werte normiert sind. Umgekehrt kann man sagen, dass die Akteure einer Gesellschaft hinsichtlich bestimmter Dinge und Zustände in ihrer Bewertung konvergieren. Jeder ist an seiner körperlichen Unversehrtheit und an seiner Freiheit interessiert; diese Grundinteressen konstituieren bestimmte Werte und ziehen entsprechende Normen nach sich, die die Interessen gegenüber denen schützen, die sie verletzen könnten. Welche Normen nun in einer Gesellschaft klar sind und welche nicht ändert sich selbstverständlich; symptomatisch sind Debatten über Leitkulturen, über um sich greifenden Egoismus und Entsolidarisierung oder über die Restauration vermeintlich sicherer, traditioneller Werte, insbesondere dann, wenn die Moral einer Gesellschaft, ihre bisherigen Überzeugungen und Routinen, mit neuartigen Problemen konfrontiert wird.

Die vielen uneindeutigen Situationen der moralischen Geltung und Normierung, die oft zu beobachtende Normen-Diffusion und die Unterbestimmtheit moralisch relevanter Kontexte lassen sich jeden einzelnen Akteur fragen, was er tun, wie er sich verhalten soll. Diese Fragen sind vor allem deshalb nicht zu unterschätzen, weil moralische Überzeugungen, selbst solche laxer Natur, für den Charakter eines Menschen und für seine Individualität konstituierend sind. Zu fragen, was ich in einer bestimmten Situation aus moralischer Perspektive tun soll, heißt zu überlegen, wer ich bin. Ich kann jemand sein, der lügt oder wahre Auskunft gibt; der treu ist oder betrügt; dies unterscheidet mich ggf. von anderen Akteuren mit ihren jeweiligen Einstellungen.

An dieser Stelle sind wir bei der Moralsozialisation angekommen. Denn es wäre naiv anzunehmen, dass Akteure sich ihre Moral in einem freien Akt aneignen oder sie ablehnen, wenn sie auch im Einzelnen durch Akte oder Quasi-Akte Werte und Normen anerkennen oder zurückweisen. Die Moral als Ganze wählt keiner. Moral wird gemacht; sie wird aus unterschiedlichen Quellen und Akten generiert, und jeder einzelne Akteur findet sich irgendwann in einer schon etablierten Moral wieder; er kann dann Überzeugungen und Werte annehmen oder ablehnen und sich entsprechend in oder außerhalb der moralischen Gemeinschaft stellen (die nicht unbedingt homogen sein muss). Anders gesagt: Moral ist zunächst die Moral anderer. Sie tritt realistischerweise als etwas Heterogenes dem Einzelnen gegenüber, der die Moralnormen übernehmen oder ablehnen kann und entsprechende Reaktionen provoziert. Erst im Verlauf einer Moralsozialisation, lerne ich verstehen, was es heißt, etwas wertzuschätzen, was es heißt, einer Norm zu folgen bzw. einem Anspruch nachzukommen, was es heißt, selbst moralisch zu urteilen, was es heißt, etwas oder jemanden selbst moralisch zu qualifizieren und was es heißt, moralisch relevante Situationen einzuschätzen. Moral gibt mir bestimmte Verhaltensoptionen, die ich verwenden kann; zugleich gibt sie mir Optionen über mein Sein, meine soziale und moralische Identität (wann empöre ich mich, wann halte ich etwas für moralisch legitim etc.). Ich frage als Akteur einer Moral, also als moralischer oder amoralischer Akteur, danach, wie ich handeln will bzw. soll und wer ich sein will bzw. sein soll.

Wer ich bin hängt selbstverständlich von den zur Verfügung stehenden sozialen Seinskategorien ab. In Sachen der Moral sind dies vor allem drei Kategorien, die mein Verhältnis zu den anderen moralischen Akteuren definieren: Erstens der moralische Opportunist, der tut und lässt, was die Moral gebietet bzw. verbietet, ohne ein eigenes Interesse an der Moral zu haben und ohne Engagement zu zeigen. Zweitens der Amoralist, der zwar ein Interesse daran hat, dass andere sich an die Moral halten, also ihn vor allem nicht verletzen, der aber nicht denselben Anspruch an sich stellt, der im Gegenteil für sich beansprucht, andere verletzen zu dürfen. Drittens der moralische Akteur, der die Regeln mal mehr, mal weniger gut beherrscht oder moralische Einstellungen mehr oder weniger konsistent ausbildet. Ist die Moral nicht allzu rigoros, so wird jeder Akteur ein Opportunist oder ein imperfekter Moralakteur sein dürfen.

Der Sinn moralischen Kompetenzerwerbs ist es nun, einem Akteur zu ermöglichen, dass die Moral der anderen *seine* Moral wird, sei es, dass er sie emphatisch vertritt, sei es, dass er ihr nur nolens volens folgt. Die Kompetenz zur Moral besteht darin, einen ‚Sensus‘ für moralisch relevante Situationen (für Bedürfnisse, Werte, Normen, Erwartungen etc.) auszubilden. Die Rede vom Sensus ist vage, zieht aber den tatsächlichen Sachverhalt korrekt zusammen, dass nämlich jedes moralische Verhalten eine Wahrnehmung erfordert. Wie diese Wahrnehmung beschaffen ist, wissen wir nicht; eine Intuition ist sie sicher nicht, da alle Wahrnehmungsabläufe komplexer Natur sind. Wohl beziehen wir unsere Diagnosefähigkeit aus verschiedenen Quellen, oft wissen wir nur vage, was gilt, und daher verhalten wir uns gegenüber Moralnormen oft wie gegenüber Konventionsnormen: vorsichtig und abwägend.

Über die gelingende oder misslingende Moralsozialisation muss hier nicht weiter gesprochen werden; wichtig ist nur, dass sie sich in einem Bereich großer Unübersichtlichkeit vollzieht, und dennoch erfolgreich. Oft übernehmen wir die Moral unserer Gruppe mehr oder weniger unreflektiert, weil nur dieser Zugang uns davon entlastet, moralisch uneindeutige Situationen oder unklare Normen und Regeln ggf. mit Konsequenzen für uns zu hinterfragen. Eine Moral zu haben ist überdies eine komfortable Position, weil sie uns in die Lage versetzt, an andere Akteure Erwartungen und Forderungen zu adressieren, was wir freilich nur konsistent tun können, wenn wir selbst diesen Forderungen gerecht werden. Konsistenz ist aber oft belastend, so dass wir im Durchschnitt wohl imperfekte moralische Akteure sind; wir überschreiten nicht die Schwelle zum Amoralisten, sondern tendieren eher zum Opportunismus, wenn es darum geht, Moralnormen zu folgen, melden aber oft explizit unsere eigenen moralischen Ansprüche an, auch dann, wenn wir sie in Hinblick auf ihre Legitimität nicht immer hinreichend abgesichert haben.

Ein Einwand liegt nun auf der Hand: Wenn Moral so beschaffen ist, was leistet sie dann? Wenn sich die Erwartbarkeit moralischen Verhaltens so undeutlich zeigt und die Akteure der Moral, wie neuere psychologische Studien zeigen, gar keine kohärenten moralischen Einstellungen besitzen, sondern mal so, mal so entscheiden, ist es dann überhaupt sinnvoll, von einer effektiven Moral zu sprechen, von einer Moral, die leisten kann, was sie beansprucht, nämlich ein hohes Maß an Orientierung, Schutz und Befriedung[18] zu erreichen?

Ich habe nicht umsonst Moral und Recht kontrastiert und die Tendenz beschrieben, Moralnormen auch in Rechtsnormen zu überführen, jedenfalls dort, wo relevante Güter existieren, die besonderen Schutz beanspruchen. Wenn sich die Moral als zu schwach oder als zu konfus erweist, so werden ihre Normen durch die Klasse der Rechtsnormen stabilisiert und explizitere Handlungsfolgen angedroht als solche, die als moralische Reaktion möglich sind. Das aber ist nicht für alle Moralnormen, nicht einmal für alle wichtigen Güter, die durch diese Normen geschützt werden, möglich, ohne dass die Moral unzumutbar positiviert würde. Moral ist an und für sich der Bereich von Normen, der auch dann wirken soll, wenn Verhaltensweisen, Motive und Reaktionen der Akteure nicht immer sicher abgeschätzt werden können. Moral ist ein schwaches Gebilde, erreicht aber

---

[18]Befriedung einer Gesellschaft durch Moral ist ihr äußerstes und schon sehr anspruchsvolles Ziel. Dass Moral befriedet und Konflikte in gefahrlose Ordnungsformen bringt, kann dabei nur als Gesamteffekt eines ungerichteten Prozesses verstanden werden. Und oft leistet Moral dies eben nicht. Durch die Anlage der Moral ergibt sich, obschon einzelne Normen sehr verbindlich sein können, ihre interne Fragilität: Eine Moral wirkt nicht, nur weil sie ein Normensystem ist, der gesellschaftlichen Erodierung entgegen, die sich aus Entsolidarisierung der einzelnen Akteure untereinander ergibt oder aus gegenseitiger Diskriminierung durch Nichtbeachtung. Da Akteure einander meiden können, auch solche, denen gegenüber man barmherzig, gerecht und fair sein müsste, kann man sich von Einzelnen oder von Gruppen entfernen, ohne dass dies moralisch missbilligt wird. Die Folge ist eine immer stärkere Entflechtung, die man in öffentlichen Debatten beklagt, der man aber nur mit politischen Mitteln entgegenwirken könnte.

gerade durch seine Schwäche, durch seine Unklarheit bzgl. Normgeltung und Handlungsvorhersage, seine Stärke. Oft vermeiden moralische Akteure unmoralische Handlungen, weil sie nicht wissen, welche konkreten Reaktionen zu erwarten sind; andererseits blüht unmoralisches Verhalten auch aus diesem Grund. Die Unsicherheit und Unvorhersehbarkeit der Beurteilungen durch andere und die Handlungsfolgen, die sie erzeugen, schaffen eine Situation, die mich genauso motiviert moralisch zu handeln, wie sie mich motivieren kann, es doch mit unlauteren Mitteln zu versuchen.

Doch werde ich durch die undefinierten Situationen und durch die schwer abschätzbaren Handlungsfolgen wirklich jeweils im selben Maß dazu motiviert, die moralischen Regeln zu brechen oder sie gerade dadurch zu befolgen, weil ich nicht in Grauzonen der moralischen Beurteilung und Sanktionierung geraten möchte? Und wenn dies so wäre, was gäbe letztendlich den Ausschlag, mich dann doch in die eine oder in die andere Richtung zu verhalten, also moralisch zu handeln, um auf der sicheren Seite zu sein, oder mit gewieften und unmoralischen Mitteln zu versuchen, mir doch Vorteile zu verschaffen? (Oft Vorteile übrigens, die genau nur deshalb möglich sind, weil andere eine Moral haben und sie befolgen, und die mich zum Beispiel dann nicht zu hart sanktionieren, wenn ich mich unmoralisch verhalten habe, sondern mir doch verzeihen und mir mit Wohlwollen begegnen. Denn wie auf Moralverletzungen reagiert werden soll ist selbst Sache der Moral, sozusagen eine Ebene der Beurteilung zweiten Grades.)

Was also liefert für einen Akteur letztendlich den Ausschlag, sich in einer Moral, der er angehört, normenkonform zu verhalten, wo doch die Regeln der Moral nicht immer klar auf der Hand liegen? Man muss hier wohl antworten, dass es die individuelle Abschätzung ist, die sein Handeln beeinflusst, und dass die Moralnormen nur einen Teil der Mittel dieser Abschätzung liefern – aber eben einen Teil, der nicht ausschlaggebend sein könnte, wenn es gar keine Moral gäbe. An diesem Punkt ist selbstverständlich relevant, was Sozialpsychologie und Handlungstheorie üblicherweise zu (mehr oder weniger rationalen und informierten) Akteuren und ihren Motiven für egoistische oder altruistische Handlungen sagen. Wenn eine Gesellschaft eine Moral ausgebildet und Sanktionen gegen Normverstöße etabliert hat, so ist es selbstverständlich für einen Akteur rational, weil vorteilhaft, den Normen zu folgen, vorausgesetzt, dass ihm die Normenbefolgung tatsächlich mehr einbringt als ein entgegengesetztes Verhalten. Es kann manchmal auch rational sein, gegen die moralischen Normen zu verstoßen, was nicht umgekehrt heißt, dass es dann irrational wäre, ihnen zu folgen. Es ist rational, der Moral zu folgen, wenn sie Vorteile oder keine Nachteile bringt. Es ist rational, gegen die Moral zu verstoßen, wenn dies einen Gewinn bringt oder zumindest keine Nachteile. Wenn es weder einen Vorteil noch einen Nachteil bringt, gibt es psychologisch kein Motiv, der Moral zu folgen oder ihr nicht zu folgen (Was uns nicht positiv oder negativ affiziert, bietet für uns keine Motive es anzustreben oder zu vermeiden.)

Das heißt, die Moral muss den Akteuren etwas *bieten*. Und sie bietet den Akteuren auch etwas, wenn sie ihnen keine Nachteile verschafft, auch, wenn sie ihnen (außer vielleicht einer entsprechenden Reputation) keine Vorteile verschafft. Denn die ökonomische Logik der Sanktionen kann sich hier insgesamt auf die Ökonomie der Moral auswirken: Die Moral ist mehr oder weniger ein Restriktionssystem, das bei Wohlverhalten mit moralischer Anerkennung und Lob geizt, nicht aber mit Nachteilen, wenn Normen verletzt werden. Letztlich gibt es aber doch, in der Gesamtsumme der Effekte, etwas, was die Moral allen gehorsamen Akteuren zukommen lässt: Sie sichert die Freiheiten der Akteure, indem sie sie vor gegenseitigen Verletzungen schützt; und sie schafft spezifische Freiheiten, indem meine psychische und physische Integrität gewährleistet werden, ohne die meine Freiheit eingeschränkt wäre. Dass der Preis dafür ist, dass bestimmte meiner Freiheiten eingeschränkt werden, nämlich ganz andere, als es diejenigen sind, die durch bewirkte Verletzungen eingeschränkt würden, macht die Moral zu einem System von Normen, dem wir nur nolens volens, nicht aber emphatisch zustimmen können. Was aber die Moral letztendlich in einzelnen moralisch relevanten Situationen und in der Summe leistet, hängt von den gleichlaufenden oder widerstreitenden Motiven der Akteure ab, schließlich auch davon, worin sie Sinn und Zweck der Moral sehen und wieweit sie diesem Zweck letztendlich zur Durchsetzung verhelfen können.

Dieses verwirrende System der Ansprüche und tatsächlichen Reaktionen kann nun weitgehend suboptimal sein, oder es kann zur Erodierung einerseits oder zur Positivierung andererseits tendieren. Drittens kann es sich selbst entwickeln und Innovationen befördern. In der Geschichte der Moral nehmen innerhalb der einzelnen Moralen Autonomie und Heteronomie zu, wandeln sich die Werte und Einstellungen der Akteure, wandelt sich das Verständnis dessen, was als wichtig angesehen wird, verändert sich die Art und Weise der Bestrafung und die Zuerkennung von moralischem Lob, ja ändert sich der *Begriff* der Moral selbst unablässig. Denn wenn Moral zusammengesetzt ist aus den Gütern, die erstrebt werden, aus den Normen und Werten, die Heteronomie und Autonomie verbürgen, aus den Motiven der vergesellschafteten Akteure, aus den Konflikten und Lösungsstrategien, die diese Akteure erzeugen und umtreiben, dann wandelt sich die Moral und auch der Begriff der Moral mit diesen einzelnen, dem Wandel unterworfenen Elementen.

Kommen wir zur letzten Überlegung. Ich hatte bisher über Werte und Normen gesprochen und darüber, wie und warum eine Moral funktioniert und dass es

Ansprüche auf Freiheit sind, die zur Moral führen. Unter dem Gesichtspunkt der Freiheitsbeschränkung (etwa durch Verletzung) und der Freiheitserweiterung lässt sich auch die Moral selbst beurteilen. Alle Akteure einer Moral nehmen ja nur an einem Normensystem teil, das ihnen letztlich bestimmte Freiheiten bringt. Dies ist ein eigennütziger Zug. Normative Restriktionen müssen dagegen gerechtfertigt werden; dies ist möglich, indem Freiheitsbeschränkungen auf die Moralakteure gleich und somit gerecht verteilt werden. Ob eine Moral gerecht ist oder ob sie gut ist, weil sie viele Freiheiten etabliert – diese Frage kann sich jeder Akteur stellen und ggf. durch Kritik auf die Moral, der er angehört, einwirken. Gedanken über gerechte und gute Moralen können zu folgenden Überlegungen führen: Eine gerechte Moral, das heißt eine, die normative Beschränkungen wohlgeordnet verteilt, ist legitimiert, und sie kann insgesamt besser sein als eine Moral, die viele Freiheiten gewährt und die wir deshalb gut nennen würden. Welche Aspekte einer Moral man gut nennen kann, darüber gehen die Meinungen ohnehin auseinander; dass allerdings normative Restriktionen (die wir nicht gut finden können, wenn sie unsere Freiheit beschränken) gerecht verteilt werden sollen, und dass eine solche gerechte Verteilung gut ist, darauf kann man sich recht einfach einigen. Es kann nun also Moralen geben, die sowohl nur minimale normative Restriktionen aufweisen und diese auch noch gerecht ordnen, als auch Moralen, die freiheitsbeschränkend sind und deren Restriktionen willkürlich sind. Bei letzteren handelt es sich dann um totalitäre Moralen im klassischen Sinne. Es kann zudem Moralen geben, die hohe Freiheitsgrade aufweisen, die aber ihre Restriktionen ungerecht ordnen; wie auch Moralen, die wenig Freiheiten bieten, aber ihre Normen und Restriktionen gerecht gestalten. Dass eine Moral keine totalitäre, das heißt unterdrückende Moral ist, gewährleistet der relative Grad an Freiheit, den Moralnormen immer neben ihren funktionalen Restriktionen aufweisen *müssen,* denn Menschen haben keinen Grund zur Moral außer die Freiheit; sie kommen aus verschiedenen notwendigen, zweckhaften und freien Bedürfnissen zusammen, aber sie hätten kein Motiv, einfach so Freiheitsbeschränkungen zu etablieren. Diese sind vielmehr da, um bestimmte Freiheiten, wenn auch nicht die absolute Freiheit eines jeden, zu etablieren. Freiheiten sind aber nun etwas Gutes. Insofern müsste man doch sagen, dass eine freiheitliche Moral einer nur gerechten Moral vorzuziehen wäre, denn wo Freiheiten etabliert wurden ist der Raum für ungerechte Restriktionen schon einmal begrenzt. Das stimmt auch. Wir ziehen Moralen, die Freiheiten erzeugen, denen vor, die keine erzeugen, auch wenn ihre Restriktionen gerecht sind. Freiheit und Gerechtigkeit sind nun beides Güter, die eine Moral, wenn sie realisiert sind, absolut verbessern. Eine Moral, deren Normen wenig restriktiv sind und die ihre (verbleibenden) Restriktionen gleich-gerecht verteilt (und die natürlich dennoch funktional ist, also das leistet, was man von

einer gesellschaftlichen Moral verlangt), ist insgesamt die beste Moral. Aber die
Moral, die gut ist, weil sie Freiheiten gewährleistet, kann doch schlechter sein als
eine Moral, die zwar nicht gut ist (weil sie nicht denselben Freiheitsgrad erreicht),
die aber ihre Restriktionen gerecht verteilt. Das scheint dem zu widersprechen,
was eben gesagt wurde, dass nämlich eine freiheitliche Moral einer nur gerechten
Moral vorzuziehen wäre. Wie passt das zusammen, angesichts der Tatsache, dass
Freiheit das primäre, Gerechtigkeit aber das sekundäre Ziel einer Gesellschaft ist?
Es kann sein, dass die nur gerechte, aber restriktive Moral die zu einem bestimmten Zeitpunkt einzig mögliche ist, und dass jede Veränderung Richtung Freiheit
für die Moral dysfunktional wäre, etwa, weil die Veränderung essenzielle Schutznormen zerstören würde. Aber dieser Befund muss uns erschrecken, und würde
es auch, wenn wir dabei stehen blieben. Denn die Frage wäre ja, ob der Wert der
erreichten Freiheiten nicht doch der Dysfunktionalität bestimmter Normen vorzuziehen wäre. Anarchisten behaupten dies für alle Normen; der interessante Punkt
ist aber, welche essenziellen Normen so korrumpiert würden, dass man sich lieber, angesichts der Umstände, auf ein ungerechtes Normensystem zurückziehen
und auf andere Freiheiten verzichten würde. Für freiheitsliebende Akteure wäre
eine solche Minimalmoral totalitär, weil, obschon hinsichtlich essenzieller Normen gerecht, doch freiheitsbeschränkend.

Dann können wir noch ein Element hinzufügen, nämlich Kritik. Totalitäre
Moralen können durch Kritik (eine besondere Form der Freiheit) in Richtung
freiheitliche Moralen verändert werden. Das Ideal einer funktionierenden Moral
stellt natürlich eine solche Moral dar, die maximale Freiheit bei minimaler unab-
dingbarer Restriktion, die darüber hinaus gerecht geordnet ist, gewährleistet. Eine
Moral, deren Normen der Freiheit (aller Akteure) dient und deren unerlässliche
und weiterhin funktionale Restriktionen als Lasten aller gerecht verteilt sind, die
selbst moralische Kritik ermöglicht und die offen für Innovationen ist, ist einfach das Ideal von Moral als solcher. Diese Moral ist eindeutig vorziehenswert
gegenüber allen anderen Moralen, entweder, weil das bessere Ideal gegenüber
einer realen Moral vorgezogen wird, oder weil eine Moral, deren Normen man
nur nolens volens akzeptiert, einer totalitären, freiheitsbeschränkenden Moral vorgezogen wird. Das Ideal der Moral ist vorzuziehen gegenüber einer restriktiven
Moral A und gegenüber einer *freiheitlichen* Moral B, die in puncto Restriktionen
ungerecht ist. Ich entlasse den Leser mit der Frage, ob auch Moral B A gegenüber
vorzuziehen wäre, wenn das Ideal der freien *und* gerechten Moral nicht zu ver-
wirklichen ist und beide Moralen ansonsten das leisten, was man von einer Moral
unter funktionalen Gesichtspunkten verlangt.

Ein zweiter Blick auf die Moral: Normen und die Krise der Sanktionspraxis

2

Im vorausgehenden Kapitel habe ich versucht zu zeigen, dass es die Funktion einer von entsprechend gesinnten Akteuren etablierten Moral ist, diejenigen in ihrer Freiheit zu schützen und zu unterstützen, die in einer Gesellschaft besonders gefährdet sind. Das sind de facto immer Ungeborene, Kinder, alte und schwache bzw. kranke Menschen oder Menschen in Notsituationen. Sie nehmen eine Position ein, in die grundsätzlich *jeder* geraten kann; daher ist moralisches Verhalten ein prosoziales Verhalten, das plausiblerweise von *allen* gefordert wird. Das prosoziale Verhalten kann sich darauf beschränkten anderen keinen Schaden zuzufügen, es kann aber darüber hinausgehen, indem man anderen Gutes tut. Im Unterschied zum eigennützigen Handeln ist moralisches Handeln immer zunächst ein Handeln zugunsten anderer; es ist überdies fraglich, ob man sich selbst gegenüber moralisch handeln kann. (Es könnte sich zeigen, dass alle moralischen Handlungen gegenüber einem selbst prudentielle Handlungen sind, nämlich wenn man sich Gutes tut oder es unterlässt, sich selbst zu schaden.) Diese Definition von Moral als besonders auf andere gerichtet ist in der langen Geschichte der Moralphilosophie nicht strittig. Ebenso kaum problematisch ist, dass sie aus den Elementen Werten, Normen und Sanktionen/Anreize aufgebaut ist, die sich in komplexer Weise zueinander verhalten.[1]

---

[1]Menschen sind durch Anreize *und* durch Sanktionen motivierbar, und zwar je nach Situation, doch ist es aus einer handlungstheoretischen Sicht plausibler anzunehmen, dass Menschen mehr durch Anreize als durch Sanktionen zu motivieren sind, denn es scheint ökonomischer zu sein, seine praktischen Fähigkeiten und Fertigkeiten in das Streben nach Gütern und nicht in das bloße Vermeiden von Schäden zu investieren. Wenn man ihnen Anreize (Rechte, Güter, Status, Schutz etc.) gewährt, wollen sie diese, und diese Motivation ist mit der allgemeinen Motivation, sich zu entwickeln, etwas zu erreichen etc. vereinbar. Etwas nur zu vermeiden würde für das Leben nicht hinreichen; Leben und

© Springer Fachmedien Wiesbaden GmbH 2017
M. Hurna, *Was ist, was will, was kann Moral?*,
DOI 10.1007/978-3-658-15993-1_2

Wir haben gesehen, dass die Akteure einer Gesellschaft eine Vielzahl von Dingen oder Zuständen wollen, diese als Werte formulieren, diese Werte durch Normen schützen und schließlich Mechanismen etablieren, um anderen ein Verhalten aufzuerlegen, sei es durch drohende Sanktionen, sei es durch Anreize (wie Teilhabe an den Werten und Gütern etc.). Moral ist aus diesem Blickwinkel eine gesellschaftliche Institution; sie ist es, weil fast alle Akteure an ihr partizipieren, sei es aus echter Überzeugung, sei es aus rein prudentiellen Motiven. Als Institution liefert die Moral sekundäre Güter, wie etwa das Ansehen, das man durch moralisches Verhalten (Normenbefolgung, altruistisches Verhalten etc.) erhält.

Die gesellschaftlich etablierte Moral (als Resultat ungesteuerter Institutionalisierung aus gemeinschaftlichem Pro- und Kontrahandeln) kann ihrerseits als Wert normiert werden; es gibt eine mehrfache Validierung nicht nur derjenigen Güter, die Menschen wollen, sondern auch der Normensysteme und somit auch der Moral als ganze. Das (historisch weitgehend kontingente, immer aber funktionale) System der Moral wird als solches validiert und normiert. Moral ist als solche zwar kein positives Gut, aber es ist doch immerhin ein funktionales Gut: Akteure haben ein Interesse daran, dass es Moral gibt, das heißt, dass andere moralisch handeln.

Man muss jedoch unterscheiden zwischen einer Negativnormierung und einer Positivnormierung: Jeder Norm liegt ein Wert zugrunde; der Wert wird positiv normiert, ein Verstoß gegen diesen Wert wird negativ normiert. Positivnormierungen können auf ein Ideal zurückgehen. Im Fall der Moral als gesellschaftliches System von Werten, Normen und Steuerungselementen wird darauf geachtet, dass sie die Freiheit der menschlichen Handlungen nicht zu sehr einschränkt. Die Sicherheit, die durch die Normenetablierung und Sanktionsanwendung realisiert wird, soll ja gerade nicht die Freiheit einschränken, an der alle Menschen

---

Fußnote 1 (Fortsetzung)

Lebensvollzug ist an Entwicklung und Entfaltung, diese aber am Zuwachs an Gütern etc. gebunden. Materiell will man mehr Güter, sozial will man bessere Positionen, mehr Ansehen etc. Man will etwas erreichen. Nur Negatives vermeiden würde psychologisch nicht befriedigen. Einen besseren sozialen Status, das Horten von Besitz, Privilegien und Rechtinhaberschaft motivieren mehr als das Vermeiden von Verlust und das Abwehren von Pflichten. Es sind diese Grundbedürfnisse, die für die Moral aktiviert werden können. Sanktionen demotivieren. Wenn H sanktioniert wird, H aber normwidrigen Gewinn verspricht (man der Sanktion entgehen und den Gewinn genießen kann), demotiviert die Sanktion, H *nicht* zu tun. Wird man dagegen mit Anreizen gelockt, so müssen diese nur den normwidrigen Gewinn substituieren. Da Anreize aber der ‚Logik des Mehr' unterworfen sind, kommen sie dem Anreizgeber teuer zu stehen.

Interesse haben. Dies hat uns letztlich dazu geführt, über die bestmögliche Moral nachzudenken, und am Ende des ersten Kapitels habe ich darauf hingewiesen, dass eine Moral eine Balance sucht zwischen den unabdingbaren normativen Restriktionen und der dadurch erzeugten Freiheit (die immer einer anarchischen und hypothetischen Freiheit der Einzelnen entgegen gesetzt wird). Dass aber die Normen *legitimiert* sind ist ein weiterer Anspruch an den restriktiven Teil der Moral. Und so haben wir ein Ideal von Moral gefunden: Die bestmögliche Moral ist eine Moral, die funktional ist, das heißt tatsächlich den verlangten Schutz ihrer Mitglieder realisiert; die zugleich maximale Freiheiten generiert und die, wo sie nolens volens restriktiv sein muss, diese Restriktionen und Sanktionen legitimiert. Da aber keine Moral auf Sanktionen verzichten kann und da diese niemals durch Zustimmung gerechtfertigt werden können (denn das Interesse an einer Sanktion gegen andere, die einen aber selbst bei Fehlverhalten treffen kann, kann niemals affirmativ sein), müssen sie durch eine Art Überstrafungsverbot gerechtfertigt werden. Das heißt letztlich, dass Sanktionen zwar alle Akteure treffen können, aber kein Akteur darf härter sanktioniert werden als alle anderen. An dieser Stelle wirkt ein Gerechtigkeitsanspruch (vgl. Hurna 2014, 354 ff.). Das bedeutet, dass eine ideale Moral maximale Freiheiten und funktionale Sicherheit erzeugt, während sie gleichzeitig den Normenbestand und die Sanktionen reduziert und vor allem diejenigen Restriktionen im Sinne eines Überstrafverbotes (oder Unterdrückungsverbotes) legitimiert, die unabdingbar und konstitutiv für eine Moral sind. Dieselben Überlegungen gelten entsprechend für Rechtsnormen und für politische Normen.

Leider jedoch sind tatsächliche Moralen oft weit von diesem Ideal einer bestmöglichen Moral entfernt. Und dies liegt daran, weil das System der Moral ein soziales System ist, kein System einer transzendental-vernünftigen Moralität. Ein soziales System tendiert dazu unvollkommen zu sein. Vor allem die tatsächliche Sanktionspraxis schafft Schwierigkeiten – und um diese soll es im Folgenden gehen.

Moral besteht nicht nur aus Werten, denen man folgt, sondern auch aus Normen, denen man folgen muss. Die Akteure erheben gegenseitig die Forderung, dass man sich an die gesetzten Normen hält. Für eine Moral sind dies typischerweise Forderungen, die sich darauf beziehen, nicht verletzt zu werden. Versprechen zu halten, nicht zu lügen, Kooperationen einzuhalten, nicht zu demütigen, nicht zu enttäuschen, nicht physisch oder psychisch zu verletzen usw. sind typische moralische Forderungen, die auch unabhängig von einer möglichen zusätzlichen Rechtsgeltung bestehen. Zugleich wissen Akteure der Moral, dass sie von anderen enttäuscht und verletzt werden können. Sie haben auch ein Bewusstsein dafür, wann sie legitimerweise Ausnahmen von der Moral machen dürfen. Und sie nehmen in ihre Überlegungen auf, wann sie ungestraft oder ohne andere sozial nachteilige Konsequenzen eine Verletzung der betreffenden moralischen Norm begehen können. Ja, noch mehr: Man kann unterstellen, dass Akteure versuchen, sich tendenziell den moralischen Forderungen und Pflichten zu entziehen, jedoch zugleich dazu neigen, andere zu verpflichten. Akteure wollen, wenn es ihnen nützt, die moralischen Normen unterlaufen, und zugleich wollen sie verhindern, dass die anderen dies ebenso tun. Das heißt, die Institution der Moral soll in Geltung sein und die Handlungen der anderen bestimmen, man selbst aber möchte, wenn dies straffrei geschehen kann und mehr nützt als die Normbefolgung, die moralischen Regeln brechen. Dieses Interesse allen Akteuren unterstellt, lässt uns fragen, warum die Institution der Moral dennoch funktioniert. Und es wirft natürlich die Frage auf, ob es die drohenden Sanktionen sind, die das System der Moral letztlich stabilisieren.

Man kann einen Schritt weiter gehen: Wenn moralisches Verhalten darin besteht, dass man den gesetzten Normen folgt, wenn es aber auch ein Teil der Moral ist, Normabweichungen legitimerweise zu sanktionieren, dann haben alle Akteure der Moral ein Interesse daran, möglichst wenig (trotz eigener Normabweichung) sanktioniert zu werden und selbst die Position einer Sanktionsinstanz einzunehmen. Letztlich können alle Akteure Normenbrüche gegen sie selbst oder gegen andere sanktionieren. Im Unterschied zum Recht können Ego und Alter gegenseitig Normenverletzungen sanktionieren, während im Recht Tertius (unparteiisch) die Sanktionspraxis ausübt. Mit der Möglichkeit der gegenseitigen Sanktionierung besitzt die Moral aber ein erhebliches krisenhaftes Moment, denn die gegenseitige Sanktionierung kann dazu führen, dass es letztlich mehr moralische Verletzungen gibt. Denn es ist klar, dass alle Sanktionen, die auf wertverletzende Normenverstöße reagieren können, selbst normiert sind, nämlich hinsichtlich der Legitimität ihrer Anwendung. Es wäre zum Beispiel eine unangemessene, letztlich mehr verletzende (und somit unmoralische) Sanktion, wollte man jemanden (beispielsweise) durch Kontaktabbruch und sozialer Isolation bestrafen, der unbeabsichtigt oder aus Schwäche einem Versprechen nicht nachgekommen ist oder der sich angesichts einer unauflöslichen Pflichtenkollision die Verletzung einer Norm hat zuschulden kommen lassen. Angemessenheit der sozialen Sanktion ist auch ein Wert der normiert ist; und Verstöße gegen diese Angemessenheit der praktischen Sanktionierung können wieder Sanktionen durch andere nach sich ziehen.

Dadurch wird das System der Moral allerdings an einem wichtigen Punkt krisenhaft und instabil. Wenn Ego Alter sanktioniert, Tertius aber Ego aufgrund seiner unangemessen Sanktion an Alter, so kann diese Kette der Sanktionierung selbst dazu führen, dass die Kooperation zwischen allen dreien ruiniert wird. Ich werde diese Situation später an einem konkreten Beispiel aufzeigen. Ist es aber so, dass alle Akteure der Tendenz nach (nach einer rationalen Kosten-Nutzen-Abwägung) versuchen, das System der Moral zu unterlaufen, und sie zugleich versuchen, die Sanktionsposition (durch die sie ja andere binden können) zu erreichen und zu erhalten, dann haben wir das Ergebnis, dass sie die negativen Seiten einer Moral ablehnen, aber die positive Seite, insbesondere die Machtmittel, zu erlangen streben.[2] Das heißt, die Moral, die Werte, Normen und Sanktionsmöglichkeiten zur Verfügung stellt, kann zu einem reinen Macht- und Vorteilssystem korrumpiert werden. Dann aber tritt das ein, was das System der Moral gerade verhindern wollte: Freiheit von nur wenigen; Macht und Willkür.

Ein großer Nachteil von Moral im Unterschied zum juridischen Recht ist, dass es ein System *informeller* Normen ist. Moral operiert auch mit informellen Sanktionen, das heißt mit solchen gesetzten negativen Konsequenzen, deren Eintreten und Stärke von den Akteuren nicht immer richtig eingeschätzt werden kann.[3] Ego kann die Normverletzung von Alter verzeihen, dann handelt er im Sinne der altruistischen Werte der Moral. Er kann die Normverletzung auch angemessen sanktionieren. In diesem Fall stößt die Sanktion weder bei Alter noch bei Tertius auf Bedenken. Und Ego kann die Sanktionierung der Normverletzung schließlich auf zwei Arten verfehlen, nämlich indem er zu wenig oder zu viel straft. Im letzteren Fall kann er sich aus der Sicht der anderen ebenso einer moralischen Verfehlung schuldig machen, worauf seinerseits mit einer Sanktion reagiert werden kann. Man kann an dieser Stelle schon den Stellenwert von Verzeihen und Rache ermessen: Das Verzeihen stoppt die (möglicherweise aus dem Ruder laufende) Sanktionspraxis und heilt den Verstoß durch Nachsicht. Das Motiv der Rache verstärkt die Sanktionspraxis, und zwar umso mehr, je mehr sie aus dem Ruder läuft. In dem Fall, in dem die moralische Sanktionierung, die gegen andere moralische

---

[2]Oder in einer einfachen Formel ausgedrückt: Jeder versucht Rechte und Privilegien zu erhalten und Pflichten zu meiden. Dieses prudentielle Verhalten muss noch nicht mit anderen moralischen Vorstellungen konfligieren. Das Bestreben, mehr eigene Rechte zu erhalten und die Pflichten anderer aufzubürden, dürfte jedoch auf Widerstand stoßen, zumindest, wenn Gleichheit einen moralischen Wert darstellt.

[3]Tatsächlich müssen die Akteure ohne direkte Kommunikation aushandeln, was sie als nicht mehr tolerierbare Normabweichung oder noch als tolerierbare Normvariante ansehen. Es ist auch verständlich, wenn man hier auf Autoritäten, also besonders herausragende soziale Positionen zurückgreift, die Normen und Abweichungen definieren und im Falle der Abweichung strafen. Doch abgesehen vom Recht, wo genormte Wege zu diesen Positionen hinführen, und abgesehen von der Elternschaft, wo Eltern diese Position kraft ihres Alters und ihrer Eigenschaft als Eltern inne haben, müssen die Akteure einer Moral auch diese wichtigen Sozialpositionen der Autorität informell aushandeln. Auch hier zeigt sich die Schwierigkeit der Moral: Die informelle Eigenschaft nicht nur der Normen, sondern auch der Statuspositionen und der damit verbundenen Macht.

Werte (wie dem Unterdrückungsverbot) verstößt, nicht jedoch gegen juridische Normen, aus dem Ruder läuft, sind es allein Werte und Normen der Moral, die der unmoralischen Sanktionspraxis Einhalt gebieten können. Hier wird es letztlich dazu kommen, dass die Akteure Koalitionen bilden, um Verstöße letztlich angemessen sanktionieren.[4] Kommt es aber zu Koalitionen, dann treten Machtmittel in Erscheinung und es tritt möglicherweise das moralische Recht zurück, nämlich die *genuin moralische Überzeugung,* in seinen Rechten verletzt worden bzw. zum Sanktionieren befug gewesen zu sein. Moral besitzt immer auch Vergeltungscharakter und Vergeltung ist eine Metanorm der Moral, da sie Einzelnormen und Sanktionen reguliert.[5] Dass die Vergeltung angemessen sein muss ist ebenso eine moralische Metanorm. Beide Normen sind deshalb informell, weil die Akteure von ihnen Kenntnis haben, ohne dass sie kodifiziert sind und ohne dass es klare Anwendungsfälle gibt.

Das heißt aber nun, dass sich jemand, der sich auf die Vergeltungsnorm beruft und sie zum Regulativ seiner Sanktionspraxis machen will, in die Schwierigkeit gerät, sein Verhalten damit angemessen zu rechtfertigen. Die Mehrheit der Moralakteure kann bestreiten, dass die Vergeltungsnorm (bzw. das Recht auf Vergeltung durch Sanktion) in seinem Fall zur Anwendung kommt – und das, obschon sie prinzipiell an der Vergeltungsnorm festhalten, weil sie ein Interesse daran haben, dass auch sie sich im Fall des Falles auf sie beziehen können. Gerade hier, wo es um Koalitionen der Akteure gegen andere geht, zeigt sich der spezifisch soziale und prudentielle Charakter von Moralverhalten und das Fehlen jeglicher transzendental-rationaler Moralität im Sinne Kants.[6] Setzt man das Doppelinteresse von Ego, Alter und Tertius hinzu, möglichst den Sanktionen anderer zu entkommen und selbst legitime Sanktionsinstanz zu sein, so verkompliziert sich das Verhalten der

---

[4]Wenn jemand einen Normenbruch vollziehen will, dann überlegt er sich mehr oder weniger die Konsequenzen. Er überlegt, bei wem er auf Verständnis trifft, wer sich von ihm abwenden kann und wer Solidarität zeigt: Er bildet mögliche oder faktische Koalitionen. Diese Überlegungen stehen konträr zu dem, was Moral eigentlich leisten soll: Ihre Normen sollen ja gerade orientieren. Wer aber überlegt, die Normen zu unterlaufen, und wer überlegt, auf welche Normen und Werte er dann noch bauen kann, verunsichert die Teilnehmer der Moral. Somit ergibt sich ein oft übersehenes Paradox: Moral soll über richtige und falsche, gute und schlechte Handlungen orientieren, aber sie verkompliziert das Handeln, weil jeder moralisch sanktionieren und somit etwas tun kann, was schlecht oder unrichtig ist.

[5]Es ist eine Erlaubnisnorm.

[6]Gesellschaftliche Moral ist (auch) ein Vorgang des Forderns und Bestreitens und somit gerade nichts, was Kategorizität beanspruchen kann.

Akteure und dann natürlich auch das Rechnen mit dem Verhalten der jeweils anderen. Es ist an dieser Stelle auch verständlich, warum so etwas wie ein juridisches Recht- und Normensystem etabliert wurde, das formelle Normen, formelle Sanktionen und administrative Verfahren kennt. Es ist der Versuch, die Unklarheit der Moralpraxis in ein abgesichertes System zu überführen. Dass das Rechtssystem seinerseits als Sozialsystem anfällig ist, und zwar für die fast gleichen Probleme wie die Moral, muss hier nicht weiter ausgeführt werden. Das Rechtssystem ist gerade als System sozialer Praxis ebenso, vielleicht sogar noch mehr als die Moral, anfällig für Macht und anfällig dafür, durch Interessen deformiert zu werden.

Das Recht ist eine institutionelle Errungenschaft, doch die Moral ist es nicht weniger. Sie ist darüber hinaus ein System, das Normenbefolgung belohnt, mindestens durch Ausbleiben von Sanktionen. Man kann sich auch denken, dass ohne die spezifischen Anreize, die das System der Moral schafft, eine solche Institution schnell aufgegeben würde. Moral muss *attraktiv* sein, etwa so verlockend wie ein sicheres Schiff über ein stürmisches Meer, das man einem Kanu vorzieht. Allerdings darf die Moral nicht mangels Alternativen gewählt werden, da sie ja auch Selbstbeschränkungen fordert, was zunächst mit der Freiheit (als bestehende und als angestrebte bzw. geforderte) in Konflikt gerät. Eine etablierte Moral muss also die Freiheit der Einzelnen motivieren. Dies tut sie am besten, wenn sie trotz zahlreicher Beschränkungen größere Freiheiten für die einzelnen moralischen Akteure schafft. Das heißt, ein Moralsystem muss immer eine Ausgewogenheit zwischen Freiheit und Beschränkung realisieren. Es muss zudem die Beschränkungen legitimieren. Legitimieren heißt hier, auch für diejenigen die Einschränkung rechtfertigen, wenn es im Gegenzug keine oder nur beschränkte Freiheitsleistungen gibt. Man kann hier schnell sehen, dass Gerechtigkeit und Gleichheit immanente Strukturen dieser Ausgewogenheit sind; denn eine Moral würde kaum annehmbar sein, wenn sie bestimmten Einzelnen oder Gruppen nur Belastungen auferlegte. Sie wird nur akzeptabel oder sogar (relativ) gut, wenn sie ihre Beschränkungen legitimiert. Was allerdings der moralische Wert der Legitimität ist, ist fraglich. Offenbar kann es keine bloße Herrscherlegitimität sein, die jenen, denen man moralische Lasten (Verpflichtungen etc.) aufbürdet, lediglich sagt, dass dies gerechtfertigt sei. Denn dann wäre Legitimität ein bloßes Machtmittel. Tatsächlich entscheiden die Akteure darüber, was legitim ist. Und sie halten Restriktionen bis zu einem Grad legitim. Die Verteilung dieser Restriktionen darf ihrerseits nicht willkürlich sein; niemand will willkürlich bestraft werden; und Strafe ist immer ein Übel,[7] das man vermeiden will und das deshalb einer besonderen Rechtfertigung bedarf.

Diese Rechtfertigungsbedürftigkeit bezieht sich auch auf die Sanktionsinstanz. Politische und juridische Machtpositionen sind besonders legitimationsbedürftig, weil sie herausgehobene Positionen von Einzelnen oder Gruppen sind. In der Moral kann jeder, der stark genug ist, selbst sanktionieren, und er ist dadurch auch durch andere ermächtigt. Aber diejenigen, die nicht selbst sanktionieren können und die Opfer von Normbrüchen sein können, bedürfen Vertreter ihrer Rechte und sie berufen diese in der täglichen Praxis auch. Es kann also im Folgenden vereinfacht angenommen werden, dass der Streit der Sanktion zwischen gleichstarken Akteuren stattfindet, weil jeder Verstoß an einem Schwachen im Idealfall durch einen Starken sanktioniert wird.

Ich werde jetzt kurz auf die Sanktionspraxis eingehen, um anschließend die besonderen Schwierigkeiten der Moralkonstitution und der Sanktionspraxis aufzuzeigen. Es stimmt, dass Normverletzungen von Alter gegenüber Ego diesen erstens von Wohltaten entpflichten, zweitens dass sie ihm das moralische Recht zur Vergeltung geben, insofern sie angemessen ist. Es ergibt sich folgendes Schema: 1) A tut B gegenüber ein Wohl. B ist nicht verpflichtet, A ein Wohl zu tun, er kann aber das Wohl von A freiwillig mit Wohl beantworten. 2) A tut B gegenüber ein Wohl, aber B tut A daraufhin ein Übel. A ist entpflichtet, B ein Wohl zu tun (Das gilt in beiden Fällen: Wenn A eine Wohltatspflicht hatte oder das Wohl freiwillig tat). Ob A ein moralisches Recht hat, B daraufhin ein Übel

---

[7]Um ggf. die Funktion von Verhaltensänderung zu übernehmen, muss Strafe ein intrinsisches Übel sein. Ewing (2014, 184 f.) hält es nicht für plausibel, dass man ein Übel (Normverstoß) durch ein anderes Übel (im Status einer legitimen Strafe) sanktionieren kann. Doch unabhängig vom Zweck der Strafe muss die Strafe ein Übel sein – und Übel meiden Menschen. Strafe ist ein Übel zu einem guten Zweck, wenn dieser darin besteht, eine Normverletzung zu heilen oder den Bestraften von zukünftigen Normverletzungen abzuhalten. Aber der gute Zweck macht aus der Strafe selbst kein intrinsisches Gut. Außerdem wäre es absurd, Normenbrüche mit Belohnungen zu vergelten, denn dann würde man einen Anreiz schaffen, dass die Akteure Normenbrüche begehen. Nur mit der Verknüpfung eines Übels mit der Norm kann überhaupt ein (relativer) Anreiz geschaffen werden, Normenbrüche zu meiden. Alle diese Überlegungen führen aber nicht an der Tatsache vorbei, dass Strafe ein Übel ist, und dass Gesellschaften sich sehr genau überlegen müssen, ob sie, zusätzlich zu vielen anderen natürlichen und sozialen Übeln, diese Form des Übels in ihrer Welt etablieren wollen. Wer insgesamt bestrebt ist, eine gute Gesellschaft zu schaffen, wird das Strafen nur auf die notwendigsten Fälle beschränken.

anzutun, hängt von den Umständen ab. A könnte als Nicht-Ersttäter das Übel angemessen vergelten. Es könnte aber auch Folgendes entsprechend gelten: 3) A tut B gegenüber als Ersttäter ein Übel. B hat das moralische Recht, mit einem Übel zu vergelten. Dieses Übel aber muss angemessen sein; es liegt Vergeltungsangemessenheit vor, das heißt, das Übel von, sagen wir, einem Wert von 5 von A gegenüber B sollte von diesem nicht mit dem Wert von 100 vergolten werden. B kann sich im Übeltun enthalten, ist aber auch dazu nicht verpflichtet; er kann verzeihen, muss es aber nicht. B muss nur angemessen mit einer Vergeltung (x) kontern: $x < 5$ ist immer möglich, $x = 5$ wäre angemessen, $x = 6$ wäre schon stärker als die Verletzung von A ihm gegenüber. Man kann jedoch im sozialen Umgang in Rechnung stellen, dass eine vollständige und harmonische Reziprozität nicht gewährleistet werden kann. Die Sanktion als Antwort auf eine Verletzung enthält wohl immer einen Überschuss, der als *Präventivfunktion* verstanden und daher gerechtfertigt sein kann. Weil Moral ein informelles System von Normen und Sanktionen ist, ist eine angemessene Verrechnung der Übel- und Wohltaten kaum möglich; das Risiko sanktioniert zu werden ist schwer einzuschätzen, ebenso wie die Angemessenheit der Sanktion.

Ich möchte diesen Vorgang noch einmal darstellen, indem ich die Normverletzung und die Vergeltung mit einem Inhalt der Moral versehe: Petra belügt Peter in einer ihm wichtigen Angelegenheit, so dass sich Peter vor Paul blamiert. Nun kann Peter die Lüge Petras vergelten, indem er beispielsweise Paul ein Geheimnis von Petra mitteilt. Eine solche Sanktion kann man moralisch missbilligen, aber es ist zunächst eine Sanktion gegenüber Petra. Sie verletzt Petra und diese kann ihrerseits angemessen oder unangemessen sanktionieren. Zugunsten Peters ist zu sagen, dass Petra das Risiko ihrer Normverletzung kannte. Sie kann bezüglich der Sanktion von Peter auch nicht davon ausgehen, dass dieser eine annähernd gleiche Situation findet, um die Lüge von Petra angemessen zu vergelten. Bei solchen Sanktionen, bei denen moralisch zulässige Vergeltung und moralisch unzulässige Rache einander ähneln können, besteht das Risiko, dass sich Sanktionen unzulässigen moralischen Verstößen annähern und sich im Sozialgeschehen fortpflanzen. Das ist der Preis des informellen Systems der Moral, in dem sich die Handlungssteuerung immer mehr verfeinert und dadurch auch unberechenbarer wird. Klarheit dürfte jedoch darin bestehen, dass es so etwas wie eine Vergeltungsnorm gibt, und dass diese Vergeltung angemessen sein muss. In unserer sozialen Praxis existiert einfach das moralische Recht, auf subjektive oder objektive Verletzungen zu reagieren. Es ist schlichtweg ein Standard der Moral.

Selbstverständlich gibt es auch moralische Standards des Verzeihens, dass man jemandem eine zweite Chance gibt, dass man nicht immer strafen, sondern auch erklären soll etc. Viele Werte und Normen werden als gleichrangig angesehen: dass man ein Versprechen halten soll ist ebenso wichtig wie dass man ein gebrochenes Versprechen verzeihen soll. Aber diese wertbezogenen Regeln und Normen sind nicht von sich aus verbindlich und Akteure entscheiden oft nach dem eigenen Nutzen, ob sie die Regeln anerkennen und wie sie sie gewichten. Oben wurde bereits unterstellt, dass Akteure eher die Regeln so auslegen, dass sie andere binden und selbst nicht gebunden werden wollen. Im vorliegenden Beispiel können sie verlangen, dass man ihnen verzeiht, wenn sie ein Versprechen brechen, dass man aber ein ihnen gegebenes Versprechen immer hält.[8] Man hat diese Haltung als inkohärent und mit den Erfordernissen einer rationalen und universalen Moral für unvereinbar erklärt. Aber eine Moral schert sich nicht darum, ob sie kohärent und universal ist, und die Akteure scheren sich nicht darum, ob sie widerspruchsfrei agieren und ob sie kohärente Anforderungen an sich und andere stellen. Gibt es die Neigung, sich von den Normen auszunehmen, um seine Situation zu verbessern, indem man tendenziell moralische Bindungen flieht, aber andere an sich bindet, so wäre dies eine Sozialpraxis, der die etablierte Moral, so sie denn durch das faktische Handeln noch nicht gänzlich korrumpiert ist, Rechnung tragen muss. Dies kann in der Forderung bestehen, kohärent zu sein: Die Moral verlangt nicht nur Ehrlichkeit der Akteure, sondern auch, dass diese jene Normen auf sich selbst anwenden, die sie an andere adressieren. Anders gesagt: Das eigene moralische Handeln muss öffentlich vertretbar sein; die moralischen Ansprüche, die man an andere richtet, müssen in die eigenen moralischen Überzeugungen so eingebunden werden, dass man auch den

---

[8]Was ist am Halten von Versprechen genuin moralisch? Die Selbstbindung zugunsten des anderen, ihn nicht durch den Bruch des Versprechens zu enttäuschen, zu verletzen und zu missachten. Enttäuschung ist ein negatives Gefühl. Ich nehme die Bürde der Bindung durch Versprechen auf mich, um den anderen zu orientieren (positiver Effekt), und um ihn vor dem negativen Gefühl der Enttäuschung und Missachtung seines Wollens zu schützen. Dass ich durch diese Haltung im Laufe der Zeit vertrauenswürdig werde, ist nur ein prudentieller Effekt. Manche halten Versprechen aus dem einen, andere aus dem anderen Grund. Und eines sollte klar sein: Versprechen und das Einhalten von Versprechen gehören zu den fundamentalen Sozialpraktiken, auf die wir alle angewiesen sind.

gleichartigen Ansprüchen der anderen folgt.[9] Man sieht, wie die Moral diese Anforderungen stellt. Aber da sie sie auch normiert und mit Sanktionen stützt, schafft sie wiederum einen Anreiz, dass die Akteure sich von diesen Anforderungen entbinden, während sie anderen diese Bindungen auferlegen. Sie sind dann zwar wieder nicht kohärent, aber vielleicht ist diese Strategie dennoch effektiv.

Neben der Möglichkeit, dass formelle juridische Normen die Handlungen, insbesondere die Sanktionspraxis der Akteure kontrollieren, gibt es die Möglichkeit, dass die Moral selbst Standards und Ressourcen für moralisches Verhalten bereit stellt, um zu verhindern, dass die Akteure in einen Verhaltensmodus geraten, in dem Macht und Strafen zur Verführung werden. Moral, so die weitgehend geteilte Auffassung, besteht nicht nur aus Elementen heteronomer Verhaltenssteuerung, sondern auch aus genuin moralischem, das heißt selbstlosem Verhalten, das autonom vollzogen wird, weil man den anderen, seine Unversehrtheit, Würde und seinen Schutz, anerkennt. Dieses Verhalten bezieht sich auf die Achtung der anderen und bedarf meist einer gewissen charakterlichen Reife und ein Einsichtsvermögen in die Bedürfnisse anderer (Empathie etc.) und einen Sinn dafür, dass moralisches Verhalten im obigen Sinne auch schaden kann und daher durch ein prosoziales Verhalten ersetzt werden muss, das auf Sanktionen verzichtet (auch, wenn dadurch eine wichtige Kontrollfunktion verloren geht).

---

[9]Das Problem der moralischen Kohärenz (öffentliche Vertretung vs. private Anschauungen): Jemand, der an andere eine moralische Forderung stellt, muss diese selbst für sich einhalten. Jemand, der dies nicht tut, ist doppelmoralisch; er legt anderen Verpflichtungen auf, denen er selbst nicht genügt; er führt in die Universalisierung der Normen eine Regionalität ein; er macht sich zur Ausnahme von der Regel. Psychologisch ist das verständlich: Mit moralischen Normen kann man andere binden; wenn man sich selbst von den Normen ausnimmt, hat man eine Freiheit, die andere nicht haben. Es gibt bei jedem Menschen die Tendenz, sich von den allgemeinen Normen der Moral auszunehmen, deshalb haben sie ja auch einen spürbar einschränkenden Charakter. Es ist vorteilhafter, dass einen andere nicht anlügen, während man selbst lügen darf. Aber die Akteure wollen ihre Normen universalisieren: Jeder soll den moralischen Normen gleich unterliegen; die Universalisierung soll eben der durchaus vorhandenen Regionalität der Moral vorbeugen. Kohärent ist jemand, der sich den Normen unterwirft, die er an andere adressiert. Für eine solche Kohärenz der moralischen Person gibt es kaum Lob; sie ist selten offenkundig; nur in bestimmten Situationen kann man die Kohärenz zeigen, etwa, wenn man die Strafe für eine moralische Verletzung akzeptiert oder wenn man sich Handlungspflichten unterwirft, die man auch an andere adressiert – und dann die Handlung tatsächlich ausführt, auch wenn andere es nicht tun. Ist jemand durchweg moralisch kohärent, kann dies zu seiner moralischen Identität beitragen.

Es ist aber nicht zu sehen, wie alle oder die meisten Akteure zu einer solchen autonomen Moral gelangen können, in der sie eigens und bis zu einem gewissen Grad selbstlos dazu motiviert sind, anderen gegenüber Wohl zukommen zu lassen bzw. sie nicht zu verletzen, auch dann nicht, wenn sie verletzt wurden. Moral ist deshalb institutionell und zweiteilig, sie besteht deshalb aus einem autonomen Moralverhalten *und* aus einem heteronom aktivierten Verhalten, weil nicht alle Akteure aus eigenem Antrieb prosoziales Verhalten zeigen können. Dennoch sind gerade diejenigen Akteure, die beispielsweise weder durch Normverstöße Anlass zur Sanktion geben noch die übermäßigen Sanktionen selbst sanktionieren, ein wirksamer Schutz gegen die Korrumpierung der institutionellen Seite der Moral, die Machtmittel und Mittel der Heteronomie liefert. Gerade weil die meisten Akteure auch Autonomie und Echtheit der moralischen Einstellungen und nicht nur bloßes Befolgen von Normen oder sogar lediglich moralischen Opportunismus fordern, gibt es auch diesen Teil der Moral, in dem Menschen sich selbst zu altruistischem Verhalten motivieren oder zwingen. Das ändert jedoch leider nichts daran, dass, theoretisch zumindest, die meisten Akteure selektive Amoralisten sein können, die bei der Entscheidung, eine moralische Norm zu unterlaufen oder zu brechen, darauf sehen, ob sie sanktioniert werden bzw. darauf, ob sie die Sanktionierung in ihrer Legitimität angreifen und selbst den Sanktionierenden sanktionieren können. Gehen alle Akteure oder doch eine hinreichend große Zahl mit dieser Einstellung ins Feld der täglichen moralischen Praxis, so kann man leicht erkennen, dass das System destabilisiert wird – oder dass es sich gerade dadurch stabilisiert, dass alle dieses Interesse haben und nach dieser gleichgearteten Strategie verfahren. Wie aber kann das sein?

Man kann dies am Beispiel des Absprechens (Vertrags) bzw. des Versprechens zeigen. Beide Akte sind vor aller juridischen Normierung genuin moralische Verhaltensweisen; es sind spezifische moralische Bindungstypen. Absprachen (Verträge) und Versprechen sollen binden, sie können aber, wie jeder Akteur weiß, auch gebrochen werden. Akteure, die solche Bindungen eingehen, können reziprok unterstellen, dass der andere die Bindung zwar insgesamt nicht konterkarieren, sich aber einen Vorteil schaffen will: Alter soll durch den Vertrag oder durch das Versprechen stärker gebunden sein als Ego. Dieses Doppelinteresse unterstellt, führt dazu, dass der Vertrag oder das Versprechen entsprechend normiert wird: Der Nutzen folgt aus der Einhaltung des Versprechens bzw. des Vertrages, der Schaden resultiert aus dem Bruch – derjenige Akteur, der gegen die Vereinbarung verstößt, wird sanktioniert. Die Vereinbarung, worunter ich jetzt beide Typen fasse, generiert einen spezifischen Nutzen, wenn die Vereinbarung eingehalten wird – aber Konflikte, wenn die Vereinbarung gebrochen wird. Die Frage ist nun, ob die drohende Sanktion (wenn der spezifisch generierte Nutzen nicht ausreicht, die Vereinbarung zu halten) dafür sorgt, dass die Akteure von ihrem Doppelinteresse absehen und sich an die Vereinbarung in gleicher Weise halten. Das Knüpfen von Gewinn an die Normenbefolgung führt zur permanenten Einlösung dessen, was die Vereinbarung besagt. Das moralische Verhalten benefiziert sich selbst. Einen doppelten Gewinn kann aber der einstreichen, der den Erlös der Vereinbarung kassiert, selbst nichts leistet und der zudem der Sanktion entgeht. Man wird sagen, die Vereinbarungsbindung wird stärker, umso größer die Eintrittswahrscheinlichkeit der Sanktion und umso krasser das mit der Sanktion verbundene Übel ist. Beide Größen lassen sich auch getrennt variieren, wobei die Größe des Übels dann wenig überzeugen dürfte, wenn seine Eintrittswahrscheinlichkeit bei einem Normenverstoß gering ist – sei das angedrohte Übel noch so groß. Das heißt, die Sanktionierenden müssen tatsächlich Sanktionsmittel in der Hand haben. Sie müssen dies auch einander kommunizieren, wobei die Kommunikation durch Täuschung über die tatsächlichen Sachverhalte irritieren und fehlinformieren kann. Aus der Vereinbarung selbst kann die Legitimität der Sanktion im Falle des Bruchs der Vereinbarung erwachsen. Bei Verträgen ist dies die Kautel, die man aber nach Auflösung des Vertrages infrage stellen kann. Deshalb ist diese Norm externalisiert: Sie ist in juridische Normen übergegangen. Anders beim Versprechen. In der täglichen Praxis sind Versprechen anfällig für Enttäuschungen; dasselbe gilt für informelle Kooperationen, für die Norm des Lügenverbotes etc. Und obschon es eine starke Tendenz gibt, alle aus moralischen Fehlverhalten entstandenen Konflikte juristisch auszutragen[10], gibt es doch genuin moralische Normen, die nur durch informelle Sanktionen geschützt werden können.

Bei allen Bindungen der Moral setzen sich die Akteure der prinzipiellen Enttäuschung durch andere aus. Haben die Akteure das oben unterstellte Interesse, Rechte einzunehmen und andere zu verpflichten (was sich auch so formulieren lässt: lieber eher zu enttäuschen als enttäuscht zu werden), so findet entweder gar keine Kooperation statt oder nur eine risikoreiche. Dies aber kann unmittelbar auf die Sanktionspraxis zurückschlagen, indem nämlich auch diese, insbesondere, wenn sie mit Kosten verbunden ist, nicht mehr etabliert und umgesetzt wird. Die Folge ist, dass es zu Unsicherheiten in der täglichen Praxis kommt. Dies wäre in einer Gesellschaft, in der die Moral ein homogenes Gemeinschaftsgut wäre als in unserer, wohl drastischer, da Akteure, die einander enttäuschen (und ggf.

---

[10]Moralische und private Konflikte werden oft an Gerichte überantwortet, bei denen der Streitgegenstand selbst fremd wirkt. Aber eine gerichtliche Entscheidung bringt oft den ersehnten offiziellen und somit sichtbaren Titel, dass man in der Sache ‚Recht' hatte.

die Tendenz haben, massiv zu sanktionieren), ihre Bindungen auf weite Strecken auflösen würden. Wir leben in einer individualistischen und ungeheuer flexiblen Gesellschaft, in der Kooperationspartner schnell wechseln, so dass auch der Anspruch an moralische Bindung geringer ist und eine harte Sanktionspraxis, wenn sie überhaupt zum Zuge kommt, nur wenige Akteure betrifft. Die sozialen Inseln, in denen wir uns aufhalten, erschweren es, dass eine größere Gruppe die spezifischen Gruppenwerte und -normen teilt und sich an einer gemeinschaftlichen Sanktionspraxis beteiligt, so dass ein korrumpiertes System massive Auswirkungen auf die ganze Gruppe hätte. Dennoch muss man festhalten: Prinzipiell sind moralische Bindungen enttäuschbar und gegen drohende Enttäuschung helfen zunächst, auf moralischer Ebene, einfach entweder moralische Autonomie (mit der Kompetenz des Verzeihens) oder eine Praxis informeller Sanktion zur Sicherung dessen, was einem wichtig ist. Es kommen hinzu die Möglichkeiten, die Beziehungen zu verrechtlichen und den sonst moralischen Bindungen einen Rechtsstatus zu geben (dies ist jedoch nicht immer möglich) oder aber Koalitionen zu etablieren – sei es solcher Akteure, denen man vertrauen kann, sei es mit solchen Akteuren, die sich solidarisch mit dem eigenen moralischen Verhalten, insbesondere mit einer harten Sanktionspraxis zeigen.

Es erhebt sich nun ein zentraler Einwand: Das System der Moral ist offenkundig nichts wert, wenn jeder Akteur auf Verletzungen reagieren darf, wie er es für richtig hält. Was kann man hier antworten? Ich habe schon gesagt, dass die Sanktionspraxis selbst normiert ist. Ein Akteur kann, beispielsweise als Amoralist, nicht jede beliebige moralische Regel brechen und er kann auch nicht mit moralischen Sanktionen beliebig strafen. Man würde ihn dann vielmehr auch sanktionieren. Aber so eingeschränkt der Einzelne auch ist, es wird Gruppen geben, die stärker als andere Gruppen sind. Für die stärkere Gruppe stellt sich nicht nur die Frage moralischer Überlegenheit, sondern auch die Frage der Verfügungsmacht über die Sanktionsmittel. Denn es ist zwar richtig, dass Moral zunächst reziprok ist, dass Ego und Alter diejenigen gleichen Rechte und Pflichten haben, die sie sich reziprok und allgemein auferlegen. Aber das heißt nicht, dass es nicht Akteure gibt, die geschickt die Normen unterwandern, die Vorteile aus der Moral ziehen und die weitgehend uneingeschränkt sanktionieren können. Und diese Akteure können selbstverständlich auch Koalitionen bilden. An dieser Stelle werden Machtmittel angehäuft, die die Frage nach der Legitimität aufwerfen. Die Legitimität hinterfragen aber immer die Betroffenen von Sanktions- und Machtmittel, niemals (oder kaum) diejenigen, die über sie verfügen. Der Anspruch auf Legitimität setzt immer ein Fragezeichen hinter die Machtmittel und Privilegien. Wie schon früher gezeigt wurde betrifft dies vor allem die Sanktionen und zwar in doppelter Hinsicht:

Zunächst einmal gibt es in der alltäglichen Praxis das Problem der Sanktions-zuordnung und Stärke: Wie reagiert man auf eine moralische Verfehlung? Ego bricht ein Versprechen, Alter sanktioniert ihn dafür. Die Sanktion soll die Ver-letzung ausdrücken, und sie soll Ego anleiten, sich zu entschuldigen oder sein moralisches Verhalten zu verbessern (künftig Versprechen halten etc.). Die Sank-tionsandrohung soll ihn motivieren, das Versprechen zu halten, *bevor* er es bricht. Dabei ist die Sanktion eigentlich ein externes, ein dem Wert des Versprechenhal-tens (der Freundschaftsbindung, des Respekts anderer gegenüber etc.) äußerliches Instrument. Sanktionen sind zwar Instrumente der Moral (bzw. der Stabilisierung der Moral), aber sie sind dem, dem man moralischen Wert als solchen zubilligt, fremd und äußerlich. Sanktionen sind selbst nicht werthaft. Niemand handelt moralisch, nur um Sanktionen zu entgehen; immer auch zeugt es ja gerade davon, eine Moral zu haben, dass man die moralische Bindung freiwillig eingeht. Weil aber nun sanktioniert werden kann, weil Sanktionierung selbst als moralisch legi-tim angesehen wird (aber auch der moralischen Kontrolle unterliegt), ergibt sich, wie oben gezeigt, die Schwierigkeit der *adäquaten* Sanktionierung. Man kann genau richtig, zu wenig oder zu viel sanktionieren. Alle drei Weisen können vom Betroffenen oder von einem Dritten selbst nach moralischen Maßstäben beurteilt werden, etwa, indem Tertius äußert, Alter strafe Ego zu viel. Ist die Sanktionie-rung moralischen Fehlverhaltens (= verletzendes Verhalten gegenüber Dritten) legitim, so ist doch das Übersanktionieren illegitim.

Doch Menschen etablierten Moral nicht, um dann in Kauf zu nehmen, dass die moralischen Sanktionen sie zu viel und zu stark treffen. Wenn ein moralischer Wert verletzt wird, was ist dann die angemessene Reaktion? Soll, wie im Straf-recht, gelten, je höher der Wert einer moralischen Handlung umso stärker die Sanktion? Aber die Moral ist informell, die moralischen Bewertungen wechseln; dem einen ist es nicht so wichtig, dass man ihm gegenüber ein Versprechen hält oder nicht lügt, dem anderen sehr wichtig. In einer moralischen Gemeinschaft einigt man sich zwar auf bestimmte Werte; es gibt Dinge, die allen wichtig sind, aber sie müssen nicht für alle gleich wichtig sein. Auch modifiziert der Inhalt der moralischen Handlung den Schutzanspruch: es gibt relevante Kontexte, in denen das Lügen missbilligt wird, und es gibt irrelevante Kontexte. Die Zuordnung der Sanktion zur moralischen Verletzung ist in einer Moral selbst nicht normiert oder klar geregelt. Zudem muss die Sanktion immer den Charakter der Rache verlie-ren; sie muss legitim sein, worunter jedoch nicht zu verstehen ist, dass gerade diese Sanktion von allen anerkannt wird. Auf einer ersten Ebene gibt es einfach eine informelle Sanktionspraxis mit Sanktionen verschiedener Reichweite, ver-schiedener Stärke, differenziertem Bezug auf das, was Akteuren wertvoll und lieb ist. Doch es deutet sich bereits eine zweite Ebene an: Es kann eine Krise der

Sanktionierung geben. Denn sind die Sanktionierungen X, Y, Z aufgrund ihrer Schwere in einer Gesellschaft verboten, so muss dieses Verbot doch durch eine ausreichend starke Sanktion S durchgesetzt werden.[11] Das bedeutet, dass alle möglichen und zulässigen Sanktionierungen X, Y, Z etc. letztlich durch S kontrolliert werden. Die Schwere der Sanktion S muss aber nun gewährleistet werden, das heißt, die Mittel für S müssen als Machtmittel zur Verfügung stehen. Sind diese Machtmittel monopolisiert, so muss das Monopol legitimiert sein. Im Kampf um das Monopol ist S aber gerade nicht legitimiert, da alle streitenden Parteien um die Machtmittel von S kämpfen. Die Rechtfertigung der Sanktionsposition ist ja gerade strittig; es wird dem Gegner gerade nicht zuerkannt, S zu besitzen. In diesem Streit werden aber die Sanktionsmittel X, Y und Z eingesetzt; sie sind keineswegs als illegitim anerkannt. Daher ist zu fragen, wie sich eine Gesellschaft auf das Verbot von X, Y und Z und auf die monopolisierte Institution von S einigen kann. Dieser Vorgang stellt den Vorgang der Befriedung dar. Die Position S ist immer begehrt; das heißt, sie kann strittig werden. S ist ja das Machtmittel schlechthin (da es stärker und legitimer als X, Y und Z ist). Wenden alle Konfliktparteien S an, ist es also nicht monopolisiert und sein Missbrauch (bzw. Gebrauch jenseits von Rechtfertigung) nicht normiert, so ergibt sich gerade der Zustand, in den S erst Ordnung bringen sollte (indem es Sanktionen gewisser Stärke verbietet). *Das Dilemma der Befriedung durch sanktionsgestützte Normen besteht darin, dass es immer ein S gibt, das den Frieden sichern soll, das zugleich als Machtposition bzw. Machtmittel begehrt ist und Grund zu Unfrieden ist.*

Sind die verschiedenen Sanktionen das Problem, weil sie von Akteuren gegenseitig (schädigend) angewandt werden, und wird ihr Gebrauch deshalb verboten, so muss es ein S (oder eine Schar von S) geben, um die Verbotsnormierung durchzusetzen. S muss also stärker sein als die herkömmlichen Sanktionen. Dass S monopolisiert wird, erzeugt weder Legitimation noch löst es das Grundproblem, dass es eine alle Sanktionen schlagende Sanktion geben muss (oder ein alle anderen Sanktionen schlagender Komplex von Sanktionen, wie juridische Zwangsmittel unterschiedlicher Stärke). S ist in der Welt, das heißt, seine schädigende Anwendung ist möglich. S muss daher selbst gebändigt werden (beispielsweise durch Institutionalisierung, Monopolisierung, Legitimation). S ist dennoch immer in Gefahr zu zerfallen (alle Institutionen können zerfallen). Der Witz, S letztendlich doch zu

---

[11]Vor allem die Politik kennt dieses Problem: Jeder Verstoß gegen den Frieden muss mit Sanktionen, ggf. durch Waffengewalt geahndet werden können. Die Waffen, die ungenutzt bereitstehen, bilden aber im Ganzen eine Verführung, sie anzuwenden, bzw. eine Verführung, sie sich anzueignen und dadurch Unfrieden zu erzeugen.

etablieren, ist, dass es zwar stärker in die Freiheiten und Rechte der Akteure eingreifen kann, auch stärker als die sonstigen Sanktionen, dass aber gewisse absolute Schädigungsweisen (Tötung, Folter, Willkür etc.) verboten sind bzw. eben durch Androhung von S präveniert werden. An diesem Punkt muss die Sanktion S, die dies gewährleistet, durch eine Reflexion auf sich (bzw. auf die S nutzenden Akteure) angewandt werden. (Die *falsche*, normwidrige, Anwendung von S, die seine eigene willkürliche Anwendung normiert, kann nur durch es selbst sanktioniert werden; es gibt also ein Maximum der strafenden Anwendung von S.) Es gibt keine Instanz außerhalb von S und S darf nicht überstrafen.

Totalitäre Gesellschaften und Regime verbinden wir mit dem Gedanken an die Übermäßigkeit ihrer Sanktionen (vor allem staatliche, polizeiliche S). Aber S ist in der Welt als schärfste Sanktionsinstanz; sie muss prozessual zergliedert werden; S muss wohlbedacht angewandt werden etc. Letztlich darf S, wenn es auf die Akteure A, B, C angewandt wird, nur alle gleich negativ treffen. Auch bei unterschiedlichen Vergehen von A, B und C darf S nur beim Normenbruch angewandt werden, der am tiefsten reicht; und bei gleichen Normenverstößen von A, B und C darf S bei A nicht härter angewandt werden als bei B und C. Das ist der Witz der legitimen Sanktion. (Und dass Verstöße von S selbst nur mit dem Grad von S sanktioniert werden können.) Diese smarte Sanktionierung wird aber nur prozessural und durch den Wert der Gleichheit und der Freiheit wirklich gangbar. Ohne diese Parameter und schützende Organisationsform (besonders, wenn S eine juridische Sanktion ist: Ermittlung, Anklage, Verteidigung, Strafzumessung und Strafbegrenzung, Chance auf Freiheit und Rehabilitation etc.) wäre S als härtestes Machtmittel willkürlich (und in seiner flächendeckenden Anwendung totalitär). Es sind also die Grundwerte Freiheit und Gleichheit, die S Fesseln anlegen und alle Akteure binden, die in Sanktionspositionen sind. S ist die härteste Sanktion einer gegebenen Gesellschaft, und seine falsche Anwendung (Normenbruch) kann nicht durch eine noch schärfere Sanktion S' sanktioniert werden. Es gibt einfach eine Höchststrafe für bestimmte Normenverstöße – also auch für die falsche Anwendung von S.[12]

---

[12]Das Problem ist struktureller Natur: Das Höchstmaß der Vergeltung eines Verbrechens hängt mit der Sanktion falscher oder ungerechter Sanktion zusammen, wenn diese selbst als Verbrechen gelten. Angenommen, das *schrecklichste* Verbrechen, das ein Mensch begehen könnte, habe den Wert von 100. Die *höchste* Strafe, die ein Sanktionssystem dafür bemessen kann, muss unter 100 liegen, will es nicht Vergeltungsstrafe vollziehen. (Sofern es ihr gelänge, dem Verbrechen in Quantität und Qualität nahe zu kommen, wie es die Talion fordert. Grundsätzlich kann aber der Staat nicht anwenden, was er selbst seinen Bürgern verwehrt und missbilligt.) Doch eine Strafe mit dem Wert, sagen wir von 10, würde geradezu zu Verbrechen motivieren. Allerdings nur, wenn erwiesen ist, dass Strafandrohung

Wann aber ist dieses Gleichgewicht erreicht? Wann neigt eine Gesellschaft dazu, es bei S zu belassen und nicht noch S' zu etablieren? Wenn offenkundig wird, dass S' genau den Unfrieden erzeugen würde, den man mit der Etablierung einer maximalen Strafinstanz unterbinden wollte. Es besteht, wie schon früher, gar kein Interesse an maximalen, besonders harten oder willkürlichen Strafen. Das heißt, mit S können alle Akteure *nolens volens* leben: Sie verzichten auf bestimmte gegenseitige Strafweisen und erkennen S als maximale Strafmöglichkeit an. Die Anerkennung beruht aber darauf, dass S selbst gerecht ist (Kern) und dass es organisatorisch gebändigt ist (Peripherie).

Das ändert jedoch nichts daran, dass, insofern S, wie alle Normen der Moral, eine informelle Sanktion ist, sie von denjenigen angewandt wird, die, wie oben bereits gesagt, ein Interesse daran haben, andere mit S zu bedrohen, aber selbst S zu entgehen. War diese Tendenz schon bei allen Akteuren bzgl. der gewöhnlichen Sanktionen der Fall, so liegt sie auf der Hand, wenn S das härteste Sanktionsmittel ist (und besonders, wenn S juridische Macht ist).

Man kann unterstellen: Alle rationalen und fähigen Akteure streben nach S, um ihr Verhalten abzusichern, um tendenziell eigene Bindungen zu lösen und andere zu verpflichten. Keine mir bekannte Moral verbietet dieses Streben; allerdings verbietet fast jede Gesellschaft die Anwendung von S in Form von (nicht seinerseits juridisch legitimierter) Tötung. Im Streben nach S kann es zu zahlreichen moralischen Verletzungen kommen; auch zu solchen, die nicht so gravierend sind, dass sie mit S gestraft werden müssten. Es wäre interessant die Fälle aufzuzählen, in denen sich S auf S bezieht, etwa, wenn S von Ego so normenwidrig angewandt wird, dass Ego seinerseits durch S sanktioniert wird, aber ich überlasse diesen interessanten Punkt dem Leser. Klar geworden ist, dass die Moral

---

Fußnote 12 (Fortsetzung)

Verbrechen verhindert. Dies ist nicht erwiesen, und fraglich ist, ob, wenn es so wäre, der Gegenschluss erlaubt ist: Demotivierung durch Strafe => Motivierung zu Verbrechen, wenn die Strafe wegfällt. Jedenfalls wird die Strafe im demokratischen Rechtsstaat als Substitutionsstrafe vollzogen; sie ist immer weniger einschneidend, als das Verbrechen. Wie verhält es sich nun mit der Sanktion *falscher* (unrechtmäßiger, unverhältnismäßiger, ungerechter etc.) Bestrafung? Denn wenn P von Q unschuldig bestraft wird, so zieht dies doch eine Strafe für Q nach sich. Diese sollte etwas höher liegen als die erste Bestrafung, damit niemand zum falschen Strafen motiviert wird (etwa 80 zu 90). Die etwas höher liegende Strafe bei Falschstrafe bietet Schutz vor dieser, demotiviert aber möglicherweise die Strafenden, die die Erststrafe ausführen, denn es besteht immer das Risiko, etwas falsch zu machen. Eine geringere Strafe bei falscher Strafe könnte zu dieser motivieren (90 zu 10). Das System der Sanktion muss extern, also gegenüber dem Verbrechen, und intern, also gegenüber Sanktion und Kontrolle, stabil und harmonisch und letztlich auch gerecht sein.

eine Sanktionspraxis konstituiert und dass diese nicht immer bzw. nicht nur rezip-rok ist, sondern dass eine Moral ein spezifisches S erzeugt, das begehrt wird, und eben besonders dann, wenn alle trotz aller der durch die Moral (bzw. das Recht) auferlegten Nachteile ihren Vorteil suchen. Indem die Moral Rechte und Sankti-onspositionen einräumt, führt sie nicht nur zu Beschränkungen, sondern auch zu spezifischen Vorteilen. Moral ist daher ein *ambivalentes* System. Und es scheint, zum Leidwesen vieler Moralphilosophen so zu sein, dass sich Moral unter diesem Gesichtspunkt, besonders unter dem der Sanktionspraxis, einem reinen sozialen System assimiliert, in dem man echte Moralität vermisst. Der Beweggrund, an der gesellschaftlichen Praxis teilzuhaben, ist, Einflussmöglichkeiten zu bekom-men. Wer aber durch die Praxis der Moral Vorteile erhält, macht sie insgesamt zu einem prudentiellen System (deren Wert dann lediglich davon abhängt, inwieweit sie den Akteuren insgesamt nutzt).

Das ist nun aber gewöhnlich nicht das, was wir mit dem Ausdruck ‚Moral' verbinden. Die Selbstlosigkeit, Freiwilligkeit und Echtheit der moralischen Beweggründe fehlt darin. Und besonders sollte man meinen, dass es zwar ein prudentielles Interesse daran gibt moralische Bindungen einzuhalten, dass es aber auch eine genuin moralische Motivation gibt, soziale Bindungen einzugehen, die das ausmachen, was wir meinen, wenn wir sagen, diese Beziehungen sind getra-gen von Achtung und Wertschätzung oder wenn wir sagen, Petra habe sich gegen-über Peter moralisch korrekt verhalten... Besonders unsere Beurteilung eines Menschen hängt davon ab, was wir wesentlich für eine Moral erachten. Wenn wir Moral als etwas ansehen, in dem es nur um geschickte Handlungen, nicht aber um genuin moralische Einstellungen geht, würden wir dann jemanden, der eine moralische Bindung löst, angemessen kritisieren können? Dies wäre offenkundig unmöglich.

Dennoch stehen wir weiterhin vor dem oben formulierten Problem, wie sich Moral konstituiert, wenn alle Akteure (oder eine hinreichend große Menge) ein Interesse daran haben, sich den normativen Bindungen zu entziehen, andere aber auf ihre Werte und Normen zu verpflichten. Der Exkurs zu demselben Interesse bzgl. der Sanktionsmittel und insbesondere in Hinblick auf die Sanktion S als härtestes Macht- und Sanktionsmittel, sollte vor Augen geführt haben, dass dieses Problem essenziell für eine Gesellschaft ist.

Dieses ‚Stabilitätsproblem' ähnelt dem Problem, das Kant in *Zum ewigen Frieden* für die Konstitution des Staates angesprochen hat:

> Das Problem der Staaterrichtung ist, so hart wie es auch klingt, selbst für ein Volk
> von Teufeln (wenn sie nur hinreichend Verstand haben) auflösbar und lautet so: Eine
> Menge von vernünftigen Wesen, die insgesamt allgemeine Gesetze für ihre Erhaltung

verlangen, deren jedes aber insgeheim sich davon auszunehmen geneigt ist, so zu ordnen und ihre Verfassung einzurichten, dass, obgleich sie in ihren Privatgesinnungen einander entgegenstreben, diese doch so aufhalten, dass in ihrem öffentlichen Verhalten der Erfolg eben derselbe ist, als ob sie keine solchen Gesinnungen hätten. (Kant 2002, 31)

In der Tat ist es ein lösbares Problem, einen öffentlichen Raum zu etablieren, in dem man die „unfriedlichen Gesinnungen" und die den öffentlichen Gesetzen entgegenstehenden Interessen so aufhält, dass diese für eine Befriedung nicht weiter ins Gewicht fallen bzw. wo sich die Akteure „einander selbst nötigen", dies um den „Friedenszustand" (alle ebd.) willen zu tun. So betrachtet gibt es sogar gar kein Problem, da schließlich auch Teufel ein Interesse daran haben, nicht geschädigt zu werden und die dafür benötigte Bindung der jeweils anderen wollen. Das Problem entsteht, wenn die Akteure sich von den Gesetzen ausnehmen, und zwar nicht insgeheim oder nur privat, sondern öffentlich. Der von Kant betonte freiwillige Charakter im Vorgang der Staatskonstituierung ist völlig unproblematisch; und auch der Charakter des Zwangs, der durch den voraussichtlichen Benefit aller durch Befriedung des Staates geheilt wird, ist es; der Zwang ist eben das geringere Übel, das die Akteure akzeptieren. Besonders bei der Scheidung des Gemeinwesens in eine öffentliche und in eine private Sphäre bleibt noch genug Raum, um eine private Amoralität und eine öffentliche, staatstragende Normenkonformität parallel zu vollziehen. Die Frage, die sich für die Moral einer Gesellschaft stellt ist aber, wie sie zustande kommt und wie sie sich hält, wenn alle Akteure (oder eine hinreichend große Menge) ein Interesse daran haben, Pflichten zu entgehen und Rechte zu erhalten, das heißt als Einzelner möglichst viele andere Akteure mit Pflichten an sich zu binden, ihnen Normen und drohenden Sanktionen aufzuerlegen.

Die in der Moralphilosophie gängigste Antwort lautet: Jeder Akteur gibt eben das so beschriebene Eigeninteresse über kurz oder lang bzw. zu gewissen Teilen einfach auf. Die Moral ist so eingerichtet, dass sie sich selbst stabilisiert, indem die Akteure zu einem gewissen Grad diejenigen Neigungen aufgeben müssen, die die Rechte anderer verletzen, wenn sie selbst in ihren Rechten nicht verletzen werden wollen. Sanktionen, eben jene Rechtsverletzungen durch Alter als Antwort auf die Rechtsverletzung durch Ego, führen dazu, dass Akteure das Risiko der (ersten) Rechtsverletzung oder der Überstrafung nicht eingehen. Derjenige, den die Moralphilosophie als Trittbrettfahrer beschreibt, ist der Akteur, der sich in seinem dissozialen Verhalten von Sanktionen nicht abhalten lässt und der dadurch zu einem Problem für die Gemeinschaft wird. Und dies wird er auch nur, wenn er andere in ihren moralischen Rechten verletzt oder wenn er die moralischen Bindungen auf eine Weise zersetzt, die inakzeptabel ist. Um den Trittbrettfahrer ins Boot zu holen gibt es zwei Möglichkeiten: Ihn letztlich nur stärker zu sanktionieren oder ihn von den Vorteilen moralischen Verhaltens (das bis zum Opportunismus reichen kann) zu überzeugen. Aus dieser Beschreibung folgt, dass eine Moral im Ganzen nicht funktionieren kann, wenn jeder Trittbrettfahrer ist.

Hier allerdings war vorausgesetzt, dass es die Tendenz der Moralakteure gibt, sich der Moral so zu bedienen, dass scheinbar moralisches Verhalten sich rentiert, dass es aber im tatsächlichen Verhalten möglich ist, seinen Pflichten zu entgehen und den Rechtsanspruch gegenüber anderen durchzusetzen. Selbst wenn man die drohenden Sanktionen zur Verhaltenssteuerung im Auge behält, so ändert sich daran nichts, denn die Akteure können so geschickt sein, dass sie den Sanktionen entgehen. Oder sie können ihre Legitimität infrage stellen, oder sie können einfach selbst wieder sanktionieren.[13]

Auf den ersten Blick scheint es so, dass moralische Bindungen wie Versprechen, Verträge, beiderseits akzeptierte Normen und Verbote und überhaupt Kooperationen nicht zustande kommen, wenn das so beschriebene Interesse aller Akteure zutage liegt. Doch es kann natürlich sein, dass die moralischen Bindungen zustande kommen, dass aber zugleich ein Risikobewusstsein besteht – und dass diese Bindungen wesentlich schneller zu Ende gehen als bei solchen Akteuren, die den intrinsischen Wert moralischer Bindungen einsehen oder die freiwillig an solchen Bindungen festhalten und die auch Verletzungen nicht sanktionieren. Solche von guten Motiven geleitete Akteure sind moralisch stark.[14] Sie haben unabhängig von den prudentiellen Nutzeffekten moralischer Bindungen ihre Tugenden so weit kultiviert, dass sie moralisches Verhalten als wertvoll an sich ansehen. Und sie wissen, dass ein kategorisches prosoziales Handeln die Gesellschaft weit mehr befriedet als rationale Interessenabwägungen, die zu einem normkonformen Verhalten führen, weil damit die Güter der Institution Moral erlangt werden können.

---

[13]Ich lasse hier Fragen beiseite, die sich auf den Charakter, die Befähigung und die Rationalität solcher Akteure bezieht. Der Trittbrettfahrer ist den Überlegungen zugänglich, die jeder von uns anstellt: Es kann rational sein, gegen die moralischen Normen zu verstoßen, was nicht umgekehrt heißt, dass es irrational ist, ihnen zu folgen. Rational ist es der Moral zu folgen, wenn sie Vorteile (oder keine Nachteile) verschafft. Rational ist es gegen die Moral zu verstoßen, wenn dies einen größeren Gewinn bringt (oder keine Nachteile). Wenn es weder einen Vorteil noch einen Nachteil bringt, gibt es kein Motiv, der Moral zu folgen oder gegen sie zu verstoßen, denn was uns nicht positiv oder negativ affiziert, liefert für uns keine Motive es anzustreben oder zu vermeiden.

Das bedeutet also, dass, wenn alle Akteure (oder eine hinreichend große Menge) mit der Absicht von egoistischer Flexibilität ins soziale Feld gehen,

---

[14]Ich habe darauf verzichtet, das Problem der moralischen Identität und Integrität eigens zu behandeln. Es ist eine noch offene Frage, ob eine gegebene Moral eine positive Identität des Akteurs stiften kann. Anzunehmen ist, dass sich jemand mit den zunächst nicht-moralischen Werten identifiziert. Diese werden normiert, die Einhaltung der Normen stellt dann den moralischen Wert dar: Wer sich nach den Normen richtet kann anerkannt werden, wer sie verletzt wird kritisiert. Eine moralische Identität hat darüber hinaus jemand, der sich mit den Werten und den sie vertretenden Normen (ggf. auch mit dem Sanktions- und Anreizsystem) identifiziert. Er sagt, dies ist unsere/meine Moral, und es ist richtig so, wie die Moral beschaffen ist; für die Aufrechterhaltung der moralische Ordnung wäre ich bereit, zu kämpfen. Eine moralische Identität zu haben heißt, sich selbst als denjenigen begrüßen, der moralische Normen einhält und für die Werte der Moral einsteht – sowohl für die nicht-moralischen Werte als auch für den Wert, der im Moralisch-sein selbst liegt. Jemand kann einen psychologischen Gewinn daraus ziehen, dass er eine moralische Person ist, dass er integer ist und dass er das System der Moral, der er angehört, begrüßt und bejaht. Aber gibt es so etwas wie einen moralischen Patriotismus? Das kann es wohl geben, allerdings nur bei homogenen Moralen. In pluralen Moralen kann sich die moralische Identität auf die Toleranz zurückziehen, die man gegenüber einem anderen moralischen Verhalten hat. Ich habe Moral bisher beschrieben als eine der unabdingbaren (minimalen) Normen, nämlich solchen, denen man sich nolens volens fügt. Ich habe bisher nichts darüber gesagt, ob Moral nicht auch zur Selbsterfüllung beitragen kann. Ein Moralakteur kann sich ja mit der Moral identifizieren. Diese Identifikation ist plausibel bei den Werten, die ja auch Moral konstituieren; sie ist weniger plausibel bei den Normen, die immer freiheitsbeschränkend sind. Man sagt manchmal, dass sich jemand mit der moralischen Kultur, den Werten, ja sogar mit dem Gesetz oder den politischen Normen und Wertvorstellungen seiner Gesellschaft identifiziert, beispielsweise mit den demokratischen oder republikanischen Werten oder Normen. Dies kann sogar mit einem starken inneren und äußeren Pathos geschehen. Nun, nach unserer bisherigen Diktion identifiziert man sich nicht mit Gesetzes-, Rechtsoder politischen Normen, sondern mit den Werten, denen sie dienen. Die Werte sind ja das Positive, das ‚Interessenhaltige‘, die Normen sind nur die Schutznormen. Allerdings kann es auch sein, dass jemand sagt, er stehe für diese Schutznormen ein, selbst dann, wenn sie ihn im Fall des Falles betreffen. So kann jemand sagen, er befürworte die Strafgesetze, wie sie sind, oder die Todesstrafe, oder ein bestimmtes hartes Justizsystem, oder nicht nur den Wert der Familie, sondern auch die harten Normen, die sie schützen. Dazu kann er sich außerdem dem Wert der Toleranz emphatisch verpflichtet fühlen, und einwilligen, dass er sich selbst tolerant gegenüber anderen verhalten, also einer entsprechenden Norm gehorchen muss. Das heißt, jemand kann sich, aufgrund bestimmter Werte, für ein Normensystem engagieren, auch wenn es selbst seine Freiheit beschränkt. Er kann sagen, dies ist nun mal so in der Gesellschaft, der ich angehöre. Er kann sich also diese Normen zu eigen machen. Aber kann ihn Moral auch erfüllen, kann sie seiner Identität, seinem Selbstgefühl dienen? Der autoritäre Charakter wird sich auch mit den Restriktionen identifizieren, der Konservative identifiziert sich mit den Normen, die Innovationen und Unsicherheiten verhindern, der Patriot wird erfüllt von der Vorstellung, dass sein Land gewisse harte

soziale und moralische Bindungen eher früher als später zu existieren aufhören. Wie oben bereits angedeutet spielt dieser Effekt für nicht-homogene Moralen keine große Rolle; und für säkulare Moralen, die auf einem doch recht individualistischen und flexiblen sozialen Umgang beruhen (und in der positive Bindungen zunehmend als belastend empfunden werden) kann dieser Effekt sogar entgegenkommend sein. Wertbasierte Moral, obschon de facto immer ein Gemeinschaftsprojekt, wird als solche nicht wahrgenommen und verstanden. Der oft konstatierte negative Beiklang des Wortes ‚Moral' mag dem Rechnung tragen. Allerdings kann nicht unterschlagen werden, dass auch diejenigen, die sich selbst von der Moral weitgehend ausnehmen wollen, doch ein Interesse daran haben, dass es eine stabile gesellschaftliche Moral gibt. Das heißt, einen gewissen Teil müssen sie durch ihr faktisches Verhalten dazu beitragen. Sie können beispielsweise andere moralische Akteure in ihrer nahen sozialen Umgebung nicht so weit enttäuschen, dass diese sie in die soziale Isolation treiben oder den Vertrauensentzug verstetigen. Das heißt, dass selbst der Trittbrettfahrer, der die Moral unterlaufen will, an der normativen Umgebung, die er unterläuft, ein Interesse hat. Und sein Handlungsbeitrag muss doch so ausfallen, dass er die moralischen Handlungen der anderen motiviert – so dass die Institution der Moral, das normative und werthafte Geflecht seiner sozialen Umgebung, in der Tat stabil bleibt.

Das heißt, das Doppelinteresse des Akteurs ist es nach wie vor, dass die Normen nicht ihn, sondern nur die anderen betreffen. Er hat ein Interesse daran, dass die Normen wirken und ihn vor Verletzungen durch die anderen schützen und dass Sanktionen gegen andere eintreten, wenn eine moralische Verletzung an ihm geschieht. Er selbst hat ein Interesse daran, dass die Sanktion ihn bei einem von ihm begangenen Normenbruch nicht trifft oder dass sie milder als bei anderen ausfällt. Dieses Interesse ist so rational, dass ich es zu Beginn dieses Kapitels jedem Akteur unterstellen konnte. Es scheint aber nun so, dass wir bei der Frage, warum die Moral nicht zerfällt, wenn alle dieses Interesse haben, keinen Schritt voran gekommen sind. Warum zerfällt die Moral nicht, wenn prinzipiell alle Akteure (bei entsprechenden Gelegenheiten) so agieren wie der Trittbrettfahrer

---

Fußnote 14 (Fortsetzung)

Normen hat, die es konstituieren und stabilisieren etc. Vielleicht ist die Identifikation mit den Rechtsnormen und den politischen Normen sogar einfacher als mit den Moralnormen, da diese unklarer, jene nicht-moralischen Normen aber recht klar sind. Dennoch: Zu Selbsterfüllung können meines Erachtens moralische Normen (anders als Werte) nichts Essenzielles beitragen. Eine Moral nicht nur annehmen, sondern auch emphatisch begrüßen ist das eine; eine Moral zum Konstitutivum seiner Identität zu machen etwas anderes.

(denn auch in seinem Fall müssen wir unterstellen, dass sein dissoziales Verhalten kein dauerhaftes, sondern ein gelegentliches ist)?

Das System stabilisiert sich dennoch, weil selbst diejenigen, die gar kein Interesse an moralischen Bindungen haben, doch ein Interesse daran haben, dass andere diese Bindungen eingehen. Damit aber bejahen sie indirekt, dass es eine Institution der Moral in einer Gesellschaft gibt. Auch die konkreten *Bindungstypen der Moral* (wie Versprechenhalten) bejahen sie, nur eben nicht die aus diesen Formen generierten Pflichten für sich selbst. Der Tendenz des betreffenden Akteurs, den anderen die Bürden aufzuerlegen und für sich das Privileg der Freiheit zu reklamieren, hat die Moralphilosophie den Namen des Egozentrismus gegeben. Man beachte: Der Egoismus ist die Ichbezogenheit, der wir alle bedürfen, um wir selbst zu sein. Doch der Egozentrismus ist dasjenige Verhalten, das darin besteht, sich niemals anderen zuwenden, aber die anderen zur Bindung zu verpflichten.[15] Moral und soziales Verhalten beruhen aber auf Wechselseitigkeit, man geht wechselseitig Bindungen ein und dies sehen auch alle Akteure ein. Bindungen sind zum Vollzug bestimmter Praktiken notwendig, daher kann sich niemand ausnehmen, jedenfalls nicht für lange Zeit. Und niemand kann vollkommen die Bindung anderer an sich selbst beanspruchen. Erst durch Bindungen und durch Verzicht auf egozentrische Freiheiten sind feste Abläufe, Vertrauen, Planung, Institutionen etc. möglich, auf denen eine bestimmte Gesellschaft fußt. Derjenige, der alle Bindungen für sich beansprucht, würde doch von anderen sofort isoliert werden, weil er nicht zu dem beiträgt (oder das schädigt), was wichtig in einer Gesellschaft ist. Diese negative Seite, das Risiko für den moralischen Egozentriker, dass er aus den Bindungen der Moral herausfällt, ist aber wohl keine hinreichende Erklärung für die Stabilisierung der Institution der Moral. Es muss positive Beiträge geben, die sie konstituieren; und auch solche,

---

[15]Noch Schlick verwendet die Begrifflichkeit anders; für ihn ist der Egoismus das unmoralische Verhalten: „Egoistisches Wollen ist für uns das Beispiel eines unmoralischen Wollens, eines Wollens, das missbilligt wird. […] [Selbstsucht] ist ja gerade die Rücksichtslosigkeit gegenüber den Interessen der Mitmenschen, die Verfolgung der eigenen Ziele auf Kosten der andern." (Schlick 2002, 108) Ich halte es für angemessen zu differenzieren zwischen dem Egoismus, der, ohne mit anderen zu rechnen, auf den eigenen Vorteil bedacht ist, und dem Egozentrismus, der die anderen übergeht, schädigt oder sie auf eine Weise bindet, die das eigene Ich zu einem Tyrannen macht.

die der Egozentriker und der Trittbrettfahrer erzeugen, obwohl sie den Bindungen gerade entkommen wollen. Wie sieht diese positive Seite aus?

Obwohl der Trittbrettfahrer kein Interesse an moralischen Bindungen und Pflichten hat, trägt er doch etwas zu ihrem Erhalt bei. Es ist ein höllischer Beitrag zum Himmel der Moral, den er liefert. Um diesen Beitrag zu verstehen, müssen wir noch einen Blick auf die Seite der Moral werfen, in der es nicht nur darum geht, durch bloße Normenbefolgung das System wechselseitiger moralischer Ansprüche zu stabilisieren. Im Unterschied zu Theorien der Heteronomie, die sagen, dass Akteure den Normen folgen, um Sanktionen bei Normabweichung zu vermeiden, und dass es handlungsstrategisch vernünftig ist, Normen zu folgen, gibt es Theorien der Autonomie, die betonen, dass es eine Handlungskultur gibt, in der Akteure den Sinn der Normen über die normierten Werte einsehen, denen sie eher folgen als den heteronom-normativen Forderungen. Neben der Frage, ob er den Normen nur so weit gehorchen soll, wie er dadurch Sanktionen vermeidet bzw. wie er diesen entgehen kann (während er zugleich die Sanktionsandrohung auf andere erweitert), stellt sich dem Egozentriker doch die Frage, ob er an den Werten teilhaben will – und ob sie nicht Grund genug für ihn sind, an den pro-sozialen Beziehungen teilzunehmen. Man darf hier einen amoralischen oder dis-sozialen Akteur nicht so verstehen, dass er wie ein pathologischer Fall gar kein Interesse an Werten oder gar keinen Sinn für prosoziale Handlungen hat. Diese Figur der normativen Moralphilosophie wirft tatsächlich die theoretische Frage auf, wie man mit ihm umgeht – aber er ist zu selten, um praxisrelevante Probleme aufzuwerfen. Dies gilt selbst auch noch für den Feind bestimmter gesellschaftlicher Werte, denn es ist klar, dass jede Gruppe sich gegen externe Bedrohungen zur Wehr setzen kann (wenn sie nur legitime Mittel gegen den Feind anwendet).

Nun befindet sich also der Akteur, der sich moralischen Pflichten entziehen will und der seinen Vorteil darin sucht, dass andere ihm Rechte einräumen und sich ihm gegenüber binden, nicht nur in einem Gewebe von Normen, sondern auch in einem Netzwerk geteilter Güter und Werte. Manche dieser Werte sind anthropolo-gisch essenziell, andere sind individuell. Jede Gesellschaft hat mit Blick auf das, was wichtig und richtig ist, definiert, was gute, neutrale und schlechte bzw. was richtige und falsche Handlungen sind. Obwohl jede so und so verfasste Situation oder Handlung aus einem physikalischen Blickwinkel neutral ist, sind sie doch evaluiert. Im Laufe der Vergesellschaftung haben sich gute und schlechte Situa-tion und Handlungsmuster herausgebildet; so sind Wohltaten am anderen wertvoll, Verletzungen aber Übel. Auch Grundformen der biologischen und soziale Existenz wie Gesundheit, Freundschaft, Arbeit, Familie, Bildung usw. sind werthafte Güter, deren Schutz durch Normen bewerkstelligt wird, mindestens durch Moralnormen, oft auch durch Rechtsnormen. Wie auch immer die Normierung und die Sanktionierung beschaffen sind, bestimmte Formen des sozialen Lebens gelten als gut, als erhaltenswert, als erfüllend usw., so dass jemand, der eine Moral hat, schon auf der Ebene der Werte so handeln kann, dass er an den Werten teil hat, sie schützt, zu ihrem Erhalt beiträgt etc. Und wer dies aus Einsicht und aus autonomer Motivation tut, den nennen wir moralisch in einem spezifischen Sinn – ungeachtet seiner wie auch immer entstandenen Bereitschaft, den Normen zu folgen.

Es macht einen wirklichen Unterschied, gute oder schlechte Handlungen schon in Bezug auf das, was Menschen wichtig ist, zu vollziehen. Es ist nun vernünftig, gute Handlungen zu vollziehen, wenn man an den Werten partizipieren will, denn das, was allgemein wichtig ist, und die Lebensformen, die um positive soziale Güter und Zustände kreisen, werden selbstverständlich nicht nur gesellschaftlich erzeugt, sondern auch gesellschaftlich vergeben. Nur den Normen zu folgen, die diese Güter schützen, würde noch nicht eine tiefere Beteiligung an den Gütern erzeugen.

Außerdem bauen gute Handlungen aufeinander auf, während Vermeidungshandlungen, etwa das Fliehen von Sanktionen, einen nicht weiterkommen lassen. Gute Handlungen bauen aufeinander auf, sie sind produktiv, sie erzeugen Kooperation als ein Geflecht aus nützlichen (für alle Teilnehmer guten) Handlungen. Es ist handlungstheoretisch vernünftig, dass Menschen gegenseitig gut handeln, da sie so vorteilhafte Situationen erzeugen (wobei sich nicht immer *gut* auf *nützlich* reduzieren lässt; vieles ist auch ohne Nutzen gut). Zwar kann man auch mit schlechten Handlungen seinen Vorteil innerhalb der Kooperation erreichen, doch meist wäre die drohende nachteilige Konsequenz, von der Kooperation ausgeschlossen zu werden.[16]

An dieser Stelle sieht die Theorie heteronomer Normativität aber die Rolle der gesetzten Sanktion als zentral an. Sie geht nicht davon aus, dass alle sozialen und werthaften Formen von sich aus dazu motivieren können, moralisch zu handeln, weil dies Teilhabe garantiert. Ob nun der Akteur den Wert verkennt oder anderen

---

[16]Leider kann nicht jede normkonforme Handlung durch diesen Mechanismus erzeugt werden; manchmal gibt es keinen Grund einer Verlockung zu widerstehen, weil es zu dieser Verlockung kein soziales Äquivalent gibt, das man höher bewerten könnte als das Risiko, das man eingeht, wenn man eine Normverletzung begeht. So gibt es für bestimmte kriminelle Handlungen keine sozialadäquate und legale Alternative. Pädophile können beispielsweise nicht legal das erreichen, was sie wollen, den sexuellen Kontakt mit Kindern, während der Betrüger, der lediglich vermögend werden wollte, auch sozialkonforme Möglichkeiten gehabt hätte.

schaden will, indem er das Wertvolle zerstört – in beiden Fällen soll ihn die drohende Sanktion disziplinieren. Und dies reicht aus Sicht heteronom-normativer Moraltheorien, um Moral zu beschreiben. Der Trittbrettfahrer und der Egozentriker werden eben mit erheblichen Sanktionen bedroht. Ihnen kann dann einfach nicht daran gelegen sein, alles zu verlieren. Wenn die Bindungskraft der positiven Werte nachlässt, können Normen und Heteronomie eine künstliche Bindung erzeugen. Aber, so der Einwand der Moraltheorien der Autonomie, sie können niemals das geben, was Werte und gute Sozialformen für sich leisten. Und da anzunehmen ist, dass sich Menschen nicht nur von Sanktionen, sondern auch von Anreizen leiten lassen, ist es plausibel anzunehmen, dass der Trittbrettfahrer bzw. der Egozentriker tatsächlich eigenmotiviert den Werten und dem Wertvollen gemäß handeln, um an ihnen zu partizipieren.[17] Die Frage ist, wie viel Unannehmlichkeiten der moralischen Bindung er sonst bereit ist in Kauf zu nehmen, um die Werte nicht zu verletzen oder der Verführung entgegenzuwirken, dass er amoralische Handlungen unternimmt, wenn sie ihm (mehr) nützen (als die prosozialen, wertorientierten Handlungen).

Wir sahen: Eine Gemeinschaft versucht, schlechte Handlungen für Einzelne irrational zu machen, damit sie nicht geschehen. Normen und Bestrafung sind die Instrumente dafür. Aber es ist auch schon auf der Ebene der Werte irrational ihnen entgegen zu arbeiten, sei es, indem man sich ihnen selbst verweigert, sei es, indem man versucht, in die Werte anderer negativ einzugreifen oder sie anderen zu entziehen. Denn auch dieses Verhalten ist ein Verhalten, das schon auf der Ebene der Werte diese verletzt und Schaden anrichtet. Selbstverständlich: Die Rolle der Sanktion ist es, die Wertverletzung zu bestrafen. Die Ausführung einer Handlung, die mit einer Sanktion beschwert ist, so dass Ego, wenn er sie tut, alles verliert, ist irrational.[18] Das ist von der Gesellschaft so eingerichtet; irrational ist es, etwas zu tun, was einem selbst schadet; und die künstliche Möglichkeit von

---

[17]Man beachte: Die Anreize stellen einen Bezug her zu den Werten, die Sanktionen nur zu den Normen.

[18]An diesem Punkt geht die Überlegung jedoch noch in eine andere Richtung: Rationalität ist nicht nur an gute Handlungen gebunden, die auszuführen Ego sinnvoll erscheint. Es gibt verschiedene Rationalitäten. Ego, der eine als strafbar normierte Handlung ausführt, handelt beispielsweise nicht vollständig irrational. Er handelt vielleicht irrational, indem er die verbotene Handlung tut; denn das Entdecktwerden zieht eine Strafe nach sich. Aber er handelt deswegen gerade rational, wenn er seine Handlung verdeckt. Sanktionen führen als logische Möglichkeit immer zu Vemeidungshandlungen der Sanktion, wenn man die normierte Handlung dennoch tut. *Sanktionsvermeidung ist rational.* Nicht entdeckt werden zu wollen ist rational. Und wenn die Verletzung der Norm nicht rational ist, etwa, weil der

Irrationalität wird erzeugt, wenn eine Gesellschaft Normen errichtet. Aber für den Akteur ist es schon irrational, gegen das, was ihm selbst und anderen wichtig ist, zu verstoßen, wenn er dadurch das Risiko eingeht, das Wichtige oder die Beziehungen zu anderen zu verlieren. (Vorausgesetzt ist dabei, dass der Verlust von speziellen Bindungen, Freundschaft, Vertrauen, Liebe etc. etwas an und für sich Negatives ist, auch ohne entsprechende Normierung.)[19]

Fußnote 18 (Fortsetzung)

Handlungsvollzug aus einer Sucht geschieht, ist es rational, den Normbruch zu verdecken. Es ist manchmal auch rational, bei der (verbotenen, und deshalb im Endeffekt irrationalen) Tatausführung *nicht* an die Sanktion zu *denken*. (Verdeckungstaten deshalb extra zu bestrafen ist absurd. Jeder Handelnde will verdecken, wenn er etwas Verbotenes tut. Seine Aufrichtigkeit würde zwar von Moral zeugen, aber diese hat er ja gerade nicht.) Nun aber: Handeln wir gemäß einer Norm bzw. Erwartung, weil es handlungstheoretisch vernünftig ist oder weil die Sanktion da ist? Antwort: Die Sanktion dealt ja gerade mit der handlungstheoretischen Rationalität dessen, der handelt. Sie funktioniert also nur, wenn man bereits annimmt, dass der Handelnde weiß, was eine vernünftige Handlung bzw. was praktische Rationalität ist, denn wenn er das Ziel seiner Handlung nicht konterkarieren will, wird er die H vollziehen, die erlaubt ist und nicht die, die verboten und durch die Sanktion beschwert ist. Es ist rational, gute H zu tun, wenn sie erwünscht sind und noch viel mehr: wenn sie belohnt werden. Wir können also sagen, wenn eine H als gut/schlecht (also erlaubt/unerlaubt) evaluiert ist, dann ist es rational, die erlaubte H auszuführen. Das gilt natürlich nicht immer; wenn die verbotene H mehr Gewinn verheißt, die Möglichkeit der Entdeckung nicht groß ist und die Sanktion gering ausfällt etc., dann ist es auch rational, eine verbotene H zu tun. Was gut/schlecht, erlaubt/unerlaubt, rational/irrational ist kann sehr verschieden sein; es sind Elemente, mit denen man Situationen evaluieren, normieren und sanktionieren kann, ohne dass die Motivationsbestimmungen des Handelnden letztendlich sicher gelenkt werden kann. Wichtig in diesem Zusammenhang ist, dass Normen durch pragmatische Evaluierung und Rationalität schon ausgezeichnet sind; sie werden nicht durch die Sanktion konstituiert. Die Sanktion muss sich vielmehr auf die pragmatische Konstitution der Norm beziehen.

[19]Theoretisch lässt sich eine Gesellschaft denken, die ganz auf Werten beruht und keine Normen und Sanktionen benötigt. Dies wäre der Fall, wenn das, was Menschen wichtig ist oder für alle Menschen wichtig werden kann, von sich aus eine so starke Bindungskraft entfaltet, dass alle wertbezogenen und sonstigen Handlungen friedlich sind. Umgekehrt lässt sich keine Gesellschaft denken, die nur Normen und Sanktionen ohne die diesen zugrunde liegenden Werte hat. Dass Werte Normen sowie Sanktionen bedürfen liegt daran, weil Interessen und somit Werte in Konflikt geraten können, weil nicht alle Menschen alle Werte und Interessen gleichermaßen teilen. Dennoch sind die Normen und Sanktionen immer nur zusätzliche Instrumente und daher ist es denkbar, dass eine moralische Gesellschaft eine wertbasierte ist und Verhalten nur darüber steuert, dass jemand, der den Werten gerecht werden will, sich so verhalten muss, dass er ihnen gerecht wird. Wie stark eine solche Bindung ist lässt sich an und für sich nicht sagen; nur im Kontrast zu den möglichen Bindungsstärken von Sanktionen schätzt man die intrinsische Bindung an Werten als schwach ein.

So gesehen erzeugen sozial positive Lebensformen und Werte *Pflichten.* Und sie erzeugen Anreize, die Akteure dazu motivieren, den Werten gerecht zu werden, und sie erzeugen auch die positiven Lebensformen und mit ihnen die spezifischen Bindungsmittel wie Vertrauen, Versprechen, Verträge sowie die praktische Notwendigkeit, Wohltaten zu geben, wenn man solche empfangen möchte. In einer Gesellschaft, in der vor allem die soziale Teilhabe der Anreiz ist und keine Pflichten oder mühsame moralische Bindungen auferlegt werden, gäbe es natürlich für den Egozentriker und Trittbrettfahrer keinen Grund diese zu meiden. Wo es keine künstlichen Sanktionen gibt (sondern nur das Risiko des Verlustes der Werte und der sozial positiven Formen), da gibt es kein Motiv, sie zu unterwandern oder als Machtmittel zu erlangen. Daraus lässt sich schlussfolgern, dass sowohl der Egozentriker als auch der Amoralist und der Trittbrettfahrer (als Varianten ein und derselben Figur, die die soziale Gemeinschaft ausbeutet) mit Anreizen, etwa sozialer Teilhabe, von sozial schädigendem Verhalten abgehalten werden kann – entweder als Alternative zu Sanktionen oder in der Art eines doppelten Angebotes. Aber selbstverständlich könnte es nicht darum gehen, den Amoralisten bzw. den Trittbrettfahrer mit Anreizen zu füttern, da er ja gerade darauf aus ist, die Güter der Gemeinschaft zu erhalten, ohne etwas dafür zu tun. Dennoch ist das Problem nicht ganz so verzwickt: Auch im Falle, dass der Amoralist die Anreize erhält, er müsste doch zentrale Bindungen eingehen und könnte letztlich nicht Amoralist bleiben. Dasselbe gilt für den Trittbrettfahrer und den Egozentriker, die ebenfalls an den positiven Gütern partizipieren und nicht das Risiko eingehen wollen, sie durch ihr Verhalten zu verlieren.

In unseren gesellschaftlichen Moralen argumentieren wir wohl stets mit beiden Formen möglicher Bindung: mit Sanktionen und Anreizen. Wir machen anderen gegenüber doppelte Angebote, um sie ins Boot der Moral zu holen. Wir argumentieren mit dem intrinsischen Wert positiver Sozialbeziehungen, die eben auch Bindungen und Pflichten enthalten; und wir argumentieren mit Sanktionen, die diejenigen treffen können, die unsere substanziellen Interessen verletzen. Wir können aber nicht damit argumentieren, dass Pflichten oder Bindungen an und für sich von Wert sind, denn das sind sie nicht. Sie sind es nicht, weil sie unsere Freiheit einschränken. Interesse haben wir an bestimmten Freiheiten; an Freiheiten, die eine Gesellschaft erzeugt, wenn sie bestimmte Bindungen etabliert. So ist es eine völlig andere Freiheit, die auf der Bindung eines Versprechens beruht als diejenige, die realisiert wird, wenn jemand das Versprechen bricht. Diesen Unterschied muss der Amoralist sehen und die Freiheiten muss er gegeneinander abwägen. Die Freiheit, die aufgrund der Versprechensbindung erzeugt wird (und aus der dadurch entstehenden Kooperation) ist eine soziale, eine geteilte Freiheit. Sie ist durchtränkt mit der Bindung durch das Versprechen, aber sie ist eine spezifische Freiheit, die dann ruiniert wird, wenn jemand das Versprechen bricht. Dasselbe lässt sich über die sozialen Lebensformen sagen, die aufgrund anderer Werte, Normen oder Bindungen zustande kommen. Letztlich muss der Amoralist (oder der Trittbrettfahrer) sich fragen, welche Freiheiten ihm lieber sind. Diejenigen Freiheiten, die aus Kooperationsformen erwachsen, oder diejenigen Freiheiten, die er in gesellschaftlicher Isolation oder in der Konkurrenz mit anderen Akteuren leben kann.

Alle gesellschaftlich erzeugten Freiheiten sind spezifische Freiheiten; sie nehmen ihren Ausgangspunkt von den speziellen und moralischen Bindungen, sie sind sogar noch korrumpiert durch diese Bindungen. Aber sie sind erst durch sie möglich und das betrifft dann auch weite Teile des gesellschaftlichen Lebens, einschließlich der Chancen, weiter zu kommen und Freiheiten und Wohlergehen zu haben aus Elementen und Zuständen, die einem die Gesellschaft gewährt. Ich denke, dass der Verlust dieser Güter und Zustände zu groß ist und dass sich ein Amoralist schon mit Blick auf die Werte und Lebensformen zweimal überlegen sollte, ob er die funktionalen, freiheitserzeugenden Bindungen nicht doch eingehen sollte.

So ist es aus zweierlei Perspektiven unwahrscheinlich, dass eine gesellschaftliche Moral einfach so zerfällt, weil ihre Akteure die moralischen Bindungen unterlaufen (wobei nicht ausgeschlossen ist, dass sie sich gerade dadurch evolutionär modifizieren kann): Die Standardantwort der Moralphilosophie ist, dass Akteure den gesetzten Sanktionen letztlich nicht (immer) entkommen können und daher in die moralischen und sozialen Bindungen einstimmen, wenn auch nur nolens volens. Ein Teil dieser Standardantwort ist, dass selbst Amoralisten und Trittbrettfahrer ihren strukturellen Beitrag liefern zur heteronom-normativen Moral, etwa indem sie bejahen, dass es eine Moral als normative Umgebung gibt, die dann eben das Handeln der anderen bestimmt und die Sicherheiten erzeugt, die derjenige bedarf, der moralische Normen unterwandert (denn er kann Normen nur sinnvoll unterwandern, wenn er damit rechnen kann, dass andere ihr Verhalten an den Normen ausrichten und es erwartbar machen). Eine Antwort aus einer anderen Perspektive besagt, dass Akteure weitgehend und (hypothetischerweise) auch ohne Normen und Sanktionen den moralischen Werten folgen, etwa, indem sie an ihnen partizipieren und somit keinen (ausschlaggebenden) Anlass haben, den Forderungen, die aus den Werten und Sozialbeziehungen erwachsen, entgegen zu wirken. Diese Antworten sind aber nur theoretische Vermutungen nachdem es gelungen ist, die gesellschaftliche Moral so zu beschreiben, wie ich es bisher tat. Die Antworten ändern sich, wenn man beispielsweise eine kantianische Sichtweise annimmt, die moralisches Handeln als aus der Achtung vor dem Gesetz bestimmt und das Handeln zugunsten anderer transzendental-rational einsichtig macht.

Zum Schluss sei noch die Frage aufgeworfen, was passiert, wenn Ego, Alter und Tertius sich nicht an die moralische *Normen* halten, weil jeder von ihnen denkt, dass er dazu nicht verpflichtet ist, *insofern* die anderen es nicht tun. Besteht dann die Möglichkeit, dass die Moral zerfällt? Bisher sind wir davon ausgegangen, dass doch eine hinreichend große Menge an Befolgern die Moral konstituiert, sei es nur durch Werte, sei es durch Werte und zusätzliche Normierung. Bei der Beantwortung dieser Frage ist es unumgänglich, sie auch auf das Rechtssystem zu beziehen, einer Institution, die wesentliche Werte und soziale Beziehungen und Bindungen zusätzlich normiert und mit Strafe bedroht, und das, wie man vermuten kann, starrer und langlebiger ist als die Moral – und gegenüber Veränderungen auch resistenter. Demnach kann man sagen, dass das Rechtssystem solche Normen erzeugt, denen jeder gehorchen muss, auch wenn es andere nicht tun.

Ein wichtiger Unterschied zwischen Recht und Moral ist die Stärke oder Kategorizität der Verpflichtung, sich an die gesetzten Normen zu halten. Wenn Alter und Tertius sich nicht an die *moralischen* Normen halten, dann kann es sein, dass Ego richtig darin handelt, sich von der Normenbefolgung entpflichtet zu fühlen. Dies kann auch aus Sicht Quartärs so sein, dessen Sichtweise als Beurteiler relevant ist. In diesem Fall könnte es tatsächlich so sein, dass niemand Ego straft, weil er die normativen Bindungen flieht. Ist dies bei einer hinreichenden Menge von Akteuren der Fall, dann zerfällt die Moral, und dieser Zerfall könnte auch dadurch beschleunigt werden, weil erstens neue Freiheiten erzeugt werden, zweitens weil die Sanktionspraxis zerfällt und drittens, weil es keinen Sinn mehr macht, an den Normen festzuhalten, die Alter und Tertius nicht, Ego jedoch binden und ihn damit in eine schwächere Position bringen. In diesem Fall kann es für Ego rational sein, die moralischen Normen ebenso nicht mehr zu teilen. Ob sich dies auf die Ebene der Werte durchschlägt kann hier offen bleiben.

Die Frage ist, ob der Zerfall einer gegebenen Moral Ego tatsächlich *entpflichtet*. Entpflichten und verpflichten sind beides normative Status. Wenn die Moral zerfällt, kann möglicherweise gar nicht mehr davon gesprochen werden, dass jemand entpflichtet wird; die Normativität der Bindung hat keinen zentralen Stellenwert mehr und das Verlassen des normativen Gefüges ist lediglich ein prudentieller Akt. Anders gesagt: Weil die Pflicht zum Normengehorsam nicht transzendental-metaphysisch konstituiert wird, sondern aus den wechselseitigen Forderungen entspringt, wird Ego in der Tat entpflichtet, wenn Alter und Tertius sich nicht mehr an die Normen gebunden fühlen.[20]

---

[20]Geben sie die Bindungen auf, aber adressieren sie sie an Ego, so verstoßen sie gegen das Kohärenzgebot, das heißt gegen die eigene Vertretung des gegenüber andern Beanspruchten.

Moral ist als explizites, auf Werte beruhendes Gemeinschaftsprojekt bedroht, wenn sich eine nicht unerhebliche Menge an Akteuren von ihr abwendet. Die Erosion kann dadurch vorangetrieben werden, dass der ‚Austritt' vieler Akteure aus der Moral andere Akteure entpflichtet, den moralischen Normen weiterhin zu folgen. Denn niemand ist verpflichtet, sich in eine schwächere Position der Moral zu begeben, nämlich in die Position, in der er keine Forderungen mehr an andere stellen kann, aber deren Forderungen gehorchen muss. Das ist unmittelbar einsichtig: Eine hinreichend große Menge von Trittbrettfahrer kann an moralisch gesinnte Akteure nicht den Anspruch stellen, dass diese sich an ihre auferlegten Pflichten halten, während sie selbst, die Trittbrettfahrer, keine normativen Bindungen eingehen.

Das Abwenden von der Moral durch viele entbindet von der Pflicht, den moralischen Geboten zu gehorchen. Das ist auch einzusehen, wenn man jeweils die Perspektive einer Minimalmoral und die einer Maximalmoral einnimmt. Die Position der Minimalmoral geht davon aus, dass Akteure vor allem Schäden durch Unterlassen von schädigenden Handlungen vermeiden sollen, während ihnen die Wohltaten, die sie anderen gegenüber erbringen können, freigestellt bleiben. Die Position der Maximalmoral hingegen fordert neben dem Unterlassen schädigender Handlungen das Vollziehen von Wohltaten an anderen. Wenn die Moral immer von einem selbst ein Handeln zum Wohle anderer abverlangt, dann entpflichtet selbstverständlich die Tatsache, dass andere sich der Moral entziehen oder sie aufgeben Ego von dem Anspruch an Wohlergehensleistungen. Diese Verpflichtung kann nicht eingelöst werden, wenn ich der einzige bin, der Gutes tut. Schwieriger wird diese Begründung, wenn Moral vor allem Unterlassungen von Schädigungen verlangt; denn hier ähnelt sie dem Rechtssystem. Unterlassungen sind leichter zu erbringen als Wohltaten. Doch wenn viele sich der Verpflichtung zum Unterlassen an Schädigungen entziehen und mir schaden, so darf ich, weil Moral immer auch Vergeltungsmoral ist, mich dieser spezifischen Verpflichtung entziehen. Auch in diesem Falle zerfällt die moralische Gemeinschaft.

Anders sieht es wohl aus im Falle eines gesellschaftlich etablierten Rechtssystemes: Wenn Alter und Tertius (bzw. eine hinreichend große Menge von Akteuren) sich nicht an die Rechtsnormen halten, dann muss Ego (und jede andere Person) es dennoch tun. Die Rechtsabweichenden werden (so weit wie möglich) sanktioniert; damit ist der Rechtsverstoß geheilt; ein zusätzliches Recht, dass Ego (oder andere) durch den Rechtsverstoß anderer entbunden werden, wird nicht erzeugt. Das liegt daran, weil das Rechtssystem kein Vergeltungsrecht ist: Verletzungen der Rechte von A dürfen nicht durch A selbst am Verletzer gesühnt werden. Diese Instanz nehmen die Richter ein. Sie vergelten, nicht aber die Rechtsakteure untereinander. Was in der Moral die Sanktionsinstanz ist, nämlich jedermann, der in seinen moralischen Rechten verletzt wird, wird hier durch den Staat und durch spezifische Verfahren besetzt. Selbst wenn ein Richter oder ein anderer Repräsentant des Rechtsstaats das Recht verletzt, müssen alle anderen sich dennoch an das Gesetz halten; das Gesetz (als Ensemble von Rechtsnormen) ist kategorisch. Es darf nicht zerfallen aufgrund der Rechtsverstöße Einzelner; anders gesagt: Das Recht unterliegt nicht der Zerfallslogik der Moral.[21]

Somit ergeben sich die Unterschiede der Entpflichtung durch Verstöße gegen Normen in beiden Normensphären aus dem inneren Sinn und Zweck dieser Normensysteme und aus der Kategorizität ihrer Normen: Die Moral lässt es zu, dass der Verletzte den Verletzer sanktionieren kann; im Recht dagegen muss Tertius dazwischen treten und die formelle Sanktion bestimmen und (er oder Quartär diese) ausführen. Die Gründe hierin liegen auch in den Rechtsgütern – sie sind wichtiger als in der Moral, Verstöße an ihnen werden auch schwerer geahndet. (Es gibt gemischte Bereiche, wie das Zivilrecht, aber die Trennung von Moral und Recht besteht doch grundsätzlich.)

Auf der anderen Seite ist das Recht nicht so gesichert, wie es scheinen sollte. Es kann Grenzen geben, an denen sich niemand an das Gesetz halten muss, weil die meisten Akteure oder die Repräsentanten des Gesetzes oder der Staat es selbst nicht tun. Wenn der Staat Unrecht tut, entpflichtet dies den Bürger vom Recht; er kann Widerstand leisten. Es ist etwas, das ihm das verletzte Recht zubilligt; das Widerstandsrecht entstammt aber *keiner anderen Rechtssphäre,* etwa dem Naturrecht; andererseits ist es moralisch abgesichert, denn es ist moralisch empörend, wenn ein Unrechtsstaat seine Bürger unterdrückt. Das heißt, werden hinreichend systematisch Rechtsverstöße durch einige juridische Akteure begangen, so wird man vom Gesetz entpflichtet. (Da aber andererseits das Recht, das ja durchaus heterogen ist, bestimmt, was jemand gegenüber denen tun darf, die das Gesetz systemisch missachten, beruht die Legitimation des Widerstandshandeln auf dem Gesetz; das Gesetz neigt mit der Erlaubnis zum Widerstand nur dazu, sich selbst wieder zu *restituieren.*)

Wie oben gezeigt wurde gibt es unterschiedliche Motive, sich an die moralischen und juridischen Normen zu halten; das Vermeiden von Strafe kann ein Motiv sein; der Nutzen, den die moralische und juridische Kooperation insgesamt gewähren, dürfte jedoch das Hauptmotiv sein, einer Moral- und Rechtsgemeinschaft anzugehören (Sicherheit, Vorteile des störungsfreien Ablaufes, sozialer

---

[21]Wenn faktisch alle Richter, Staatsanwälte und sonstigen Rechtspfleger das System des Rechts nicht mehr praktizieren würden, so würden sie durch Nachfolger ersetzt.

Friede, Ansehen, Vertrauensvorschuss bei Wohlverhalten etc.). Und es gibt sogar noch ein Motiv, sich an Moral und Gesetz zu halten: Wenn man in der Sanktionsposition ist, möchte man dieses Privileg behalten, also muss man sich an Recht und Moral halten, wenn man durch einen Verstoß gegen Normen das Risiko eingeht, das Privileg der Sanktionsinstanz zu verlieren.

In der Moral darf jeder moralische Verletzungen (an ihm selbst und anderen) sanktionieren (er darf mit der Sanktion nur nicht so weit gehen, eine Rechtsverletzung zu begehen). Diese Position ist relativ sicher, sofern man nicht so schwach ist, Sanktionen nicht mehr ausführen zu können. In diesem Fall übernimmt Tertius die Sanktionsposition für einen. In dieser Stellvertreter-Logik wird vor allem das Recht gestärkt; hier ist der Sanktionierende ja eine ganze juridische Administrative; sie tritt als Tertius auf, als Schützer, aber nicht nur für die Schwachen, sondern für alle (weil alle potenziell Opfer werden können). Diejenigen, die in der privilegierten (und deshalb stark normierten und verpflichtenden) Position sind, zu sanktionieren, haben ein Interesse daran, nicht selbst die Gesetze zu brechen und so ihr Privileg zu verlieren. Insofern kann man vermuten, dass Rechtsverstöße durch Rechtsinstanzen im Vergleich zu Rechtsverstößen Nichtprivilegierter seltener vorkommen.

Der Begriff der Pflicht 3

Bisher habe ich argumentiert, dass sich Akteure nicht nur durch gesetzte Normen gebunden fühlen können, sondern auch durch das, was diese Normen zu schützen beanspruchen, nämlich durch Wertvolles und durch essenzielle menschliche Lebens- und Sozialformen, die von sich aus Bindungen erzeugen. So muss derjenige, der an bestimmtem Sozialformen ein Interesse hat, diesen auch gerecht werden, vor allem wenn er an ihnen partizipieren und in den Genuss des Guten kommen will, das sie erzeugen. Diese Sozialformen, die den Teilnehmern einen spezifischen Benefit geben, erzeugen nun Bindungen und möglicherweise auch Pflichten. Man kann sich fragen, ob diese Bindungen spezifisch normativ sind, insbesondere ob sie heteronom-normativ sind, also von anderen auferlegt werden, oder ob sie intrinsisch aus der Sache erwachsen – und ob sie dann eben nicht wirklich normativ sind.

Neuerdings wird vertreten, dass alle konditionalen Beziehungen spezifische Normativität erzeugen, indem sie ein praktisches Müssen (vgl. Stemmer 2008, 28 ff.) bzw. eine praktische Notwendigkeit (vgl. v. Wright 1994, 53 f.) konstituieren. Das heißt, es kann angenommen werden, dass alle diejenigen Dinge, Zustände und Sozialformen, an denen Akteuren gelegen ist, solche normativen Bindungen erzeugen, die zu Handlungen oder Unterlassungen nötigen. Anders gesagt: Die Sozialformen sind so beschaffen, dass der an ihnen teilnehmende Akteur einen hinreichenden Grund hat, den Bindungen zu gehorchen. Diese (aus prudentiellen Bindungen entspringende) Normativität ist im kantischen Sinne hypothetisch. Sie wird allein dadurch erzeugt, dass der Akteur etwas will. Es ist klug, so zu handeln, dass er erhält, was er will, hier also die Partizipation an den Gütern spezifischer Sozialbeziehungen.

Doch mit dem Begriff der Pflicht verbindet sich weiterhin eine Vorstellung von heteronomer Normativität. Pflichten gehören zu denjenigen Forderungen, die Akteure an andere stellen. Im Sozialgeschehen werden, meist geknüpft an

© Springer Fachmedien Wiesbaden GmbH 2017
M. Hurna, *Was ist, was will, was kann Moral?*,
DOI 10.1007/978-3-658-15993-1_3

bestimmte Eigenschaften, Rollen und Positionen, Pflichten an andere adressiert oder Verpflichtungen auferlegt. Es gibt für spezifische Handlungs- und Sozialformen spezifische Pflichten. Diese werden gesellschaftlich erzeugt und von Akteuren einander gegenseitig adressiert, so dass immer Heteronomie besteht – und immer auch können Pflichten durch zusätzliche Sanktionsandrohungen gestützt werden. Das heißt, es könnte ein Fehler gewesen sein zu sagen, auch ohne Normen entstünden aus bestimmten Werten und Sozialformen, wenn man ihnen nur genügen will, Pflichten. Um diese Rede dennoch zu verteidigen und ein adäquates Verständnis dessen zu erhalten, was eine Pflicht ist und wie sie sich konstituiert, möchte ich den Pflichtenbegriff im Folgenden analysieren.

Unabdingbar für eine Pflicht ist, dass sie sagt, was getan, unterlassen oder geduldet werden muss. Das heißt, in einer Pflicht ist immer ein Sollen enthalten, eine normative Forderung. Manche Moralphilosophen verstärken diese Forderung sogar zu einem Müssen (vgl. Stemmer 2008, 39 ff., 283). Das, was eine Pflicht gebietet, muss der Adressat dieser Pflicht tun. Die Bindungskraft der Pflicht hängt, ebenso wie bei anderen Normen, davon ab, ob der Adressat durch die Pflicht seine Motivation bestimmen lässt. In einer normativen Konstruktion, in der er nur das erhält, was er will, wenn er tut, was ihm die Pflicht auferlegt, ist es wahrscheinlich so, dass er tut, was die Pflicht von ihm verlangt, insbesondere dann, wenn ein Zuwiderhandeln mit Sanktionen bedroht wird. In diesem Falle wäre es aber, recht besehen, nicht allein die Pflicht, die normative Kraft entfaltet. Im Sinne des Pflichtbegriffs von Kant ist es allein die Pflicht, die normative Kraft entfaltet und Menschen dazu zwingt aus Pflicht und nicht nur pflichtgemäß zu handeln. Heute verbinden wir mit dem Begriff der Pflicht, dass sie eine eigene normative Kraft entfaltet, zugleich wissen wir, dass alle Pflichten auf die Motivationsstruktur der Adressaten wirken und dass deshalb ihre normative Kraft bedingt ist, oder hypothetisch, um den Kantischen Ausdruck zu verwenden. Das heißt, wir glauben einerseits an die *genuin normative Kraft* der Pflicht, andererseits ist diese doch abhängig von der spezifisch normativen Situation. So wird ein Soldat den Befehl seines Vorgesetzten als Verpflichtung auffassen und höchstwahrscheinlich danach handeln, aber er weiß, dass die normative Kraft der Pflicht aus der normativen Situation, in seinem Falle das Dienst- bzw. Untergebenheitsverhältnis entspringt. Und er weiß, dass er die Pflicht verletzen kann, wenn er sich dieser autoritativen Situation entzieht. In diesem Fall liegt die normative Kraft der Pflicht letztlich darin, an externe Bedingungen geknüpft zu sein, oft an den negativen Konsequenzen, die eine Befehlsverweigerung nach sich zieht. Und dennoch ist der Befehl bzw. ist die entsprechende Pflicht das Instrument, um eine Handlung zu bewirken; und um zu wirken, müssen sowohl die normative Situation (die Rahmennormativität) als auch der Befehl als solcher anerkannt sein. Die ganze Heteronomie fußt letztlich auf der Autonomie des Adressaten – was schon die Grundkonstellation aller Normen war.[1] Eine Pflicht lässt sich auch nicht verstehen ohne den ihr korrespondierenden Begriff des Rechts. Eine Pflicht von Ego erzeugt immer ein Recht gegenüber Alter und umgekehrt. Ohne diese Reziprozität ist eine Pflicht einfach nicht zu verstehen. Und obwohl Rechte und Pflichten nicht inhalts- und formgleich sein müssen, und obwohl sich ihr reziprokes Verhältnis auf jeweils andere Mengen von Adressaten beziehen können (vollkommene und unvollkommene Pflichten), so setzt doch jedes Recht eine Pflicht und umgekehrt voraus. Sie haben eine analytische Beziehung.

Außerdem sollte das Bewusstsein dafür zunehmen, dass Pflichten immer Bürden (und Rechte und Privilegien immer Erleichterungen) sind, so dass alle freiheitsliebenden Akteure ein rationales und primäres Interesse daran haben, Pflichten zu entgehen und Rechte zu erhalten. Dennoch sind Pflichten und Verpflichtungen ein Instrument, um Akteure zu binden und um Handlungen oder Unterlassungen zu erzeugen. Die Praxis Rechte zuerkannt und Pflichten auferlegt zu bekommen nehmen Akteure ernst und unser alltägliches Sozialgeschehen wäre unmöglich, würde man nicht anerkennen, dass man nicht nur Inhaber von Rechten, sondern auch Teilhaber an Pflichten ist.

Von seiner etymologischen Herkunft ist der Begriff der Pflicht „ein von plégen *abgeleitetes verbalabstractum*" (Grimm 1984, 1752) und entsprechend weit gefasst: „Obhut, Fürsorge, Sorgfalt. Ein ti-Abstraktum zu *pflegen* in verschiedenen Bedeutungen dieses Wortes. Die heutige Bedeutung geht über ‚Pflege' zu ‚Dienst, Obliegenheit' (so schon mittelhochdeutsch.)" (Seebold 2011, 699) Obwohl Etymologien nichts beweisen, kann man diesem Hinweis folgen: Es sei X ein bestimmter durch die Handlung x konstituierter Zustand, Gegenstand oder eine Sozialform: Ohne x zu tun, wird X nicht erfüllt, x zu tun ist deshalb eine Pflicht, x ist notwendig, weil es X *praktisch* konstituiert und X durch einen Rechtsanspruch durchdrungen ist. Wer beispielsweise ein Café eröffnen will, muss bestimmte Dinge dafür tun, dass das konstituiert wird, von dem man sagt, es sei

---

[1]Zu sagen, nicht die Pflicht ist normativ, sondern die drohende Sanktion schaffe die Normativität der Pflicht bzw. das normative Arrangement sei eben das, was aus dem Autoritätsverhältnis entspringe, macht deutlich, wie verwickelt das Problem ist zu identifizieren, woher das normative Müssen kommt. Falsch wäre es aber, dieses aus der Autorität herzuleiten, denn die Autorität ist selbst ein normatives Konstrukt, dessen Normativität irgendwo herkommen muss. Wenn man sagt, die Sanktion erzeuge Normativität, so muss doch der Sanktionierende erst in diese normative Position kommen.

ein Café. Das heißt, er muss auch das tun, was er vielleicht nicht möchte, um
das Gesamtensemble all der Dinge und Handlungen zu erzeugen, die die Gesellschaft ein Café nennt und an das sie die Anforderungen stellt, die sie gemeinhin
an ein Café stellt. Man sieht also, dass es durchaus externe, heteronom-normative
Anforderungen gibt an das, was der Einzelne konstituieren will. Und dies sind
eben die Pflichten, ganz unabhängig von dem, was der Verpflichtete will und als
seine Rechte ansieht. Die Pflichten ergeben sich aus der Sache; aber sie ergeben
sich aus der Sache nur, weil es externe Anforderungen an die Sache jeweils schon
gibt; sie kommen nicht erst später hinzu.

Rechte und Pflichten sind normative Status, die erzeugt werden, indem andere
Forderungen stellen. Rechte sind Forderungen, Pflichten sind zu leistende Erfüllungen. Und dies betrifft alle Lebens- und Sozialformen, Rollen und Positionen.
Zum Beispiel erzeugen Freundschaften, Elternschaft, Berufe und soziale Beziehungen Pflichten, wenn man verlangt, dass alle diese Beziehungen so sein (und
das leisten) sollen, wie sie eben sind (oder was sie eben leisten). Das heißt, die
Externalität und Heteronomie, die wir mit dem Begriff der Pflicht verbinden, ist
gewahrt, auch wenn wir sagen, dass x X *praktisch konstituiert*.

Man kann einwenden, dass das, was jemand tun muss, nicht immer derart
geschieht und dann eben keine Pflichten erzeugt werden: Der Bäcker backt das
Brot nicht, weil er dazu verpflichtet wäre; er backt es, weil es seinen Beruf, seine
Tätigkeit definiert; hörte er auf, so verschwände die Tätigkeit; er konterkarierte
lediglich seinen Beruf, aber er dürfte dies, da er nicht auf ihn verpflichtet ist. Das
ist in der Tat so. Aber wenn er den Beruf ausübt, sind doch qua beruflicher Tätigkeit Pflichten erzeugt, da es andere gibt, die an den Beruf Anforderungen stellen
und dies als ihre Rechte beanspruchen (etwa bei einer Bestellung frisches Brot
zu erhalten). Wer etwas gibt oder bereit ist zu geben, dem muss man seinerseits
geben. Man wird einwenden, dass nur aus der Tätigkeit, die jemand ausübt, keine
Pflichten erwachsen, etwa wenn es darum geht, etwas durch die Tätigkeit zu konstituieren. Die Pflicht komme doch daher, weil zusätzliche Anforderungen oder
Rechtsansprüche bestehen. So liege es nahe, all diejenigen extern und heterono-
mativ zu verpflichten, die nur ein geringes Interesse an einer bestimmten, ihnen
auferlegten Tätigkeit haben; und selbstverständlich liegt es nahe, im Ensemble
der (beispielsweise berufskonstitutiven) Tätigkeiten diejenigen auf die Handlungen zu verpflichten und die Pflicht heteronom-normativ (etwa durch Sanktionen)
abzusichern, die besonders wichtig sind oder an denen weniger Interesse besteht,
obschon sie insgesamt wichtig sind. Kommt die Sanktion extern und nachträglich
hinzu, so *verstärkt* sie auf diese Weise die Pflicht. Auch hier ist das Verständnis
der Pflicht durch ihre Heteronomie gewahrt. Aber es spricht nicht viel dafür zu

sagen, die Tätigkeit des Bäckers erzeugt eine Pflicht für ihn lediglich dadurch, dass er die Bäckerei praktisch konstituieren muss. In der Tat steht im Falle vieler Pflichten am Anfang die Freiwilligkeit. Hat man ein Interesse daran, bestimmte Handlungen oder Arbeiten auszuführen oder soziale Bindungen einzugehen, dann geht man auch Pflichten ein. Fast alle Tätigkeiten und Sozialformen sind schon mit heteronom-normativen Anforderungen durchsetzt. Wer ein Café eröffnen will, tut dies freiwillig; ein großer Anteil der Handlungen, die das Café und die entsprechende Dienstleistung konstituieren sind freiwillig, andere aber sind eben auch verpflichtend. Und der Bäcker, der praktisch die Bäckerei konstituiert, konstituiert eben etwas, das schon mit Rechtsansprüchen belegt ist, denn die Bäckerei ist ja keine natürlich Form, sondern eine Sozialform, das heißt eine Tätigkeit in eine bestimmte, sozial gewollte Form gebracht.

Pflichten beinhalten oft das, was man tun muss, aber nicht tun will. Die Pflicht zu x ist immer *extern.* Eine Pflicht entsteht dort, wo es externe Anforderungen an das gibt, was man nicht tun will, was aber dazu gehört, wenn man etwas (anderes) tun will. Oder sie entsteht dort, wo man zu schwach ist, etwas (nicht) zu tun, was zu X (nicht) gehört.[2] Wenn also Herr Maier ein Café eröffnen will, dann hat er Toiletten bereitzustellen, dadurch Kosten zu tragen, bestimmte Leistungen zu erbringen etc. Die Toiletten gehören nicht (unbedingt) konzeptionell zu einem Café, aber sie gehören zur praktischen Führung des ganzen Cafés, weil dies der Anspruch an Cafés ist, wie ihn die Gesellschaft stellt. Es kann sich um relevante Leistungen handeln oder um Nebenleistungen oder um inkludierte Leistungen dessen, was man freiwillig tut. Niemand muss ein Café (X) eröffnen, aber wenn er es tut, dann muss er x tun. X ist also das Gewollte und x das Gesollte, das, was die Pflicht verlangt. Die Forderung, Toiletten bereitzustellen, trifft von außen an das Wollen von Maier, ein Café zu etablieren. Dasselbe lässt sich für alle

---

[2]X nötigt Ego zu x, nicht nur konzeptionell, sondern praktisch: Ohne X kein x, ohne x kein X. Darin liegt schon die Normativität: Diese wird erzeugt durch die Rahmenforderung (wie X beschaffen ist, was als x zu leisten ist). Die rahmende Forderung bezieht sich auf Personen, Handlungen, Settings, Prozesse etc., aber auch auf Gerechtigkeit, Werte, Wohl etc. Elternpflichten, Freundschaftspflichten, Berufspflichten, Pflichten des Wissenschaftlers, des Künstlers usw. können so verstanden werden. Pflichten sind nur dort anwendbar, wo es (widerständige) Freiheit gibt; eine Maschine ist nicht verpflichtbar. Pflichten beziehen sich auf einen Wert innerhalb einer relevanten Praxis. Sie ist durch die Pflicht gefordert und auch geschützt (eben als Recht eines anderen). Übrigens helfen die Pflichten, die sich auf wertvolle und spezifische Sozialbeziehungen beziehen, diese zu zementieren. Die ehelichen Pflichten schützen und verstetigen die Institution der Ehe...

möglichen Zustände oder Dinge sagen: Die Elternschaft impliziert Pflichten, ein Gewerbe impliziert Pflichten, soziale Beziehungen wie Partnerschaften oder Freundschaften implizieren Pflichten.

Man kann auch sagen, Pflichten beziehen sich auf eine spezifische Schuld, eine Fälligkeit, eine zu erbringende Leistung; darauf, etwas zu tun, zu sein, zu gewährleisten, zu vermeiden etc. Der Pflichtanteil ist meist geringer als der Anteil der Rechte oder der Anteil dessen, was man erhält, denn niemand würde Beziehungen eingehen oder eine Unternehmung wagen, in denen er mehr Pflichten als Rechte bzw. mehr Pflichten als Nutzen hat. Pflichten sind definitorisch etwas, was belastet und was man daher zu vermeiden bestrebt ist oder was man so gering wie möglich zu halten versucht. Deshalb kann es auch keine (emphatische) Freude machen, Pflichten zu vollziehen; und man kann Pflichten nicht in dem Sinne bejahen, wie es Kant vorschwebte. Ob sie identitätsstiftend sein können ist eine andere Frage. Es mag möglich sein, wenn jemand seine moralische Integrität darauf stützt, dass er gewillt ist, seine Pflichten zu erfüllen, aber ich glaube nicht, dass er es zu seiner Identität machen kann, dass er mit Leidenschaften oder mit großer Freude Pflichten eingeht und erfüllt. Die sprichwörtlichen ‚angenehmen Pflichten' sind solche, die aus privilegierten Positionen heraus entstehen. Ehrenpflichten sind angenehmere Pflichten als solche ohne Ehre.

Eine Pflicht kommt also als externe Anforderung auf Ego zu und sie nimmt damit den Weg der üblichen normativen Forderungen. Wenn x derart in X inkludiert ist, dass man x einfach tun muss, um X zu praktisch zu konstituieren (und Rechtsansprüche zu erfüllen), dann mag einem der normative Charakter dieser Bindung nicht auffallen und schon gar nicht, dass eine Pflicht vorliegt. Es wird aber deutlich, wenn man sieht, welche Anteile von X heteronom-normativ sind. In allen Unternehmungen und Sozialbeziehungen gibt es solche Anteile. Meist ist es nicht der Fall, dass X von Ego gewollt wird und dann erst von außen heteronome Forderungen an x herantreten. Meist bringt X diese Forderungen schon mit und Ego geht also die Pflichten freiwillig (oft aber nur nolens volens) ein, sofern er X will. Die Gesellschaft und ihre Einrichtungen sind ja schon konfiguriert und ihre Forderungen bestehen schon, gleichgültig, ob sie sich auf bestimmte Sozialbeziehungen, Leistungen oder eben Einrichtungen wie Cafés oder Bäckereien beziehen.

Man muss also x tun, sonst scheitert die Unternehmung X. Und sinnvollerweise gibt es dort die Pflicht zu x, wo die Motivation zu x gering ist. Es kann ja sein, dass jemand die Unternehmung oder die Sozialbeziehung X realisieren will, aber nicht bereit ist, x zu tun. Dann kann er X nicht realisieren und er erhält einfach nicht, was er will. Ist aber X auch zugleich heteronom-normativ belegt (und dies ist fast immer der Fall), dann geht Ego auch eine Verpflichtung ein, indem er

X will – und dies kann seine Handlung x bestimmen. Will er von x entpflichtet werden, kann es wieder sein, dass er X verliert.

Nun tendieren Menschen dazu, mehr Rechte und weniger Pflichten haben zu wollen. Ganz gleich, ob sie X an und für sich erstreben, weil sie davon einen Benefit erwarten oder weil sie das positiv leben wollen, was X bietet (etwa den Genuss einer Freundschaft), so müssen sie doch damit rechnen, eben auch bestimmte Pflichten, die X enthält, einzugehen. Sie werden diese Pflichten nicht emphatisch bejahen, aber sie werden versuchen ihnen gerecht zu werden, sei es auch nur nolens volens. Und wenn Pflichten bestimmte Handlungen, Unterlassungen, Duldungen, Etablierung von Zuständen, Seinsweisen, Ansichten und sogar Gefühle erfordern, so wird jeder überlegen, ob er bereit ist, diese Pflichten einzugehen. Ist er dafür nicht bereit, hält er aber an den spezifischen echten oder positiven Outputs aus X fest, dann kann es passieren, dass er durch Sanktionen bedroht wird, die ihn deutlich heteronom-normativ auf x (im Dienst von X) verpflichten. Dass dies so ist sollte aber nicht dazu verführen zu glauben, Pflichten würden allein durch Sanktionen konstituiert. Verpflichten tut zunächst die Sache, insofern sie durch externe Ansprüche normativ ‚durchtränkt‘ ist; ohne den gesellschaftlichen Anspruch an Cafés gibt es keine Cafés. Und da es keine natürlichen Pflichten gibt, gehen gesellschaftliche Akteure ihre Pflichten freiwillig oder nolens volens ein.

Manchmal spricht man davon, dass Pflichten freiwillig und besonders emphatisch eingegangen werden; der Begriff des Engagements aus der Philosophie des Existenzialismus wurde in Deutschland so rezipiert. Der Begriff des Engagement meint Verpflichtung; wir neigen dazu, das Wort als aktiven und autonomen Einsatz für etwas zu interpretieren. Engagiert sein für X heißt aber, sich durch x an X zu binden. Am Anfang steht die Freiwilligkeit und letztlich hält sie sich durch die ganze heteronom-normative Beziehung durch, denn alle Bindungen, die der Mensch erfahren kann, kann er auch annullieren.[3]

Als spezifischer Bindungstyp der Moral gibt es auch moralische Pflichten – sie konstituieren Anforderungen in Hinblick auf moralisches Verhalten, wie ich im ersten Kapitel gezeigt habe, nämlich als ein Verhalten, das sich auf spezifische Dinge und Zustände, die einem wichtig sind, bezieht. Wenn Ego ein Versprechen gegenüber Alter gibt, so ist es seine Pflicht, das Versprechen zu halten; dieser Vorgang ist moralisch, insofern ihm ein Gut der Moral (und nicht etwa eines Berufes) zugrunde liegt, eben der Anspruch von Alter, nicht enttäuscht und als Person nicht missachtet zu werden. Ist das Versprechen nur ein Versprechen gegenüber dem

---

[3]Der Begriff des Engagement besitzt noch die Konnotation der Emphase, die dem gewöhnlichen Pflichtenbegriff abgeht.

Vorgesetzten, so ist es eine Pflicht, die aus der beruflichen Tätigkeit erwächst und nicht spezifisch moralisch ist. Obschon moralische Pflichten gegenüber anderen Arten von Pflichten Spezifika aufweisen, behandle ich hier Pflichten im allgemeinen und nicht genuin moralische Pflichten. Moralische Pflichten sind einfach Pflichten, die sich auf Güter der Moral beziehen.

Eine Pflicht ist immer eine gewisse Bürde; sie ist auf den Nutzen des Rechteinhabers bezogen und verschafft dem Verpflichteten zunächst keinen Nutzen, sondern einen Nachteil. Selbstverständlich kann es ein Effekt sein, dass jemand, der alle seine Pflichten erfüllt, als besonders vertrauenswürdig oder ehrbar gilt. Cicero bezieht die Pflichten des Staatsbürgers auf eine Äußerlichkeit, auf das *honestum.* Die Ehre wird erzeugt, wenn jemand den staatsbürgerlichen Pflichten nachkommt; diese Ehre wird durch das Einhalten der Pflichten generiert und zwar unabhängig von dem Nutzen, den die Pflicht sonst noch für andere (als Recht) stiftet. Pflichtentreue heißt Rechtetreue, und das ist es ja, was Rechteinhaber wollen. Da Pflichten Bürden und Bindungen der eigenen Freiheit sind, kann man jemanden dafür bewundern, dass er die charakterliche und praktische Stärke aufbringt, seinen Pflichten zu genügen. Ob die Umsetzung der Pflicht mit Lust verbunden ist, wage ich jedoch zu bezweifeln. Zu sagen, etwas sei einem eine ‚angenehme Pflicht‘, erklärt sich dadurch, dass diese Pflicht aus einer gehobenen Position heraus erfüllt wird, eine symbolische Leistung ist oder eine Konvention (wie Dankesworte aussprechen). Diese Pflicht ist keine wirkliche Bürde, weil sie ein Auftrag in einem Kontext ist, der insgesamt leicht ist. Es bleibt also dabei, dass Pflichten Bürden sind, allerdings keine solchen, die unmöglich zu erfüllen wären; gerade Unmögliches zu tun entpflichtet.

Da Pflichten aus spezifischen sozialen Beziehungen erwachsen sind sie unterschiedlich koordinierbar. Pflichten können horizontal bestehen, also zwischen (rechts)gleichen Akteuren, sie können auch in sozialen Hierarchien bestehen. Befehle sind beispielsweise Pflichten in einer Hierarchie; sie werden von oben nach unten adressiert. Funktional Untergebene müssen Befehle erfüllen, sie sind dazu verpflichtet; qua Befehl wird eine Handlung oder Unterlassung verpflichtend gemacht (oder als Erlaubnis freigestellt). Befehle gibt es in allen funktionalen Kontexten (Administrative, Militär etc.), um erwartbare Handlungen zu generieren und um eine zwingende, quasi-kausale und sichere Erwartbarkeit zu erzeugen. Das Risiko des Befehls ergibt sich aus der Verweigerung oder aus der Insuffizienz dessen, der den Befehl ausführt. Das gilt auch für andere Pflichten. Jemand kann der Bürde nicht gerecht werden; er kann den Inhalt der Pflicht verfehlen, weil er sich weigert ihr zu gehorchen oder weil er einfach nicht gehorchen kann. Jeder, der Pflichten an andere adressiert bzw. Verpflichtungen anderen auferlegt, muss damit rechnen, dass der Verpflichtete versagt. Daher ist es sinnvoll, wie auch bei anderen

Normen, den Adressaten über die Inhalte der Pflicht und über den Grad der Stärke der Verpflichtung (bzw. über mögliche Sanktionen) zu informieren. Denn derjenige, der nichts von einer bestehenden Pflicht weiß, ist nicht an sie gebunden. In der bisherigen Beschreibung fungierte eine Pflicht als definierende bzw. praktische Konstitutionsbedingung von X. Die Pflicht ist extern, zugleich ist sie X-intern; sie ist normativ, weil andere einen Anspruch an X haben, zugleich muss sie freiwillig eingegangen werden. Nur diejenigen Pflichten, die an natürliche Eigenschaften wie Geschlecht, Alter, Können etc. anschließen, sind nicht freiwillig; dennoch sind sie selbstverständlich soziale Konstrukte.

Pflichten sind Bürden, sie motivieren nicht eigens, sie werden in Kauf genommen, wenn man etwas anderes will. Pflichten können gemieden und unterlaufen werden. Wenn man fragt, was zu einer Pflicht motiviert, so wäre es falsch zu sagen, sie selbst sei es. Denn die Pflicht ist eine Bürde und Bürden meidet man. Allerdings kann man ein Interesse daran haben, einem anderen ein Recht einzuräumen, also eine spezifische Erleichterung. Auch die Frage, wie eine Pflicht motiviert, kann man nicht in Bezug auf die Pflicht beantworten, denn eine Pflicht demotiviert eher. Wer eine Verpflichtung eingeht belastet sich; er muss eine Leistung gegenüber dem Rechteinhaber erbringen. Die Motivation, dennoch eine Verpflichtung einzugehen, kann darin liegen, dass man selbst etwas bekommt oder dass der Rechteinhaber etwas bekommt. Ist man entsprechend altruistisch motiviert, kann einem daran etwas liegen, dass der andere etwas bekommt. Dass Pflichten Bürden sind wird noch deutlicher, wenn es um Selbstverpflichtungen geht.

Jetzt ist noch zu klären, wie das begriffliche und sachliche Verhältnis von Pflichten zur Verantwortung, die jemand haben kann, beschaffen ist. Pflicht und Verantwortung beziehen sich auf etwas zu Tuendes. Schuld ist die Kehrseite von Verantwortung, da jemand nur schuldig werden kann, wenn er Verantwortung hatte und ihr nicht genügte. Auch jemand, der verpflichtet ist, kann schuldig werden, nämlich dann, wenn er der Pflicht nicht genügt. Verantwortung und Pflicht beziehen sich zeitlich, räumlich und situativ auf das, was man verantworten bzw. was man tun soll. Beide bedürfen immer einer Spezifizierung; grenzt man Verantwortung und Pflichten nicht ein, dann kommt es zu einer Hypertrophie der Verantwortung und der Pflichten – und dann steigt die Gefahr, dass man ihnen nicht gerecht wird. Beide normative Status können belasten. Umgekehrt gibt es keine Schuld ohne Verantwortung bzw. Pflichten. Gäbe es Schuld ohne Verantwortung bzw. Pflichten, so würde man ohne etwas zu tun schuldig werden. Und das ist nicht möglich. Wer behauptet, dass jemand schuldig ist, ohne in einem normativen Status der Verpflichtung oder Verantwortung zu sein, erfindet einfach irgendeinen Unsinn, um den anderen zu binden. Die besondere Schuld ohne unser Zutun kennen wir als Erbsünde. Sünde überhaupt ist eine theologische

Überhöhung der Schuld; Sünde ist schuldig werden gegenüber einem Gott. Schuldig werden ist aber überhaupt nicht (nur) schuldig werden *gegenüber* jemanden, sondern schuldig werden *an einem anderen* als Erleidenden meiner Handlungen. Aber schuldig werden ist nur möglich im normativen Status der Pflicht oder der Verantwortung und diese normativen Status schaffen soziale Akteure in einer Gesellschaft, in der es den sozialen Sinn von Normativität gibt. Es gibt aber noch mehr zu sagen zur Trias Verantwortung, Schuld und Pflicht. Jeder, der zu x verpflichtet ist, hat auch die Verantwortung für x. Es besteht eine Schuldigkeit gegenüber dem Rechteinhaber. Pflichten und Verantwortung können letztlich nur freiwillig eingegangen werden; allerdings verbinden wir mit dem Begriff der Verantwortung vielleicht noch mehr freiwillige Motivation als mit dem Begriff der Pflicht. Letztlich kann ich mich aber entschließen, für etwas verantwortlich zu sein oder mich verpflichtet zu sehen. Das freiwillige Engagement, von dem der Existenzialismus spricht, sehen wir eher als emphatisches Eingehen von Verpflichtung an denn als Verpflichtung, zu der wir durch andere genötigt werden. Letztlich betont der existenzialistische Begriff des Engagement, also Verpflichtung, die unauflösliche Vorhandenheit unserer Freiheit auch noch bei größter Heteronomie. Allerdings hat der Existenzialismus nie behauptet, dass wir uns mit Lust engagieren. Er hat immer die Bürde der Freiheit konstatiert, und mit dem Hinweis, dass wir zur Freiheit verurteilt sind, deren Lästigkeit betont.

Es sollte also deutlich geworden sein, was Pflichten sind und wie sie konstituiert werden. Kurz gesagt: Pflichten sind externe bzw. heteronom-normative Forderungen von anderen (den Rechteinhabern oder deren Vertreter), die sich besonders auf Werte und wertvolle Sozialformen, Tätigkeiten oder andere Konstitutiva beziehen, sie durchdringen und dafür sorgen, dass alle diejenigen, denen etwas an den Werten etc. liegt, diese Pflichten eingehen müssen, und sei es auch nur nolens volens. Pflichten werden also (besonders als Bürden) in interpersonalen Beziehungen adressiert. Ihr normativer Status erwächst daraus, dass man ihnen gerecht werden muss, will man den die Pflichten umfassenden Konstituiva gerecht werden. Das alles spricht dafür zu verneinen, dass es Selbstverpflichtungen geben kann.[4]

---

[4]Die Selbstverpflichtung bei Jon Elster (1986, 68–78) als Selbstbindung ist nur eine Technik und nicht das, was wir gewöhnlich mit dem Begriff der Pflicht verbinden. Jede Pflicht ist Bindung, aber nicht jede Bindung ist eine Pflicht. Bei Elster werden, kontraintuitiv zum Begriff der Selbstverpflichtung, andere Personen involviert, um mich bei meiner Verhaltensänderung und bei meinem Kampf gegen *akrasia* zu unterstützen. Es handelt sich um eine Technik mit externen Instrumenten (andere unterstützen mich; ich manipuliere jetzige Zustände so, dass ich mich später selbst unterstütze usw.). Das ist nicht wirklich ein Mich-in-die-Pflicht-nehmen, sondern andere um meinetwillen.

Wenn ich von Selbstverpflichtungen spreche, dann meine ich Pflichten, die jemand von sich an sich selbst adressiert.[5] Der Fall, dass jemand freiwillig eine Pflicht annimmt oder eine Verpflichtung eingeht, sich also anderen gegenüber ,selbst verpflichtet', ist nicht gemeint. Das ist durchaus der Normalfall. In diesem Fall gibt es einfach die Beziehung zwischen einer Pflicht bei Ego und einem Recht bei Alter, und Ego begibt sich, aus welchen Gründen auch immer, freiwillig in die Beziehung. (Wird er unbeabsichtigt schuldig gegenüber Alter, hat er beispielsweise eine Verpflichtung auf Schadenswiedergutmachung, so ist die Beziehung nicht freiwillig; aber ich habe auch nicht gesagt, dass anfängliche Freiwilligkeit konstitutiv für eine Rechten-Pflichten-Beziehung ist.)

Die Rede ist im Folgenden von der (letztlich unmöglichen) Selbstverpflichtung. Hier sind der Rechteinhaber und der Pflichteninhaber ein und dieselbe Person. Zunächst einmal ist zu fragen, welchen Grund es geben könnte, dass jemand ein solches intrapersonales normatives Konstrukt schafft, sich also als Rechteinhaber sieht und eine Pflicht an sich selbst adressiert?

Es kann sein, dass jemand nicht aus eigener Kraft dazu imstande ist, das zu tun, was er tun möchte; dass er schlechte Gewohnheiten, die er ändern will, nicht ändern kann; oder dass er sich wider besseren Wissens schädigt und das ändern

---

[5]Kant bejaht nicht nur die grundsätzliche Pflicht gegen sich selbst, sondern macht deren Möglichkeit auch zur Bedingung der Pflichten gegenüber anderen: „Es gibt doch Pflichten gegen sich selbst. Denn setzet: es gebe keine solche Pflichten, so würde es überall gar keine, auch keine äußeren Pflichten geben." (Kant 1990, 298) Aber die Pflichten gegen mich selbst kommen nur zustande, weil ich, wie Kant immer wieder betont, in meiner Person die ganze Menschheit vorgestellt anerkenne. Indem Kant die dualistische Spaltung von Einzelperson und „Menschheit in seiner Person" (ebd. 299) annimmt, konstruiert er eine interne Heterogenität, woraus auch Heteronomie im Einzelnen resultieren und somit die Selbstverpflichtung möglich sein soll. Das Ich ist aber Einheit und die Spaltung verläuft zwischen mir und anderen (anderen Ichs). Das Ich ist auch als Naturwesen und Vernunftwesen noch eine Einheit. Vernünftig sein als Naturwesen zeichnet ja nach Kant immerhin unser Mensch-Sein aus; die Alternativen wären Ding-sein oder Gott-sein. Zudem ist der Übergang von Heterogenität zur Heteronomie klärungsbedürftig. Meines Erachtens löst Kant den von ihm selbst ausformulierten Widerspruch, dass ich mich selbst nicht verpflichten könne, weil ich nicht *auctor obligationis* und *subiectum obligationis* zugleich sein kann und mich somit stets von der Verpflichtung freisprechen kann, nicht zufriedenstellend auf. Im Gegenteil: Seine Ausführungen zum Widerspruch, der im Begriff der Pflicht gegen mich selbst liegt, können kaum treffender formuliert werden. Die Bindung kann tatsächlich immer von dem sich Bindenden durch seine Freiheit aufgelöst werden; und es gibt keine Pflicht, nicht einmal in der Beziehung zu anderen, die meine Freiheit völlig aufhebt. Wie wenig Kant selbst die Selbstverpflichtungen ernst nimmt wird deutlich, wenn er sie als unvollkommene Pflichten deklariert. (vgl. ebd. 335)

möchte, ohne dass es ihm aus eigenen Kräften gelänge. An diesem Punkt kann er auf den Gedanken verfallen, an sich selbst entsprechende Pflichten zu adressieren. Morgens früher aufzustehen, netter zu den Nachbarn zu sein, sein Gewicht zu reduzieren, das Rauchen aufzugeben, ehrlich sich selbst gegenüber zu werden, seine Ängste in der sozialen Interaktion zu überwinden etc. können Motive sein. Der Trick bestünde darin, mit einer sich selbst auferlegten Pflicht sich einen normativen Status zu geben, der Handlungen in die Richtung motiviert, die er nicht von sich aus einschlagen kann.

Nun dürfte es auf der Hand liegen, dass es sich um eine Selbsttäuschung handelt, wenn jemand denkt, er könne einen solchen intrapersonalen normativen Status erzeugen und sich wider seiner Gewohnheit entsprechende motivierende Bindungen auferlegen. Obwohl es vielleicht logisch möglich ist an sich selbst eine Selbstverpflichtung zu adressieren, sich also zugleich in den Status des Rechteinhabers und des Verpflichteten zu begeben und beides ‚in einem' zu sein, so ist es psychologisch jedoch unwahrscheinlich, diese Konstruktion dauerhaft aufrechtzuerhalten. Ich erinnere daran, dass Pflichten nicht nur Bindungen, sondern auch Bürden sind. Zunächst also scheint es so zu sein, dass mit dem Auferlegen der Pflicht eine entsprechende Erleichterung auf der anderen Seite geschaffen wird, nämlich auf der Seite der Rechteinhaberschaft. Derjenige, der sich selbst verpflichtet, kann einfach denken, er sei als Rechteinhaber würdig, dass er schlechte Gewohnheiten abstellt oder sich in der Weise ändert, wie es seinem Ideal entspricht. (Und ein Ideal muss er haben.) Aber es gibt immer noch die Seite der Pflicht. Diese Pflicht ist eine Bürde. Ist der sich selbst Verpflichtende aber ohnehin nicht geneigt, das zu tun, wozu er sich verpflichtet, so wird es mit der selbst auferlegten Bürde nicht besser. Will er sich zudem selbst bestrafen, wenn er seiner selbst auferlegten Pflicht nicht nachkommt, so gibt es ein weiteres Gewicht auf dieser Seite. Er wird also durch die Pflicht (zusätzlich) *demotiviert*. Umgekehrt könnte er ja dem nachkommen, was das selbst gegebene Recht für ihn einfordert. Wenn er sich dazu verpflichtet, morgens früher aufzustehen, und sich die Verpflichtung deshalb auferlegt, weil er es eben nicht kann, so räumt er sich zwar das Recht ein, früher aufstehen zu dürfen, aber offenkundig ist das Recht leer, da er ja nicht aufstehen *kann*. Kommt die Pflicht hinzu früher aufzustehen und auch noch die Drohung einer selbst auferlegten Strafe, so gibt es auf der Seite der Demotivation mehr Gewichte als auf der Seite des die Motivation unterstützenden Rechts.

Ein Recht ist immer angenehmer als eine Pflicht. In interpersonalen Beziehungen hat der Rechteinhaber den angenehmen Status, dass man ihm gegenüber eine Pflicht hat, also ihm gegenüber etwas leisten muss (‚Bringschuld'). Im Falle intrapersonaler Relation wird das vermeintliche Recht immer durch die korrespondierende Pflicht vergiftet. Der sich selbst Verpflichtende könnte auch vor der Statuierung seines Rechts die begehrte Handlung unternehmen; er müsste einfach ein stärkeres Wollen entwickeln. Eine Pflicht hat aber auf dieses Wollen den gegenteiligen, nämlich demotivierenden Effekt. Wenn das Recht angenehmer ist als die Pflicht, dann dürfte die Motivation dahin gehen, sich mehr Rechte zu erträumen und Pflichten zu meiden; es ist daher eine absurde Konstruktion, wenn sich jemand selbst Pflichten auferlegt. Psychologisch ist es schlicht unwahrscheinlich, dass die Pflicht motiviert, auch dann noch, wenn der sich selbst Verpflichtende in der Pflicht irgendetwas nobles sieht. (Denn im Unterschied zu dem, der in interpersonalen Beziehungen pflichtentreu ist, müsste derjenige, der sich intrapersonal pflichtentreu gibt, selbst belobigen. Das Lob wäre aber authentischer, würde er es sich geben, wenn er von sich aus das vollzieht, woran ihn gerade seine Schwäche hinderte…)

Man könnte einwenden: Eine Selbstverpflichtung kann doch adäquat umschrieben werden als das , was man sich selbst schuldig ist'.[6] Man ist zugleich Schuldner und Gläubiger, Verpflichteter und Rechteinhaber. Da man sich als Rechteinhaber etwas schuldig ist, kann die Motivation darin liegen, das zu erfüllen, bzgl. dessen man ,sich selbst etwas schuldig' ist; und die Pflicht wäre dann das Instrument, diese Schuld zu begleichen. In der Tat ist die Position der Rechteinhaberschaft motivierend. Aber ich bin es, der die Schuld begleichen muss. Und das ist eine Bürde. Das zu tun fällt also schwer, jedenfalls war vorausgesetzt, dass es schwerfällt, das zu tun, was man eigentlich möchte, aber unter bestimmten Umständen eben nicht kann. Sonst hätte es keinen Anlass gegeben, sich zu verpflichten. Sich ,selbst etwas schuldig sein' ist nur eine Redensart. Wenn man es nicht schafft, morgens früh aufzustehen, obwohl man es will, ist man sich dies nicht schuldig. Denn schuldig sein ist auch ein normativer Status – und intrapersonal kann man keinen normativen Status erzeugen. Man müsste sich faktisch in Ego und Alter teilen und ,in sich' ein intrapersonales Verhältnis schaffen. Und gerade das ist nicht möglich; das Selbst ist eine Einheit; eine genuine Intrapersonalität – die auch bestimmt, dass interpersonale Beziehungen nur dann genuine interpersonale Beziehungen sind, wenn sie zwischen Personen, also ,Intrapersonalien' eingegangen werden.

Selbstauferlegte Pflichten sollen, so der Gedanke, eigene Insuffizienzen überwinden helfen, besonders dann, wenn deren Ursachen nur langsam und mühselig überwunden werden können, wie das bei der Überwindung von Defizienten und Lastern meist der Fall ist. Doch es sollte deutlich geworden sein, dass dies unmöglich ist. Der Begriff der Pflicht, der Rechte voraussetzt, setzt zugleich

---

[6]So schon Kant, vgl. 1990, 298

voraus, dass Pflicht und Recht interpersonal koordiniert sind. Das gilt auch für den Begriff der Verantwortung. Man sagt zwar oft, man könne sich selbst gegenüber verantwortlich sein. Aber auch diese Beziehung kann ich nicht zu mir herstellen. Man kann nur für anderes und für andere verantwortlich sein. Zwar kann ich mich wie einen anderen behandeln, ich kann zum Beispiel meinen Geist und meinen Körper pflegen, ich kann darauf verzichten, mich selbst zu schädigen, ja ich kann zu einem gewissen Grad meinen Körper als etwas mir Äußerliches und Fremdes betrachten. Aber was auch immer ich gegenüber diesem ‚Objekt' tue, ich tue es (an) mir selbst.

Dennoch könnte man einwenden: Im Umgang mit mir selbst kann ich mich als anderen sehen, dementsprechend kann ich mir selbst Pflichten auferlegen und Rechte zukommen lassen. Letztlich gibt es ja entsprechende Redeweisen und einschlägige Beispiele für Selbstverpflichtungen:

Ich habe die Pflicht mir gegenüber, zu mir ehrlich/aufrichtig zu sein.
Ich habe die Pflicht mir gegenüber, gut zu mir zu sein (Gesundheit, Wohltun etc.).
Ich habe die Pflicht mir gegenüber, mich selbst zu achten (Achtung, Anerkennung).
Ich habe die Pflicht mir gegenüber, mir zu verzeihen.
Ich habe die Pflicht mir gegenüber, mir Wissen bzw. Selbstaufklärung zu verschaffen.
Etc.

Wieso sind aber all diese Selbstverpflichtungen letztlich keine echten Pflichten? Ich sagte schon, dass Selbstverpflichtung ein Konstrukt spezifischer Normativität ist, bei der ich Norm-Geber und Norm-Empfänger zugleich bin. Ich soll Pflichten-Inhaber und Rechte-Inhaber zugleich sein, ich soll mich mithin selbst sanktionieren, wenn Sanktionen die Normativität der Pflicht konstituieren. Ich soll der Rechteinhaber für eine Leistung sein, die ich mir selbst gegenüber ausführe, weil ich sie mir ‚schuldig' bin. Letztlich erzeuge ich einen Anspruch mir selbst gegenüber. Es ist der Anspruch, x zu tun oder X zu sein, wenn ich aus sonstigen Gründen x nicht tun oder X nicht sein kann. Doch beides könnte ich prinzipiell, hätte ich den entsprechenden Willen, auch ohne die mir auferlegte Pflicht das zu tun, was ich will. Die Pflicht soll ja nur motivieren bzw. mein mir selbst gegebenes Recht soll der Anreiz sein. Wenn ich aber gar nicht motiviert bin x zu tun oder X zu sein, dann ist die Frage, ob ein Anspruch darauf die Motivation erzeugt. Denn wenn ich nicht ausreichend motiviert bin, wieso sollte mich dann die weitere Bürde der Pflicht motivieren? Die Pflicht wirkt obstruktiv. Alle Pflichten sind Bürden und alle Rechte sind Boni; und wenn die Pflicht wie eine Bürde wirkt, dann fällt die motivatorische Konstruktion in sich zusammen. Und wenn ich oben zwar einräumte, dass es logisch vielleicht möglich ist, eine heteronome

Konstruktion in mir selbst zu schaffen, so ist sie doch ontologisch absurd: Ich muss, um mir gegenüber verpflichtet zu sein, mich in ein Ich und in einen Anderen teilen, da Pflicht und Recht stets heterogen koordiniert sind. Um also ‚in' mir (oder: für mich) Heteronomie zu erzeugen, muss ich mich ontologisch heterogenisieren. Das ist nicht möglich, weil ich eins bin in dem Sinne, dass die Pflicht von *mir* ausgeht und das Recht *mich* betrifft. Dass es eine Identität gibt ist ja schon vorausgesetzt, wenn es um *Selbst*verpflichtungen geht.

Meine Pflicht und mein Recht benötigen einen personalen Ursprung und ein personales Ziel, das ich in beiden Fällen bin, sonst niemand. Um aber die übliche Pflichten-Rechte-Verteilung aufrecht zu erhalten, muss ich mich alterieren. Hier stößt man auf die Unmöglichkeit, aus mir einen anderen zu machen. Und die Heteronomie kann sich ohnehin nicht entfalten, wenn es keine wirkliche Kluft zwischen Ich und Anderen, also Heterogenität gibt. Bei einer Selbstverpflichtung wäre ich Rechteinhaber für eine Leistung, die ich mir gegenüber selbst erbringe, und von der vorausgesetzt war, dass ich dazu gerade nicht imstande bin. Die Seite des vermeintlichen Rechtes ist leer, die Seite der Pflicht allerdings überfüllt. Und wenn ich mir selbst mit Sanktionen drohe, dann erzwinge ich zusätzliche Handlungsleistungen, für die ich ggf. gar nicht imstande bin.

Da aber die Alterierung von Ich und Anderer grundsätzlich unmöglich ist, ist der Pflichteninhaber zugleich auch der Rechteinhaber, das heißt der Leistungserbringer ist auch der Leistungsgenießer. In diesem Fall kann ich die Leistung direkt genießen, indem ich sie ausführe. Dazu bedarf es keiner Pflicht. Soll die Pflicht ein Motivationsdefizit überwinden, so genügt schon der Hinweis darauf, dass ich Leistungsgenießer bin, so dass dies also genug motivieren kann und es keiner zusätzlichen Bürde, wie es Pflichten nun mal sind, bedarf. Wenn es darum geht, mir etwas zukommen zu lassen, so kann ich dies direkt tun. Wenn es darum geht, mit mir befreundet zu sein, so kann ich dies direkt sein (eine Pflicht würde hier eher Zwietracht verursachen). Und wenn es darum geht, mich selbst zu achten, so kann ich dies direkt tun – ohne normativen Status.

Was heißt nun der Satzteil ‚mir gegenüber', wenn die Rede davon ist, ich hätte eine Pflicht mir gegenüber? Dieser Satzteil drückt ja eine Beziehung aus, eine solche der Identität und der gleichzeitigen Distanz bzw. Nicht-Identität. Ich kann zwar mit mir nicht-identisch sein, aber dann ist das ein Zerfall des Ichs. Identität und Alterität zugleich können sich logisch nicht auf dasselbe Objekt beziehen.

Nehmen wir eine Beziehung, die keine Pflichtenbeziehung ist, die aber eine solche werden kann, und die gewöhnlich auch die Distanz-Identität von ‚mir gegenüber' schafft: Ich gebe mir selbst ein Versprechen. Kann man sich selbst Versprechen geben? Man kann dies tun, eben in demselben Sinne, wie man sich treu bleiben kann. Aber das ist ebenfalls nur eine Pseudo-Beziehung zu mir, denn

ich kann ja das mir Versprochene schon vor dem Versprechen einfach tun bzw.
einhalten. Das Versprechen wirkt doch mir selbst gegenüber eher wie eine Erinnerung. Ich kann einem anderen etwas versprechen und habe damit gleichzeitig die
Pflicht, etwas einzuhalten. Aber ich kann mir nichts versprechen, ebenso wenig,
wie ich mir gegenüber andere Sprechakte (etwa eine Beschimpfung) vollziehen
kann. Da ich keine Selbstverpflichtungen eingehen kann, kann ich mir selbst in
diesem Sinne nichts versprechen. Ich kann mir lediglich etwas versprechen,
indem ich sage: ‚Ich werde einmal nach Innsbruck fahren, versprochen.' Aber ich
werde nicht nach Innsbruck fahren, nur weil ich es mir versprochen habe, sondern
nur, wenn ich ausreichend dazu motiviert bin. Diese Motivation besteht unabhängig vom Versprechen und wird nicht durch es erzeugt.

Menschen, die sich selbst gegenüber Pflichten auferlegen, tun dies, um ihrer
psychischen Instabilität Herr zu werden. Sie sind nicht ausreichend motiviert,
das heißt, sie nehmen ihre Freiheit nicht affirmativ wahr; deshalb bedürfen sie
äußerer Stützen. Gibt es diese nicht, so bedürfen sie einer inneren künstlichen
Motivation, eben der Selbstpflicht oder anderer Konstrukte (starkes Über-Ich,
Selbstbestrafung, die übrigens ebenso unmöglich ist).[7] Die Konstruktion der
Selbstverpflichtung muss also in sich zusammenfallen, da sie sich direkt auf den
Leistungsgenießer bezieht, so dass ich gar nicht Leistungsgeber zu sein brauche.
Nicht wegen meiner Pflicht fahre ich nach Innsbruck, sondern weil es ausrei-
chend motivationale Gründe dafür gibt. Zusätzlich destabilisiert die Pflicht, weil
sie eine Bürde ist. Bin ich nicht motiviert, nach Innsbruck zu fahren, erlege mir
aber die Pflicht dazu auf, so habe ich eine Bürde, die mich in eine Leere treibt,
nämlich in das, was ich ohnehin nicht will. (Und die mir eine zusätzliche
Anstrengung, wenn auch von anderer Art auferlegt, zu derjenigen, nach Innsbruck zu fahren.) Ich manövriere mich in einen Konflikt und werde sofort die
Konstruktion der Selbstverpflichtung auflösen.

Anders in dem Bereich, in dem die Konstruktion tatsächlich wirkt und sinnvoll ist: Peter erlegt Petra eine Pflicht auf; er hat das Recht auf eine Leistung.
Petra ist nicht zu dieser Leistung motiviert, also könnte sie eine Sanktion treffen,
wenn sie die Pflicht nicht erfüllt. Aber niemals schafft die Sanktion eine Motivation für das Recht von bzw. die Leistung für Peter. (Sie schafft sie nur indirekt, über die Motivation, der Sanktion zu umgehen – gleichzeitig schafft diese
Situation ggf. auch die Motivation, die Sanktion zu umgehen und Peter dennoch

---

[7]Anders als sich beispielsweise negative Konsequenzen selbst zu verschaffen. Auch Selbst-
hass und Selbstliebe sind selbstverständlich möglich, weil das keine normativen Status,
sondern psychologische Zustände sind.

nicht die Leistung zukommen zu lassen.) Auch in dem Fall, wo sich Petra die Pflicht gegenüber Peter selbst auferlegt, wäre zu klären, was sie dazu motiviert. Dieser Akt der Selbstverpflichtung von Petra gegenüber Peter ist natürlich nicht der Akt der Selbstverpflichtung von Petra gegenüber sich selbst. Doch auch hier müsste man klären, was Petra motiviert, sich selbst eine Pflicht gegenüber Peter aufzuerlegen (zumal in dem Fall, in dem Peter dies nicht wünscht). Ein Versprechen geben ist so ein Fall. Hier könnte Petra wissen, dass sie das Versprechen leicht einhalten kann; könnte sie es nicht, würde sie sich nicht die Bürde des Versprechenhaltens auferlegen. Bekommt sie es von Peter auferlegt, dann sieht der Sachverhalt anders aus. Petra ist dann vielleicht nur nolens volens motiviert, Peter eine bestimmte Leistung zukommen zu lassen. Wenn sich also Petra freiwillig eine Pflicht gegenüber Peter auferlegt, dann muss diese Freiwilligkeit erklärt werden, denn normalerweise adressieren wir Pflichten, weil die Freiwilligkeit beim anderen gerade nicht besteht. Und wir selbst meiden wo es geht das Joch der Pflicht. Wie also Petra dazu kommt, ein Versprechen zu geben und sich diese Pflicht des Versprechenhaltens aufzubürden, muss geklärt werden: Entweder ihr liegt etwas an der Leistung gegenüber Peter (oder an ihm selbst), dann könnte es schon so sein, dass sie das Versprechen erst gar nicht geben muss. Dann aber würde das das Versprechen nicht erklären. Oder wir müssen die Möglichkeit fallen lassen, dass man sich selbst freiwillig Pflichten zugunsten anderer auferlegen kann. Das aber widerspricht der Alltagserfahrung. Also bleibt nur ein Motivationsgleichgewicht: Vielleicht liegt Petra etwas an Peter oder an der Einhaltung des Versprechens und sie will dennoch diese sie verpflichtende normative Konstruktion – entweder, weil die Chancen gut stehen, dass sie sie einhält, oder weil sie zu einer Konvention Zuflucht nimmt, um eine gewisse Vertrauenswürdigkeit von Peter zugesprochen zu bekommen. Auch viele andere Faktoren, die zu einem Motivationsgleichgewicht beitragen, kommen infrage.

Man sagt oft, wenn man einem anderen gegenüber eine Pflicht hat, man sei ihm etwas schuldig. Analog sagt man manchmal: Ich bin es mir schuldig. Wenn ich mir etwas schuldig bin, so die Annahme, dann habe ich mir gegenüber eine Leistung zu erbringen. Ich bin es mir schuldig, Innsbruck zu besuchen, da ich es mir einmal fest vornahm. Oder: Ich bin es mir schuldig, mich besser kennenzulernen. Oder: Ich bin es mir schuldig, dass ich mich mit mir wieder versöhne, mir verzeihe etc. Aber das sind alles Akte, die normalerweise A gegenüber B erbringt. In dem Fall, dass ich mir etwas schuldig bin, *muss* ich Ego und Alter werden, Gläubiger und Schuldner zugleich. Ich führe in all diesen Fällen wieder Heterogenität ein, der es bedarf, um Heteronomie zu konstituieren. Heteronomie beruht auf Heterogenität. Zwei Menschen können nur in ein Rechten-Pflichten-Verhältnis gesetzt werden, weil sie *verschieden* sind. Um Selbstverpflichtungen zu haben (oder analog: um mit mir selbst befreundet oder mir etwas schuldig zu sein), muss ich künstlich ontologische Heterogenität einführen. Und das geht nur dann, wenn wirkliche Alterität herrscht, das heißt, wenn das Ich zerfällt. Aber ein zerfallenes Ich dürfte kaum wirkliche Leistungen im Sinne einer Pflicht erbringen können.

Besonders im Fall eines an mich selbst adressierten physischen Wohlverhaltens spricht man häufig von einer Selbstverpflichtung. Man kann das Ich ja auch im traditionellen Geist-Körper-Dualismus definieren und den eigenen Körper als Gegenstand von Rechten ansehen. Verpflichtet ist dann der Geist, der etwas gegenüber dem Körper tut. Doch es gibt keine Pflichten eines Geistes gegenüber dem Körper, der doch immer ,sein' Körper ist. Man könnte sagen, ich könne mich selbst verpflichten, mit meinem Körper gut umzugehen. Aber entweder gehört dieser Körper mir an, ist also Ich, oder er ist zwar etwas *anderes,* ein heterogenes Objekt und somit prinzipiell rechtsfähig (in diesem Fall wäre er aber immer noch keine Person). Und die Distribution von Pflichten und Rechten macht nur Sinn bei *personaler* Heterogenität. Nur Personen können Inhaber von Pflichten sein, also etwas leisten, und nur Personen können Inhaber von Rechten sein, also etwas genießen.

Man könnte einwenden: Wenn ich mir wider Willen weh tue, könnte eine Selbstverpflichtung ein angemessener Schutz vor meinen destruktiven Handlungen sein. Die Selbstverpflichtung hat zur Voraussetzung das Ideal, mit mir nicht im Konflikt zu sein. Aber entweder ich bin ausreichend motiviert, mir nicht weh zu tun, oder ich führe zwar eine Pflicht ein, aber diese wird zu einer zusätzlichen Bürde und demotiviert mich. Und es gibt noch ein zusätzliches Problem, wenn diese Pflicht sanktionskonstituiert ist: Wenn ich gegen die Pflicht handle, muss ich mich sanktionieren, mir also mithin wieder weh tun.[8] Wenn ich mir ohnehin schon gerne weh tue, dann kommt mir jeder Verstoß gegen die Pflicht entgegen. Die Selbstverpflichtung wird also destruktiv.

Dagegen wirken Anreize anders. Anreize sind zwar keine Rechte, aber Rechte sind immer Anreize (bzw. Erfüllungen von Anreizen). Wenn ich mir die Pflicht auferlege, nach Innsbruck zu fahren oder mir nicht mehr weh zu tun, dann setze ich mich in ein künstliches Rechtsverhältnis zu mir, das dadurch torpediert wird, dass ich eine Pflicht habe. Mir etwas zugute kommen zu lassen, mir einen Anreiz etc. zu geben springt direkt in die Erfüllung, indem ich es tue. Einer Pflicht bedarf

---

[8]Selbstbestrafung könnte ja das vorgängige Motiv der Selbstverpflichtung gewesen sein – durch die Sanktion habe ich ein legitimes, allerdings unaufrichtiges Motiv der Selbstbestrafung.

es nicht. Man könnte sagen, man bedarf der Motivation, aber wenn diese fehlt, muss man sich motivieren. Man könnte sich die Pflicht zur Selbstmotivation auferlegen. Aber dann folgt das Ganze der bisherigen Logik nur auf der Ebene, dass die eigene Motivation die Leistung ist, die ich mir selbst gegenüber zu erbringen habe.

Noch ein letzter Punkt dazu: Man sagt, oft müsse man sich selbst zu etwas zwingen, etwa zum Sparen, zum gesunden Essen etc. Da helfe eine wirkliche Selbstverpflichtung, eine mir wirklich auferlegte Pflicht. Nun ist es wahr, dass man sich selbst auch entgegen seiner eigenen Motivation zu etwas zwingen kann; wir tun oft Handlungen nolens volens. Wir spüren in solchen Momenten auch eine Art von Heterogenität (nämlich der Motive). Man könnte sagen, die Selbstverpflichtung kann als Mittel zur Disziplinierung verstanden werden. Doch auch das ist falsch. Denn wenn ich mich zu etwas zwinge, dann tue ich das zwar gegen meine Neigung, ich tue es aber nach einer Abwägung der Motive und Gründe und mithin dessen, was herausspringt, wenn ich die Handlung trotz fehlender oder niedriger Motivation tue. Nun kann der Zwang, mit dem ich mich zu einer Handlung zwinge, wie in den anderen diskutierten Fällen, direkt erfolgen. Es bedarf keiner Selbstverpflichtung. Vor allem lässt sich Selbstverpflichtung als transitiv darstellen: Wenn die Selbstverpflichtung durch eine Sanktion konstituiert wäre und diese auf die Verletzung einer Pflicht erfolgte, so könnte ich den Zwang gleich durch das Fälligwerden der Sanktion herstellen. (Es kommt natürlich darauf an, welchen Inhaltes die Sanktion wäre.) Statt auf einen Zwang zu bauen, kann ich die Handlung mir selbst gegenüber auch dadurch erreichen, dass ich auf mich selbst achte. Dass ich spare, dass ich nicht zu viel rauche, dass ich Sport treibe etc. tue ich, weil ich mir meiner nützlichen Ziele bewusst bin. Dann aber kommt die Motivation *direkt* aus den Klugheitserwägungen und bedarf nicht des künstlichen Konstruktes der Selbstverpflichtung.

Wir sehen also: Die Heteronomie zwischen Personen auf eine Person im Sinne einer Selbstverpflichtung angewandt führt zu zahlreichen Absurditäten. Die normative Konstruktion der Selbstverpflichtung ist unmöglich; sie fällt in sich zusammen, entweder, weil die verpflichtende Handlungen direkt ausgeführt werden kann, oder weil die infrage kommende Sanktion durch den unmittelbaren Selbstzwang obsolet wird. Vor allem aber ist Selbstverpflichtung unmöglich, weil deren Heteronomie eine spezifische Heterogenität bedarf, die es für ein Ich nicht geben kann.

Kommen wir zurück: Pflichten bestehen immer innerhalb einer Heteronomie; diese hat den Unterschied zwischen Ego und Alter, oder A und B, zur Voraussetzung. Somit kann es keine Pflichtenkollision zwischen einer Selbstverpflichtung und einer anderen oder gar zwischen einer Selbstverpflichtung und einer

Pflicht einem anderen gegenüber geben. Sehr wohl aber kann es Pflichtenkollisionen geben und somit eine Dilemmasituation innerhalb einer Heteronomie, die
das Ungenügen gegenüber dem heteronomen Anspruch der Pflicht entschuldigt.
Denn eine Pflicht reicht immer nur so weit, wie meine Kenntnis von der Pflicht
und meine Fähigkeiten reichen, sie zu erfüllen. Die allgemeine Pflicht, Menschenleben zu retten, die (übrigens als eine Pflicht, die nicht durch autonome Eingangsbedingungen, wie die Berufspflichten, charakterisiert ist) von mir verlangt,
konkret tätig zu werden, wenn jemand an Leib und Leben bedroht ist, entschuldigt doch das Versagen, wenn ich überfordert werde, etwa bei einem Massen-
anfall von am Leben Bedrohten. Hier würde nicht erst das besonders engagierte
Helfen das Ungenügen der Hilfe gegenüber anderen heilen, sondern das Helfen
an denjenigen, die betroffen sind, soweit meine Kräfte reichen. Ich muss die
Pflicht vollständig an *einem* Element der Pflichtenkollision erfüllen, um ausreichend entschuldigt zu sein. Das Nähere hängt von den Umständen ab. Weiter ist
zu sagen, dass der Begriff der Pflichtenkollision nicht im Begriff der Pflicht liegt,
sondern aus ihm resultiert in der Anwendung auf zwei Objekte, bei denen man
nicht gleichzeitig der Pflicht genügen kann.

Analytischer hängt die Vorstellung eines Rechts am Begriff der Pflicht – wie
auch umgekehrt im Begriff eines Rechts der Begriff der Pflicht bzw. der Verpflichtung liegt. Selbstverständlich können Recht und Pflicht dennoch eine Asymmetrie
aufweisen. Eine strukturelle Asymmetrie liegt darin, dass Pflicht und Recht zwei
verschiedene Personen trifft; chiastisch ist die Asymmetrie, wenn beide einander
dieselben Rechte und Pflichten adressieren, etwa die Pflicht zur Hilfe und das
Recht auf wahre Mitteilung. Jeder Pflicht korrespondiert *irgendein* Recht, dennoch
müssen Rechte und Pflichten weder vom Umfang her noch vom Inhalt her gleich
sein. Lediglich die materiale Implikation (wo ein Recht, da auch eine Pflicht; wo
eine Pflicht, da auch ein Recht) ist die unabdingbare analytische Voraussetzung für
die Begriffe von Recht und Pflicht – unbeeindruckt von jeder inhaltlichen, personalen oder situativen Ausfüllung. Hinzu kommt, dass Pflichten ein Müssen realisieren, Rechte jedoch ein Dürfen. Denn jeder Rechteinhaber ist frei darin, von
seinem Recht zurückzutreten.[9] Damit ist auch etwas über die Bürde des Pflichten-
inhabers und über die Freiheit des Rechteinhabers gesagt und über die Motivation,
mehr Rechte als Pflichten zu erhalten. Rechte sind spezifische Freiheiten, die der
Rechteinhaber ausüben kann, wozu er aber nicht gezwungen ist.

---

[9]Dass einem Rechte aufgenötigt werden ist jedoch ebenfalls deutlich. Da jeder der allgemeinen Pflicht unterliegt, einem anderen in Gefahr zu helfen, wird diesem anderen, selbst
wenn er nicht will, das Leistungsrecht der Hilfe zuerkannt.

Obschon es allgemeine und unbestimmte (= situationsabhängige) Pflichten gibt, ist es doch besser, Pflichten zu konkretisieren. Dies gilt für alle Normen und für jedes Soll. Ist das Gebotene eindeutig, so steigt die Wahrscheinlichkeit der Handlungsbefolgung. Oft werden wir allgemeinen Pflichten nicht gerecht, weil uns die Konkretisierung des Gesollten fehlt. Vor allem, wenn Normen und Pflichten durch Sanktionen bewehrt sind, muss das jeweils Gesollte konkretisiert sein, da man sonst nicht weiß, welche konkrete Handlung oder welches allgemeine Handlungsmuster zu vollziehen ist. Ausgehend von konkreten Pflichten ist es einsichtig, warum man zu allgemeinen, das heißt zu unbestimmten und allgemeine Handlungsmuster umfassenden Pflichten gelangt. Denn angenommen, ich bin zu einer konkreten steuerlichen Zahlung aufgrund einer konkreten Handlung (oder eines Handlungsmusters oder einer Eigenschaft) verpflichtet, so bin ich doch vorgängig, aber ganz allgemein, verpflichtet, in Erfahrung zu bringen, ob ich steuerpflichtig bin. Und diese allgemeine Pflicht ist eingebettet in die noch allgemeinere Pflicht, mein Leben aufmerksam zu führen und mich über normative Tatbestände zu informieren. Doch letztere Pflicht ist so allgemein, dass ich dennoch, bei allem Forschen, meine Steuerpflichtigkeit übersehen kann, ja selbst der allgemeinen Pflicht nach Information (oder Selbstaufklärung) nicht genügen kann. Denn allgemeine Pflichten zu vollziehen ist schwerer, als konkrete Pflichten zu vollziehen und ihnen zu genügen.

Damit verbunden ist das Problem der Pflichten-Hypertrophie. Allgemeine und konkrete Pflichten können in der Anzahl zunehmen und eine solche Menge erreichen, dass die schiere Zahl der Pflichten, die den Pflichteninhaber treffen, ihn demotivieren und, was wichtiger ist, sein Versagen entschuldigen. Der Leser kann sich selbst ein Beispiel einer derartigen Pflichten-Hypertrophie überlegen, in dem allgemeine oder konkrete Pflichten derart überhandnehmen, dass der Pflichteninhaber, auch ohne Pflichtenkollision, ausreichend entschuldigt ist – und ob es essenzielle Pflichten gibt, die auch bei Erhöhung ihrer Zahl, niemals zu einer derartigen Entschuldigung führen.

Dass man Pflichten befolgen bzw. Verpflichtungen gerecht werden muss, steckt im Begriff des Müssens, der der Kern des Pflichtenbegriffs ist. Oben hatte ich gesagt, dass Pflichten jedoch, anders als es die Sanktionstheorie will, aus den spezifischen menschlichen Praktiken und Sozialbeziehungen, die einen eigenen Wert haben oder erzeugen, resultieren (Familienpflichten, Freundschaftspflichten, Berufspflichten etc.). Diese Praktiken können kollidieren und damit auch die entsprechenden Pflichten. Resultieren Pflichten aus Sanktionsandrohungen, so führen Pflichtenkollisionen nicht zu einem Konflikt der nachgeordneten Sanktionen, da ja eine echte Pflichtenkollision immer entschuldigt und somit die Sanktion nicht zum Tragen kommt. Aber es kann doch der Wert verletzt werden, der im

Konflikt mit einem anderen Wert stand, etwa der Wert des Lebens, den zwei am Leben bedrohte Personen haben, von denen nur eine zu retten ist. Pflichten, die aus wertvollen Sozialbeziehungen und Praktiken resultieren, müssen befolgt bzw. eingelöst werden, damit diese Beziehungen und Praktiken überhaupt existieren. Es kann aber (bezogen auf einen einzelnen Teilnehmer) eine Pflichten-Hypertrophie stattfinden, die aus einer Zunahme von Sozialbeziehungen resultiert. Sind diese Pflichten zusätzlich sanktionsbewehrt, so nehmen auch die drohenden Sanktionen zu. Es ist klar, dass, vor allem, wenn die Eingangsbedingungen heteronom waren, die bloße Zunahme der Pflichten zu einer Entschuldigung führen können, wenn der Teilnehmer den Pflichten nicht genügt. Meist wird der Umstand dadurch schon sanktioniert, dass er die entsprechenden Sozialbeziehungen aufgibt – und somit auch die Rechte, die sie enthalten.

Rationalität, Selbstsorge, Moralität und Glück

4

In den vorausgegangenen Überlegungen habe ich versucht zu zeigen, dass und wie Akteure eine Moral etablieren, wie sie moralisches Verhalten als normkonformes Verhalten rational machen und wie sie normative Bindungen erleben. Wenn man, wie es einige Moralphilosophen tun, Moral mit normkonformen Verhalten identifiziert, dann haben persönliche Moralität und Tugenden keinen eigenen Stellenwert, sondern können nur hinsichtlich ihrer Unterstützungsfähigkeit zu normkonformen Verhalten beschrieben werden. Allerdings stellt sich doch die Frage nach genuin moralischen Einstellungen und Tugenden, wenn Akteure in Konflikt geraten, sei es, weil moralische Normen konfligieren und eine Reflexion über das darüber hinaus richtige Verhalten vollzogen werden muss, sei es, weil einem der Zweck einer Tugend oder die eigenen moralischen Überzeugungen dazu bringen, moralische Normen anderer zu verletzen (beispielsweise weil man denkt, dass diese Verletzung einer Norm einem höherrangigen Wert angemessen ist). In diesen Fällen und auch im Falle adäquater, aber selbst nur bloßer Normenkonformität stellt sich die Frage nach der *Rationalität* des Denkens und Handelns. Rationale Akteure handeln so, dass sie diejenigen Konflikte und Schädigungen vermeiden, die aus einer Normverletzung entstehen. Das führt sie dazu, nicht immer bzw. nicht nur Amoralisten oder Egozentriker zu sein, auch dann, wenn sie manchmal ihre eigenen moralischen Überzeugungen opfern müssen. Diese Art von Rationalität, die sich auf die heteronomen Anforderungen bezieht, unterscheidet sich nun in wesentlichen Hinsichten von derjenigen Rationalität, die Akteure mit Bezug auf sich selbst anwenden. Verlangt die Moral von mir, dass ich anderen gegenüber Gutes tue oder immerhin nichts Schlechtes, so verlangt das rationale Eigeninteresse, dass ich mich selbst, physisch und psychisch, gut behandle. Auf diese Selbstsorge ist ja auch die künstliche Heteronomie der

© Springer Fachmedien Wiesbaden GmbH 2017
M. Hurna, *Was ist, was will, was kann Moral?*,
DOI 10.1007/978-3-658-15993-1_4

Moral bezogen, wenn sie Akteure mit Sanktionen bedroht für den Fall, dass sie die moralischen Rechte anderer verletzen.

Ich möchte im Folgenden ausführen, worin diese Selbstsorge besteht oder rationalerweise bestehen sollte. Dass die Selbstsorge keine interne normative Bindung erzeugt, sondern nur ,hypothetische' Imperative im Sinne eines prudentiellen Interesses, muss hier nicht weiter bewiesen werden. Es wurde oben schon gezeigt, dass echte heteronome Normativität nur aus heterogenen Beziehungen entstehen kann.

Wenn es darum geht, sich selbst zu achten, mit sich selbst ,befreundet zu sein', aufrichtig zu sich selbst zu sein, seine schlechten Seiten, Süchte und Gewohnheiten zu ändern, seine Willenskraft und Ausdauer zu stärken, seinen Geist von überflüssigen Dingen, von Vorurteilen und Denkfehlern frei zu halten, dann handelt es sich um Belange der Selbstsorge. Wenn es darum geht, seinen Körper und seinen Geist als etwas Kostbares zu betrachten, das man nicht schädigen oder verlieren will, wenn man sich um charakterliches und geistiges Wachstum bemüht, wenn man eine Balance finden will zwischen Pessimismus und Optimismus, wenn man Ernst, Unernst und Selbstironie in ein richtiges Verhältnis bringen will, wenn man sich nicht aus den falschen Gründen zu falschen Handlungen, aus den falschen Gründen zu richtigen Handlungen oder aus den richtigen Gründen zu falschen Handlungen verleiten lassen will, wenn man sich für seinen eigenen Zugang zur Welt eine angemessene, störungsfreie epistemische Heuristik schaffen will, wenn man seine Schwächen zu Stärken machen will und wenn man möchte, dass man mühelos seinen inneren Schweinehund überwindet, dann versucht man die Grundlagen dafür zu schaffen, ein gutes Leben führen zu können und auch anderen angenehm und nützlich zu sein. Mit anderen Worten: Man versucht seine epistemischen, charakterlichen und aretischen Grenzen zu überwinden und sich selbst zu *kultivieren*.

Diese Selbstkultivierung ist nicht Sache heteronom-normativer Gesellschaften (besonders nicht minimalmoralischer Provenienz, denen es gleichgültig ist, aus welchen persönlichen Motiven oder Stärken sich Akteure an die Normen halten), sondern es ist ein Anspruch an mich selbst und er entstammt aus der Sphäre der Autonomie. Ziel dieser Selbstkultivierung ist es Geist, Charakter und Körper so zu bilden, dass sie befähigt werden, Schwierigkeiten zu überwinden, Lösungen für problematische Lebenslagen zu finden und gute Dinge und Zustände genießen zu können. Wendet man den Begriff der Tugenden von Aristoteles auf diese Bemühungen an, so sieht man, dass sie unter die Begriffe der dianoetischen *und* der ethischen Vortrefflichkeit fallen. Selbstkultivierung in diesen Hinsichten wirkt dem entgegen, was Aristoteles die „Verdorbenheit" nennt, „die grundsätzlich die Ansatzpunkte des Handelns zerstört" (Aristoteles 1969, 160). Sie wirkt aber auch charakterlicher, epistemischer und moralischer Verdorbenheit entgegen. In den ersten zwei Hinsichten ist sie ethisch im aristotelischen Sinne, denn die Kultivierung zur Vortrefflichkeit bezieht sich auf die eigenen durch Maß und Mäßigung zu kultivierenden eigenen Laster, im letzteren Sinne ist sie ethisch im modernen Sinn, nämlich auf das Wohl anderer bezogen. Die Kultivierung wirkt im Idealfall in *beide* Richtungen.[1]

All diese Veränderungen, die ich aufgezählt habe, sind bezogen auf ein Ideal, das jemand von sich hat. Jeder Mensch, der so und so beschaffen ist, bezieht seine Kultivierung auf ein Ideal, wie und wer er sein möchte. Oft wird gesagt, dass das moralische Miteinander solche Akteure erfordert, die weitgehend kultiviert sind, die Tugenden besitzen und die dadurch gehemmt sind, anderen zu schaden. In gewisser Weise mag das stimmen. Zu einem gewissen Grad benötigen Akteure Fähigkeiten und Fertigkeiten, um nicht den Verführungen zu erliegen, die ihnen unmoralische oder kriminelle Handlungsweisen eröffnen. Aber Menschen sind zu verschieden und zu einem bestimmten Zeitpunkt jeweils in verschiedenen Entwicklungsphasen und müssen sich dennoch *immer* an die gesetzten Normen halten. So ist es sinnvoll, die Normenbefolgung nicht an ein Ideal des Handelns zu knüpfen, sondern an das jeweils unterstellte Wollen, Nachteilen aus dem Weg zu gehen. Andererseits ist es sinnvoll, Tugenden und ein eigenes moralisches Urteilsvermögen auszubilden, denn nicht immer sind Normen Antworten auf moralische Fragen und nicht immer regeln Normen alles, um was es in zwischenmenschlichen Angelegenheiten geht. Und um zu wissen, in welche Richtung ich Tugenden ausbilde, bedarf es eines Ideals.[2]

---

[1]Im besten Fall so, dass die eigene Kultivierung sich direkt auf andere richtet, und das Wohlverhalten gegenüber anderen nicht nur indirekt ein Effekt der Kultivierung der eigenen Vortrefflichkeiten ist. Dass ich zu mir selbst gut bin bedeutet sicher eine anstrengende Kultivierung. Aber in Bezug auf andere müssen meine Fähigkeiten und Fertigkeiten spezifisch kultiviert werden. Dass ich mich über etwas freuen kann, kann einfach Ergebnis meines (mehr oder weniger niedrigen) Egoismus sein; dass ich mich freuen kann, kann aber auch Ergebnis einer entsprechenden Kultivierung sein. In moralischer Hinsicht bedarf Empathie einer entsprechenden altruistischen Kultivierung. Doch die selbstlose Mitfreude bedarf auch einer spezifischen altruistischen Kultivierung. Wäre die Mitfreude nur möglich, wenn ich mich selbst ausreichend freue, so wäre sie nicht altruistisch. Um wirklich altruistisch zu sein, muss ich andere Charakterstärken kultivieren, als diejenigen, die ich kultiviere, wenn ich mich dazu befähige, mich selbst oder mich für mich selbst zu freuen.

[2]Es handelt sich selbstredend um ein positives Ideal, eines, das sich aus den richtigen, weil guten Werten konfiguriert. Jemand, der ein Massenmörder sein will, richtet sich möglicherweise am Ideal des Bösewichts aus, das aus Unwerten konfiguriert ist. Um ein effektiver Massenmörder zu sein, ist eine solche Ausrichtung auch zwingend. Da dieses Ideal nur zu Handlungen führt, die schlecht sind, auch wenn sie optimiert sind, handelt es sich um ein negatives Ideal.

Ein positives Ideal von sich entwerfen und sich diesem anzunähern zeichnet diejenigen Menschen aus, die sich verbessern und kultivieren wollen, da sie ihre geistigen und körperlichen Fähigkeiten dazu nutzen wollen, sich zum Glück zu befähigen, das aus einer mindestens angemessenen, meist jedoch guten Lebensweise resultiert. Zu einem guten Leben gehört es nicht nur, andere nicht zu verletzen oder ihnen Wohl zu bereiten, sondern dazu gehört auch, sich selbst nicht zu verletzen und sich Gutes zu tun. Höchstes Ziel dieser Lebensweise stellt das Glück dar, dieser schwer zu definierende Zustand für glückserstrebende und glücksfähige Wesen.

Die traditionelle Unterscheidung zwischen hedonistischem und eudämonistischem Glück differenziert meines Erachtens nur grob zwischen den Glücksdimensionen und beschwert zudem das Verständnis von (umfassendem) Glück, indem der Hedonismus einen negativ bewerteten ‚Materialismus' mit sich bringt und die Redeweise vom eudämonistischen Glück zu sehr auf das Geistige als das eigentlich erhabene Glück abstellt. Beide Glücksweisen können in *einem* Glückszustand dann nicht mehr zur Deckung gebracht werden. Umgekehrt ist zu sagen: Wer auch immer welche Glücksweisen erstrebt, er strebt doch immer *Glück* an. Da er aber bloß ein geistiges, charakterliches und physisches Wesen ist, hat er nur begrenzte Mittel, um Glück zu erlangen; also muss er die geistigen und leiblichen Mittel, die Fähigkeiten und Fähigkeiten kultivieren; er muss seine Sinne schärfen, seine Tugenden stärken, seinen Geschmack[3] kultivieren, seine inneren Widersprüche auflösen, seinen Leidenschaften eine Richtung geben, seine Geduld erproben usw., um sich zu all denjenigen Handlungs- und Empfindungsweisen zu kultivieren, die ihm das Glück eröffnen, was es auch sei.

Wenn das Ziel jedoch so schleierhaft ist wie das Glück, dann steht der Akteur, der sich mit Selbstsorge auf sich richtet und seine Anlagen kultivieren will, vor einem Problem. Er muss insuffiziente Mittel auf ein unbestimmtes Ziel hin koordinieren. Er muss also ein doppeltes Problem lösen. Wie kann er das tun?

In der Philosophie steht dasjenige Denken hoch im Kurs, das dazu befähigen kann, dieses Problem zu lösen, nämlich einerseits, indem man durch Denken erkennt, was das Wichtige im Leben ist, was also das Glück ist und welche Mittel es erstrebenswert macht, um es zu erreichen; zweitens aber kann man durch

---

[3]Ich verzichte hier darauf, die besondere Rolle des ästhetischen Sensus zu diskutieren. Der Sinn für ‚das Schöne' ist sicherlich Ziel jeder sinnlichen und auch kognitiven Kultivierung. Die Probleme des (für alle verbindlichen) Schönen sind ähnliche Probleme wie die des (für alle verbindlichen) Wahren und Guten. Ihre ideelle Einheit ist nicht nur dem Zerfall gewichen, sondern auch der Pluralität jedem einzelnen der drei Erhabenheiten.

Denken die richtige Mittelanwendung erkennen, also etwa erkennen, welcher charakterlicher Art ich sein muss, um stark genug zu sein, diejenigen Hindernisse zu überwinden, die mich vom Glück fernhalten, oder diejenigen Quellen trocken zu legen, die mich unglücklich machen.

Was immer das auch für ein Denken ist: Für denjenigen, der seine Anlagen kultiviert ist klar, dass er die Rationalität des eigenen Denkens so befähigen muss, dass er Irrtümern aus dem Weg gehen kann, besonders solchen, die ihm seines Glücks (oder der Vorbedingungen seines Glücks) berauben, sei es, weil die Irrtümer sein Denken fehlerhaft machen, sei es, weil sie ihn zu einem Handeln führen, das fehlerhaft bzw. falsch ist. Wendet man die Begriffe σωφροσύνη und φρόνησις auf das infrage stehende Problem an, so sieht man, dass beide Vortrefflichkeiten dazu befähigen sollen, das Denken zu optimieren und Handlungen zu leiten. Die φρόνησις optimiert das Denken, die σωφροσύνη macht die aus dem weitgehend optimierten und fehlerfreien Denken folgenden Handlungen besonnen. Das Denken leitet die Handlung im Sinne der σωφροσύνη. Ich denke, man wahrt den Aristotelischen Schematismus, wenn man sich σωφροσύνη und φρόνησις als aufeinander bezogen denkt. Derjenige, der besonnen sein will, stützt sein Denken durch richtiges Erinnern, er vermeidet Denkfehler, Vorurteile und ressentimentgeladene Verallgemeinerungen, er macht sinnvolle Pläne und er handelt ökonomisch mit den situativen und zeitlichen Ressourcen. Die eigenen Handlungen werden danach bestimmt, welche Verführungen sie meiden, welchen Schaden sie vermeiden und welche Güter sie anstreben, erreichen und realisieren. Es mag für den Menschen meist unmöglich sein, sein Denken und Handeln direkt auf das GUTE auszurichten, doch ist es ihm möglich, positive Güter anzustreben. Auch wenn das GUTE hinter einem epistemischen Schleier verborgen liegt, so wird doch sorgfältig erwogen, wie man diesen Schleier von ihm nimmt.

Allerdings liegt die bisherige Betonung noch zu sehr auf dem Denken, das einen rationalistischen Beiklang hat; es geht aber um besonnene Lebensführung insgesamt, um eine sinnvolle Verknüpfung von Denken und Handeln, Vernunft und Trefflichkeiten. Man muss befähigt werden gute und sinnvolle Urteile und Entscheidungen zu treffen. Doch das ist nicht so zu verstehen, dass diese ganz von Gefühlen, die unsere jeweiligen Sozialbeziehungen einfärben, abstrahiert wären. Gefühle berücksichtigen wir, wenn wir überlegen, und unsere Überlegungen und Entscheidungen werden bereits eingefärbt von Gefühlen vollzogen.

Die Frage ist dennoch, wann Urteile und Entscheidungen angemessen und richtig sind. Das ist angesichts der Komplexität der Situationen nicht immer leicht zu entscheiden. Die Philosophie spricht in diesem Fall von komplexitätsreduzierenden Prinzipien (vgl. Hare 1997, 91), die sich jemand für sein Urteilen und Entscheiden zu eigenen machen soll. Aber auch für Prinzipien entscheidet man sich. Und alle Prinzipien und Urteile müssen (wie Tugenden auf Werte) auf Kriterien bezogen werden, die das Denken zu einem richtigen und angemessenen machen und unsere Urteile wenigstens grob orientieren. Auch für Gefühle muss es einen Referenten geben, nämlich die Angemessenheit von Gefühlen im jeweiligen Kontext.

All dies ist zu komplex, um ein alleiniges Prinzip des richtigen Denkens, Überlegens, Urteilens und Handelns zu konstatieren. Das Denken ist gut beraten, wenn man danach strebt, Sachverhalte richtig bzw. wahrheitsgemäß aufzufassen und Irrtümer zu vermeiden. Aber man kann dennoch darin irren, wenn man richtige Prinzipien des Vermeidens von Irrtümern angeben muss, oder wenn es darum geht, zu definieren, was ein Irrtum ist. Auch das Denken, das, in angemessener Berücksichtigung dessen, was man will und fühlt, sich ja auf besonnenes Urteilen und Handeln beziehen soll, kann nur zu einem gewissen Grad durch Reflexion von seinen eigenen Fehlern und Vorurteilen gereinigt werden. Schon für diesen Prozess bedarf es einer bestimmten charakterlichen Ausdauer.

Wir haben es also, wenn man Denken, Urteilen, Fühlen, Wollen und praktisches Entscheiden betrachtet, mit einem System zu tun, das wir letztlich selbst im Ganzen sind. Es wäre nun zu einfach gesagt, alle diese personalen Facetten sollten in eine angemessene Harmonie gebracht werden – denn wir müssen den Sinn auch dieser Angemessenheit erst erforschen. Das heißt, wir sind dazu gezwungen, Philosophen zu sein, überdies solche, die sich mit uns selbst als komplexe Wesen herumschlagen. Für die Unternehmung der Kultivierung schafft dies beträchtliche Hürden.

Ist das System von Wollen, Denken, Urteilen und Entscheiden so beschaffen, dass alle Elemente aufeinander einwirken, und geht es darum, Handlungen so auszuführen, dass man erreichen kann, was man erreichen will, insbesondere eben die Güter, die man begehrt, und von diesen vor allem diejenigen Güter, die die Richtung zum GUTEN und zum Glück weisen, so dürfte der Ausgangspunkt aller besonnenen Überlegung darin liegen, sich zu vergegenwärtigen, was eigentlich gut ist und ob man das GUTE tatsächlich will bzw. wollen soll. Diese Art der Normativität, eben das Sollen des besseren Wollens, ist eines, was auch andere einem auferlegen. Die Gesellschaft sagt, dass man den Normen folgen wollen soll. Sie sagt auch, dass man Güter anstreben wollen soll. Über die persönliche Befähigung dazu sagt sie zwar nichts, doch in der Tat haben Akteure durch ihre Erziehung, durch ihre Sozialisation und durch ihr moralisches Lernen meist schon ein generalisiertes Verständnis dessen, was gut und was schlecht ist und was sie tun müssen, um gut zu sein. Man bekommt zumindest gesagt, was andere für gut und für schlecht halten und was demnach getan werden muss, um richtig und angemessen zu handeln. Vielen Menschen geht es jedoch so, dass sie sich die Forderungen der anderen zwar zu eigen machen, dabei aber selbst nicht genügend wissen, was sie selbst wollen. Die Selbstsorge bezieht sich nun auch auf diese Überlegung. Ein Akteur sollte im Grunde genommen immer über das, was er eigentlich will, klar informiert sein – und wir wissen, dass diese Erforschung des eigenen Wollens nicht immer deutlich und fehlerfrei ist um letztlich zu dem Wollen zu führen, das man eigentlich will (vgl. zu diesen Problemen Stemmer, in: Steinfath 1998, 61 ff.). Denn auch hier kommt es darauf an, das eigene Wollen sinnvoll mit dem Wollen der anderen zu verbinden. Ist man nämlich auf die Güter oder weitgehend auf das GUTE bezogen (oder auf die Quellen des Glücks), so wird schnell deutlich, dass es die Gesellschaft ist, die diese Güter bereitstellt – und auch das Verständnis des GUTEN. So sind das GUTE und das Glück meist nicht privativ. Und dennoch müssen beide letztlich mein eigenes GUTES und mein eigenes Glück sein.

Das ist der Grund, warum es kein Rezept für das Glück des Einzelnen geben kann und warum man nur grosso modo angeben kann, was für einen anderen das Beste ist. Doch kann jeder den hypothetischen Imperativ übernehmen, seine Anlagen so zu kultivieren und seine Selbstsorge so zu betreiben, dass er sich zum GUTEN und zum Glück *befähigt*.

Ich möchte im Folgenden kurz mit Bezug auf das Denken und auf die praktische Besonnenheit zeigen, wie sich jemand befähigen kann, die Dinge klarer zu sehen und die Voraussetzungen dafür zu schaffen, sich wenigstens auf das für ihn GUTE hin zu orientieren und seine Handlungen so zu gestalten, dass er die Wahrscheinlichkeit, ein gutes Leben führen zu können, erhöhen kann.

Was das Denken und das richtige Entscheiden betrifft, so hängen beide sicherlich einfach am Wissen, das jemand erreichen kann. Wissen ist hier einfach als Kenntnis über Sachverhalte zu verstehen. Wer viel weiß, kann viel in Erwägung ziehen; wer ein adäquates Modell von der Welt hat, kann in ihr besser agieren. Aber Wissen ist statisch; es kommt auch darauf an, eine sinnvolle Informationsverarbeitung zu leisten. Man muss sein Denken von kognitiven Fehlern, von Vorurteilen und von stereotypen Verallgemeinerungen befreien. Stereotype helfen zwar die Komplexität der Welt zu reduzieren; sie sind sinnvoll in dem Maße, wie sie uns zum Denken und zum Erkennen befähigen. Aber sie sind dann schädlich, wenn sie von einer Reflexion und Prüfung des infrage stehenden Sachverhaltes abhalten oder wenn Verallgemeinerungen so auf die Welt bezogen werden, dass ihre Komplexität und Veränderlichkeit unterschlagen wird. Selbstkritik (und eine entsprechende Erzeugung von sinnvollen Kriterien dieser Kritik) hilft, sich stets aus dem zu befreien, was man die Veranlagung zu Fehlern nennen könnte, denn falsche Vorstellungen führen in der Tat zu praktischen Fehlern. Zu diesem Feld gehört, dass man falsche Schlüsse und Generalisierungen meidet, besonders solche, die mit Fehlurteilen über andere einhergehen. Wir sehen seit geraumer Zeit, dass und wie viele Menschen sich vom Hass gegen andere leiten lassen, und zwar von einem solchen Hass, der auf Verallgemeinerungen beruht. Rassismus, Xenophobie und Homophobie sind gravierende Beispiele für das, was eine begrenzte Weltsicht in Verbindung mit Ressentiments und Menschenfeindlichkeit anrichten kann. Zu den kognitiven Vorbedingungen dieser negativen und handlungsleitenden Einstellungen gehören Stereotype als informationsarme Verallgemeinerungen.

Ist es möglich, ein klares Denken dem Urteilen zugrunde zu legen, dann muss auch das Urteilen korrekt sein. Ein Urteil ist immer eine kognitive Entscheidung; und eine Entscheidung ist immer ein praktisches Urteil. Durch den Entscheidungscharakter ist das Urteilen anfällig für Fehler. Um Urteilen zu können bedarf es Wissen und einer sinnvollen Reflexion. Immer aber gibt es die Gefahr, dass das Urteil dennoch falsch ausfällt. Das ist nicht weiter tragisch, da jeder irren kann. Entschuldbar sind aber nur diejenigen falschen Urteile, die auf optimalen oder mindestens günstigen Überlegungsvorgängen beruhen und die durch die Umstände desavouiert werden. Dasselbe gilt für Handlungen, die überlegt waren und die die Umstände vereitelten oder in ihren Wirkungen schlecht machten. Die zum Urteilen nötige Reflexion hat ebenfalls ein Problem, nämlich das, wann man die Reflexion beenden sollte. Um zu wissen, welche Handlung ich ausführen soll, kann die Reflexion nicht ins Unendliche fortschreiten; man würde nie (oder einer dauerhaften Reflexion nur nebenher) handeln. Als Stopp-Kriterium können solche Reflexionsmomente gelten, die zu als gemeinhin schlecht geltenden Handlungen führen. Wer schon ernsthaft überlegt, wie er am besten einen Mord ausführen kann, sollte dies als Signal wahrnehmen, das Nachsinnen an diesem Punkt zu beenden. Um das aber zu können muss er imstande sein, Alternativen zur geplanten Überlegung bzw. Handlung zu bedenken.[4]

Ist das Denken klar und von Vorurteilen und Fehlern purifiziert, und ist das Urteilen (nach Kriterien) richtig erwogen, so folgt das Entscheiden, und zwar ebenfalls nach Kriterien bzw. Werten. Meist lässt sich unser Entscheiden und Handeln schon extern leiten; schließlich geben Regeln, Konventionen und Normen

---

[4]Oft wirkt die Verführung durch das Einfache. Nicht das Böse verführt, sondern einfache Gelegenheiten, wie etwa viel Geld durch einen simplen Betrug zu erhalten. Eine schlechte oder kriminelle Tat ist viel einfacher zu begehen, wenn ihr keine Hindernisse oder keine Selbstdisziplin im Wege stehen. Möglicherweise könnte eine tiefere Analyse von Handlungsmotiven oder anthropologischen Konstitutiva zeigen, dass Menschen nicht das Gute, sondern das Einfache anstreben und daher den Verführungen schlechter Handlungen erliegen.

Handlungsmuster vor. Handlungsmuster erleichtern und optimieren (wie Denkmuster das Denken) unsere Praxis – aber das heißt nicht, dass damit schon ein angemessenes oder gutes Handeln vorgegeben ist. Es ist häufig sogar der Fall, dass die anderen schlecht bzw. falsch handeln und dass der Einzelne dann auf sich in seiner Entscheidung, wie er handeln soll, zurückgeworfen ist. Das ist sogar eigentlich immer der Fall, nicht nur in besonderen Momenten einsamer Entscheidung. Denn wir vollziehen die meisten Handlungen zwar in vorgegebenen Handlungsmustern, aber mit jedem Vollzug stimmen wir doch frei darin ein, es zu tun. Wer jeden Morgen früh aufsteht folgt zwar einem Handlungsmuster, das ihn befähigt, andere Ziele zu erreichen, besonders solche, die mit seiner Lebens- und Arbeitsweise verbunden sind, aber er handelt doch nach einem gesellschaftlich vorgegebenen Muster und zwar in autonomer Einstimmung in dieses Muster (‚Frühaufsteher'). In den Fällen, in denen sich jemand mit der üblichen Handlungsweise entzweit oder sich ihr entfremdet fühlt, wird ihm seine eigene Freiheit und damit die Mitschuld am konventionellen Vollzug deutlich.

Muster geben auch vor, was jemand denkt, fühlt, meint, will usw. Menschliches Dasein ist niemals frei von solchen Mustern, die leiten, vereinfachen, optimieren und mir selbst und allen anderen kommunikativ vermitteln, was gerade Sache ist. Sachverhalte werden oft nicht durch ihre Singularität, sondern gerade durch ihre Musterhaftigkeit deutlich. Wer ein Candle-Light-Dinner für romantisch, Lack & Leder für erotisch, einen Urlaub auf den Balearen für innovativ hält, der mag seinen eigenen Geschmack gefunden haben, dennoch übernimmt er gesellschaftlich bereitgestellte Muster und Interaktionsformen. Wie auch immer er sich entscheidet, ob er in die praktischen Muster einstimmt oder sich ihnen entzieht und sich individualisiert (dies kann bis zur Sozialform des Aussteigertums reichen), er wägt mehr oder weniger bewusst diese Sozialformen und Lebensweisen ab, er schätzt ein, ob er glücklich oder unglücklich in ihnen wird.

Wie auch immer er sich entscheidet, eines muss er bedenken: die Zeit. Für alle Praktiken und daher auch für das entsprechende Können ist der Zug irgendwann abgefahren. Nicht nur dass er sterblich, sondern auch dass er endlich ist und dass jeder Augenblick vergeht und sich das Konto der gelebten Zeit füllt muss der Mensch wissen, wenn er sich langfristig auf sein Glück hin ausrichten will. Denn jedem Moment wohnt eine spezifische Glücksmöglichkeit inne, der Kindheit eine andere als dem Erwachsenensein, dem Jungsein andere als dem Altsein. Die Zeit vergeht, der Augenblick ist nicht wiederholbar – dies schlägt auf die ganze Ökonomie des Überlegens, Urteilens, Entscheidens und Handelns durch. Man kann nur einmal entscheiden und jede revisionierende Entscheidung ist eine einmalige Entscheidung, die einen Zeitpunkt belegt und ihn für andere Entscheidungen unmöglich macht. Und wer lange überlegt, wie er handeln soll, handelt zwar auch in dieser Zeitspanne, doch besetzt er sie auch mit seiner Überlegung. Das bedeutet, dass es gute Gründe dafür geben kann, spontan zu sein, sich manchmal auch mehr oder minder unbesonnen in einen Augenblick zu stürzen. Gegen die daraus erwachsenen Gefahren hilft nur eine auf Prinzipien und Vorsicht gestützte Rahmenbesonnenheit. Deren Architektur zu errichten erfordert allerdings die schwierigen Überlegungen, auf die ich oben schon hinwies.

Handelt man, so kann man nach ökonomischen Grundsätzen verfahren, man kann seine Handlungen optimieren, aber es wäre falsch, dies zwanghaft zu tun. Denn jede Handlungsökonomie und jedes Optimieren von Handlungen kann dazu führen, den gegenteiligen Effekt zu erreichen. Denn wer über die Voraussetzungen optimalen Handelns deliberiert, der kann diese Zeit schon für das angestrebte Optimum vergessen. Außerdem ist es nicht immer und nicht generell irrational, einmal nicht optimal oder nach nicht-ökonomischen Prinzipien zu handeln. Die Freude der Spontaneität, des Risikos, des Nichtplanbaren etc. müssen ebenso in die Rechnung eingehen; das Leben ist oft nur deshalb schön, weil wir das *Carpe diem* pflegen und das zulassen, was Hölderlin im *Hyperion* „Tatenwonne" nennt. (Man sollte lernen, jeden Augenblick zu genießen, ihn auszuschöpfen – und ihn gehen zu lassen.) Es wäre also verfehlt zu sagen, dass Denken, Urteilen, Entscheiden und Handeln streng ökonomisch verfahren. Doch verfahren sie so, dass sie sich auf das, was gut oder nützlich ist, beziehen. Um die Güter des Handelns zu erreichen, sollten daher Pläne widerspruchsfrei entworfen und Handlungen sinnvoll, widerspruchsfrei und optimal geführt werden, ohne dem Optimierungsdiktat zu verfallen. Angefangenes zu Ende zu führen und zu Entscheidungen zu stehen ergänzen die praktischen Imperative. Beim Handeln geht es auch darum, die Handlungsfähigkeit zu bewahren; geistige und körperliche Gesundheit sind dafür essenziell, aber eben auch der intakte Antrieb zum Handeln. Ein Akteur sollte also seine Tendenz zur Faulheit reflektieren und ihr entgegen treten.

Dies alles lässt sich auf die Tugenden der σωφροσύνη und der φρόνησις beziehen, die nicht getrennt gedacht oder kultiviert werden können. Denn Denken, Urteilen, Entscheiden und Handeln sind eng miteinander verknüpft; und die Besonnenheit ist eine Tugend, die sich auf sie alle bezieht. Nicht nur die charakterlichen Tugenden werden durch die σωφροσύνη geleitet, sondern auch das Denken und Urteilen, eben weil beide entgleiten und maßlos werden können. Wenn also jemand handelt, dann erwägt er Nutzen und Nachteil, die Pfade des Guten und des Schlechten und inwieweit konkurrierende Handlungsmöglichkeiten ihm dem angestrebten Glück näher bringen. Er wird sein Handeln den Handlungs- und Interaktionsmustern der Gesellschaft anpassen insoweit diese seine eigenen Handlungen und Ziele tragen. Dass ein Akteur den Normen und Regeln folgt und gerechte Gesetze befolgt, mag daher kommen, weil dies für ihn entweder von

Nutzen ist, oder weil er durch sein praktisches Denken zur Erkenntnis gekommen ist, dass sie geeignete und an sich gute Instrumente des gemeinschaftlichen Handelns sind. Dies gehört zwar der Heteronomie an, aber die Seite der Autonomie ist, dass ein Akteur stets selbst entscheiden muss, inwieweit er diese Heteronomie akzeptiert. Das gesellschaftliche Normensystem ist so angelegt, dass es wenig anspruchsvoll ist; jeder muss gehorchen und jeder kann gehorchen, und zwar im Sinne eines moralischen und normkonformen Opportunismus. Keiner muss ein persönliches Risiko eingehen. Das ändert sich, wenn Normensysteme kollabieren oder zu Totalitarismen werden; spätestens in diesen Fällen zeigt sich, wer auch eine eigene Moralität entwickelt hat, um anderen beizustehen.

Moralität besteht immer aus echten moralischen Fähigkeiten und Fertigkeiten, etwa die Kompetenz des selbstlosen Mitleidens oder des Mitfreuens. Auch Tugenden gehören zur Moralität insofern sie sie effektiv konstituieren. Ebenso das Wertbewusstsein, das beim Akteur vorhanden sein muss, weil sich Tugenden auf Werte beziehen (vgl. Halbig 2013, 190, 196, 240 und passim). Es gäbe keine Tugend der Ehrlichkeit, wenn Ehrlichkeit kein Wert wäre, dem man gerecht werden oder den man verfehlen könnte. Ein Akteur mit hinreichendem Wertebewusstsein hat schon Selbstsorge getragen für dieses Bewusstsein und sich in Hinsicht auf einen Sensus für Werte kultiviert. Diese sind jedoch ebenfalls nicht privativ; was wertvoll ist bestimmen zwar Einzelne, aber die Gesellschaft hat schon anerkannte Werte und Güter formuliert (als solche, die man wollen soll).

Ich möchte im Folgenden moralische Tugenden dahin gehend betrachten, dass es für einen Akteur immer darum geht, die selbstnützlichen und die fremdnützlichen Tugenden zu kultivieren und dass Kultivierung hier abermals bedeutet, seine Laster, Mängel und Defizite zu beseitigen und seine Stärken und Fähigkeiten zu befördern. Die Frage ist nun, welcher Kultivierung man den Vorrang gibt. Soll mehr in die Behebung von Defiziten und Lastern oder mehr in die Ausbildung von Tugenden investiert werden? Analog kann man auch bzgl. des Vermeidens von Schäden und des Erstrebens von Guten fragen, worin man mehr Kraft und Aufmerksamkeit investiert. Wer Φ mit einer bestimmten Kraft anstrebt richtet nicht ebenso viel Kraft auf die Vermeidung von non-Φ. Das gilt sowohl für den Fall, wo das Erreichen von Φ non-Φ minimiert, als auch für den Fall, wo beide unabhängige Größen sind. Wie sähe ein Lebewesen aus, dass Φ anstrebte, indem es denselben Grad von Vermeidungskraft auch non-Φ widmete? Der Leser kann einmal selbst darüber nachdenken, doch meine ich: Wer seine Defizite minimieren und seine Fähigkeiten ausbauen will, der muss in beide Größen unterschiedliche Mühen investieren. In dem Fall, in dem die Defizite es unmöglich machen, dass es überhaupt zu Fähigkeiten kommt, hat selbstverständlich die Eliminierung dieser Defizite Priorität.

Aristoteles hat die ethischen Laster und Tugenden allerdings so beschrieben, dass das Erreichen der μεσότης der entsprechenden Vortrefflichkeit die beiden ihr korrespondierenden schlechten Extreme eliminiert bzw. präveniert. Das heißt, hier ist in der Tat das auf die entsprechende Tugend gerichtete Streben geeignet, den Lastern vorzubeugen; wenn man die Tugend erreicht, dann ist man gegenüber den Lastern resistent. Doch dürfte es auch innerhalb von Aristoteles' Mesotechnik so sein, dass man seine Kraft nur in die Kultivierung und nicht zugleich gleichermaßen in die Prävention der Laster investiert. Wer sich trainiert, Verschwendung oder Geiz zu präventieren, wird noch keinen positiven Begriff und keine Praxis von Freigebigkeit erreichen. Zwar liefert der Begriff der ἀρετή auch einen Begriff des entsprechenden κακός, aber was die Kultivierung der ἀρετή betrifft, so kann sie nicht allein auf einer Dekultivierung des entsprechenden κακός beruhen. Andererseits sprechen wir bei der Selbstkultivierung davon, dass Grenzen überwunden und Defizite ausgeglichen werden; der entsprechenden Kultivierung kommt also ein gewisser Stellenwert zu.

Was nun die Kultivierung von Fähigkeiten und Fertigkeiten betrifft, so ist es immer eine Spezialisierung, und jede Spezialisierung zieht eine wesentliche Verarmung in anderen Bereichen nach sich. So kann es sein, dass jemand bestimmte Tugenden ausbildet, aber dadurch unfähig wird, andere Tugenden zu entwickeln. Wir sind Wesen, die uns verbessern können; zugleich können wir nicht perfekt werden und Spezialisierung ist der Preis der Verbesserung. Das wird besonders deutlich bei der Fähigkeit des intelligenten Planens und Urteilens; jede Intelligenz hat ihre Kehrseite, nämlich Dummheit und, in gewisser Weise ihre aktivische Form: die Borniertheit. Jedes intelligente System hat seine Beschränkungen und das muss dem Akteur bewusst sein. Überwindet er seine Dummheiten und Borniertheiten, so ist es mit Sicherheit so, dass er an anderer Stelle begrenzt bleibt. Besonders die Borniertheit als epistemische Haltung stellt eine Verführung dar: Wir errichten diese Grenze unseres Interesses und unserer Intelligenz, um vor Neuem und Widersprüchlichem geschützt zu sein. Das kann auch die Selbsterforschung betreffen, denn nirgends errichten wir so selbstverständlich und so gerne Barrieren, wo es um die Reflexion unserer selbst geht. Jenes prominente γνῶθι σεαυτόν gibt zwar imperativisch eine Selbstreflexion vor, es ist aber kriterienlos und lässt uns im Stich dahin gehend, wann diese legitimerweise zu einem Ende kommt (also nicht für eine bloße Borniertheit gilt).[5] Dasselbe gilt für die Charaktertugenden; auch

---

[5]Als erste Pflicht gegen sich selbst als „moralische Selbsterkenntnis" (Kant 1990, 327) ist sie selbstverständlich unmöglich. Selbsterkenntnis kann nur im eigenen Selbstinteresse sein, das man schon haben muss (oder erwerben kann), für das es aber keine Pflicht geben kann. Selbsterkenntnis kann nur empfohlen werden.

ihre Stärkung und Kultivierung geht mit einer Verarmung anderer Kompetenzen einher. Dies gilt selbst noch für die Königstugenden der Gerechtigkeit, Mäßigung, Tapferkeit und Klugheit.

Das heißt, mit einem gewissen Anteil von Begrenzungen, Defiziten, Schwächen und Lastern muss jeder Mensch leben. Und andere müssen diese Mängel ertragen. Das muss berücksichtigt werden in der folgenden Diskussion über die Kultivierung der Tugenden, die jemand leistet, der selbstsorgend sich in die Lage bringen will, gute Einstellungen zu haben und gute Handlungen zu vollziehen, um sich in den Stand eines guten und glücklichen Lebens zu versetzen.

Voraussetzung für die Ausbildung ethischer, besonders fremdnütziger Tugenden ist ein Sensus dafür, was andere benötigen, welche Sozialformen lebenswert sind und wie man die prosozialen Handlungen mit den eigenen Bedürfnissen und Interessen verbindet. Das ist klar, denn auch Tugenden bzw. das, was sie verlangen, ist gesellschaftlich vorgeprägt. Tugenden sind Muster bzw. Erfordernisse der anderen, schwach normativ, weil es dem Einzelnen überlassen ist, welche Tugenden er in welchem Grad ausbildet. Er reflektiert über seine Vermögen und kultiviert diejenigen Tugenden, die ihm am geeignetsten erscheinen, einerseits ‚mit sich befreundet‘, andererseits gegenüber anderen gut und nützlich zu sein. Und gerade im letzteren Fall zeigt sich, dass auch Tugenden gesellschaftlich präfiguriert sind und dass eine Trefflichkeit, die jemand erreichen kann, etwas ist, was letztlich nur ein Muster darstellt.

Das wird auch mit Blick auf die Geschichte der Tugenden und der verschiedenen Tugendbegriffe deutlich. In den heroischen Gesellschaften und besonders in Hinblick auf die Tugenden des Regenten werden musterhaft Eigenschaften und Verhaltensweisen kodifiziert, die Tugenden sind. Eine prominente Herrschertugend ist die von Seneca formulierte *clementia* als „Mäßigkeit der Leidenschaft in der Macht, sich zu rächen" (Seneca 2010, 77). Sogar Machiavelli rät den Renaissance-Fürsten zu prudenzia e umanita, und sei es auch nur im eigenen Interesse. Das hohe Mittelalter kannte spezifische Herrschertugenden und ritterliche Tugenden (*staete, mout, maze, triuwe* usw.), um ein höfisches Verhaltenssystem auszubilden und sich gegenüber anderen gesellschaftlichen Gruppen abzugrenzen. Die bürgerlichen Tugenden (Sparsamkeit, Ehrlichkeit etc.) sind weniger wertbezogen, sondern funktional; die soldatischen (bisweilen auch die gladiatorischen) Tugen-

den (Mut, Kampfbereitschaft, List, Siegeswille, Gehorsam, Ehre[6] etc.) sind wertbezogen und funktional.[7] MacIntyre hat zu Recht auf die kulturelle und
funktionale Umgebung von Tugenden hingewiesen. Sie sind immer beides: Funktional, indem sie soziale Interaktion ermöglichen, und wertbezogen, indem sie auf
das referieren, was die soziale Funktion wertvoll macht. So beziehen sich Tugenden der selbstlosen Sorge auf die Freundschaft und auf karitative Beziehungen.
Das heißt, selbst wenn man den Sinn von Tugenden als *Korrektive* von Lastern,
Mängeln und Insuffizienzen beschreibt (vgl. Foot 1997, 116, 120), so finden sich
doch primär positive Werte, denen sie dienen. In dieser Doppelfunktion müssen
Tugenden verstanden werden.

Selbstverständlich ist auch die Differenzierung in Primär- und Sekundärtu-
genden und die Herausbildung höchster Tugenden nicht nur historisch und systematisch, sondern auch vor dem Hintergrund sozialer Rahmenbedingungen zu
sehen. So ist die höchste Tugend wohl die Gerechtigkeit, sie kann es aber nur
sein, weil Tugenden ein System bilden, in dem sekundäre sich auf primäre Tugenden beziehen. Die Stufenwertigkeit der Tugenden ist dadurch vorgegeben und die
Gerechtigkeit erscheint als höchste Tugend, weil sie die optimalste fremd- und
eigennützige Funktionalität aufweist. Weil Tugenden auch unabhängig von den
mit ihnen korrespondierenden Lastern in einem systematischen Verhältnis zueinander stehen, gibt es Unterschiede in ihrer Wertigkeit sowie selbstverständlich
funktionale Klassen von Tugenden. Und diese hierarchische Systematizität wird
dadurch hervorgerufen, weil die werthaften und funktionalen Sozialpraktiken hie-
rarchisch organisiert sind. Das wird deutlich bei den Auxiliar-Tugenden: Auxiliar-
Tugenden unterstützen Primärtugenden, besonders die moralischen Tugenden.
Beispielsweise unterstützt die Hilfstugend der Beständigkeit die Ausübung der
Gerechtigkeit. Auxiliar-Tugenden unterstützen aber auch bestimme gesellschaftlich geforderte Handlungsmuster, Verhaltensweisen und Sozialbeziehungen.
Der Fleiß, den jemand bei seiner Arbeit aufbietet, ist eben eine auf diese Arbeit

---

[6]In der säkularen Moderne ist der Ehrebegriff durch den Würdebegriff weitgehend substi-
tuiert; Tugenden sind also auf den Wert bezogen, der die Würde eines Menschen (bzw. die
entsprechende Wertzuschreibung) konstituiert.

[7]Das gilt auch für geschlechterbezogene Tugenden, da Geschlechtlichkeit normativ und
funktional belegt ist. Geschlechtlichkeit wird bedeutsam in der Interaktion der Geschlech-
ter, und die ‚Tugenden des Mannes' und die ‚Tugenden der Frau' entsprechen Erwartungen
in geschlechts-a-neutralen Zusammenhängen. Zugleich wirken hier die Tugenden auch rol-
lenfixierend. Hier, wie auch bei den Tugenden, die milieuspezifisch sind, führen Tugenden
zu einer Verfestigung jener Lebensweisen und Sozialpraktiken, zu deren Schutz und Funktionalität sie dienen.

bezogene Tugend. Auch die φρόνησις ist letztliche nur eine Hilfstugend, bezogen auf das Vermögen des Verstandes.

Da aber klar ist, dass Menschen unvollkommene, fehlbare und verführbare Wesen sind, und da auch klar ist, dass Tugenden und charakterliche Stärken nicht vom Himmel fallen, hat Aristoteles die Bedeutung der Übung und der Verstetigung von Fertigkeiten und Fähigkeiten zur ἕξις betont. Wie ein Muskel übt sich die Tugend. Doch woran sie sich übt ist der Wert, dem sie dienen soll, und zwar der positive Wert, nicht der Vermeidungswert, der in der Abwehr eines Lasters besteht. Dabei ist es sinnvoll, dass jemand, der sich selbstsorgend auf seine aretische Befähigung bezieht, von den schlechtesten Voraussetzungen ausgeht: Ist er vergesslich, so wird er sein Gedächtnis trainieren; ist er leicht reizbar, so wird er trainieren, geduldiger zu sein; lügt er bereitwillig, so wird er sich zügeln und die Tugend der Wahrhaftigkeit erlernen müssen. Doch von allen Lastern, die er hat, geht er von dem schlechtesten aus, um es zu überwinden.[8]

Um Tugenden, insbesondere fremdnützige Tugenden auszubilden, bedarf es oft einer klösterlichen Disziplin, um stark genug zu sein, alle Anforderungen und dem stetigen Wachstum seines guten Charakters zu genügen. Ein charakterlich wohlgeformter, glücklicher Mensch mit Antrieb, anderen ebenfalls Freude zu bereiten sowie sich selbstlos an ihren Freuden zu erfreuen ist sicher das, was einer Gesellschaft am meisten nützt. Eine Gesellschaft gedeiht entweder durch glückliche Bürger, die gegeneinander wohlgesinnt sind; oder sie besteht aus schlechten, aber gehemmten Menschen, die ihre Schlechtigkeit nicht zum Schaden anderer ausführen können. Nur eine Gesellschaft im ersteren Sinne halten wir für eine gute und in sich wertvolle, weil lebenswerte Gesellschaft. Ein Mensch, der einen starken und besonnenen Charakter und die Tugenden der Empathie und der selbstlosen Mitfreude[9] ausgebildet hat, der gerecht ist und andere in ihrem Gutsein befördert, ist das Ideal des guten Menschen. Aber seine Konstitution ist dennoch nicht die Garantie auf sein Glück. Für das Erreichen des Glücks bei einer entsprechenden guten Ausgangsposition sind auch die Umstände wichtig, die sich gesellschaftlich verändern und die auch ganz prekär sein können und somit das Glück des Einzelnen unmöglich machen. Denn man erinnere sich

---

[8]Denn möglicherweise zieht das größte Laster zuerst alle Tugenden hinab. Nach einer Art ‚Minimumgesetz‘ könnte es so sein, dass das größte Laster oder der gravierendste Mangel die Ausbildung entsprechender Tugenden hemmt.

[9]Mitleid und Mitfreude haben unterschiedliche Ökonomien, die hier nicht behandelt werden können – aber ein kultivierter Mensch ist zu beidem fähig. Selbstlose Mitfreude ist schwieriger zu entwickeln als selbstloses Mitleid. Erstere ist Ausgangspunkt für die hohen Ansprüche der Feindesliebe.

daran, dass die Ressourcen des Glücks gesellschaftlich zur Verfügung gestellt werden.

Wenn schon nicht zwangsläufig das Glück für den guten Menschen möglich ist, so besteht doch Einigkeit darin, dass ein guter und tugendhafter Mensch diejenigen Sozialbeziehungen am besten genießt, zu dessen Genuss seine Tugenden befähigen. So kann ein guter Mensch in Freundschaft und Partnerschaft das essenzielle Glück, das in diesen Beziehungen liegt, erfahren. Die fremdnützigen Tugenden wirken zurück zum Akteur, der sie besitzt, und sie befähigen ihn, diejenigen Sozialbeziehungen zu führen, die essenziell für das menschliche Leben sind.[10]

Zum Schluss sei noch untersucht, inwieweit der tugendhafte Mensch, wenn er auch das vollkommene Glück nicht erreichen kann, mit den Wechselfällen des Lebens umgeht. Es geht bei Tugenden und den kultivierten Verstandesfähigkeiten nicht nur darum, eine adäquate Haltung gegenüber dem Leben und seinem (möglichen) Sinn einzunehmen, sondern auch mit Schicksalsschlägen, mit der Endlichkeit und schließlich mit dem unausweichlichen Tod umzugehen. Wie helfen die Tugenden diese Herausforderungen zu bestehen?

Zunächst sollte man eine Begrifflichkeit aufklären. Dem guten Leben steht das schlechte Leben gegenüber, das niemand zu führen beabsichtigt und das rational keiner führen wollen kann. Ein schlechtes Leben kann darin bestehen, an den Freuden des Lebens nicht teilhaftig zu werden, sei es durch natürliche Mängel, sei es durch Mittel, die die Gesellschaft bereitstellt. Einschlägig sind hierfür soziale Nachteile und Strafen, eben jene Mittel der Heteronomie. So stellen Strafverfolgung und soziale und berufliche Nachteile bewusste Mittel dar, um jemanden bestimmter Güter des Lebens und somit auch zu einem gewissen Grad der Güte des Lebens zu berauben. (Daneben können Krankheit, Gebrechlichkeit,

---

[10]An Definitionen von Tugend herrscht kein Mangel, dennoch sollten die abschnittsweisen Überlegungen zu Tugenden in einer Bestimmung festgehalten werden: *Eine Tugend ist eine feste, durch Übung und Kultivierung ausgebildete Haltung, durch die es ihr Träger vermag, Laster zu präventieren und positive Ziele zu erreichen, und zwar sowohl seine eigenen Ziele als auch die anderer. Mit der Herausbildung einer Tugend als Fähigkeit und Fertigkeit geht zwar eine Verarmung an anderen Fähigkeiten einher, dennoch befähigt die Tugend ihren Träger zu instrumentellen Erfolgen. Seine Tugenden haben zudem einen Eigenwert und nobilitieren ihn. Der spezifische Inhalt sowie die Sollensdimension der betreffenden Tugend liegen außerhalb ihrer Definition und entstammen den Anforderungen der Gesellschaft, in der der Tugendhafte lebt. Der Strukturzusammenhang der Kardinaltugenden ist so beschaffen, dass die einzelne Kardinaltugend nur ausgebildet werden kann, wenn auch die anderen weitgehend vervollkommnet werden.*

Armut, Isolation und vieles mehr das Leben schlecht machen.) Neben dem guten und dem schlechten Leben gibt es jedoch auch, und dies ist der Normalfall, das gemischte Leben; ein solches Leben kennt gute und schlechte Zustände und letztlich sind die Befähigung zu Tugenden und die Möglichkeit von Lastern der Tatsache des gemischten Lebens geschuldet. Die Frage, die sich jedem Menschen stellt ist, wie er die guten Dinge des Lebens genießen kann, aber auch, wie er mit den schlechten Dingen des Lebens umgeht. Genießen kann er sie nicht; in der Tendenz meidet er schlechte Dinge und Zustände, doch unweigerlich wird er durch sie berührt – er ist ein für Schicksalsschläge anfälliges, endliches und sterbliches Wesen. Und auch die Tatsache, dass ein Mensch an Sozialbeziehungen teilhat, impliziert, dass diese Sozialbeziehungen schlecht sein oder zerfallen können. Für diese Fälle muss er über Tugenden bzw. über eine weitgehend kultivierte Konstitution verfügen, um das Gute zu genießen und das Schlechte abzuwehren oder auszuhalten.

Ein starker Charakter, jemand, der sich selbst liebt, jedoch nicht zu sehr, und der auch andere liebt, wird Krisen überwinden. Man kann sich zwar nicht an eigenen Unglücken und Krisen erfreuen, zu einem realistischen Leben gehört jedoch, die Schrecken solcher Unglücke und Krisen zu verspüren und zu meistern. Im Unterschied zur Stoa, die über ihre einzelnen historischen Ausprägungen hinweg doch den ataraktischen (oder in Hinblick auf die stoische Seelenlehre: ausgeglichenen) Charakter präferiert, vermag derjenige, der seine Fähigkeiten und Fertigkeiten kultiviert hat, auch noch aus dem schlimmsten Übel etwas Positives zu gewinnen oder im Guten ein Trost für das ihm an anderer Stelle widerfahrene Übel zu sehen. Im Unterschied zum ataraktischen Charakter bezieht sich der kultivierte Mensch auch mit positiver Leidenschaft auf die Welt; dies befähigt ihn, Gutes und Schlechtes in seiner Tiefe wahrzunehmen. Nur wer das Gute zu genießen vermag, der wird dem Schlechten auch etwas Gutes abgewinnen, trotz intrinsischer Schlechtigkeit des Schlechten (denn das Schlechte ist dadurch definiert, dass man es meidet).

Im Ganzen ist es sinnvoll und zweckhaft, ein Mensch zu werden, der geistig klarsichtig und emotional kultiviert ist, der also in einem breiten Spektrum empfinden kann, Liebe und Hass, Unangenehmes und Angenehmes, ja der sogar Langeweile empfindet, denn auch sie ist ein Sensus für eine spezifische Facette des Lebens. Bittere Schicksalsschläge können zwar niemals süß werden; das Gute und der Nutzen, die man aus ihnen zieht, sind immer relativ und immer geringer als jene reinen Güter, die man anstrebt; dennoch würde der starke Charakter scheitern, wollte er angesichts des Schlechten in der Welt oder angesichts von Schicksalsschlägen alles verwerfen, was er sich aufgebaut hat. Seine Fähigkeiten, Tugenden und Stärken sind ja gerade die Mittel, um mit den Widerfahrnissen im Leben umzugehen. Eine existenzielle Krise kann in die Bemühung um *Konversion* münden, die spezifische Voraussetzungen hat und die einen bestimmten Zugang zur Welt und zum gemischten Leben erfordert. Aber der starke Charakter ist auch gegenüber existenziellen Krisen gewappnet.

Neben Schicksalsschlägen, die alle Ressourcen des selbstsorgenden und kultivierten Menschen beanspruchen, ist auch die Endlichkeit etwas, von dem er ein klares Bewusstsein hat. Statt dass durch die Endlichkeit alle Dinge missfällig werden, adelt die Endlichkeit die Dinge und Augenblicke, an denen sich der charakterstarke Mensch erfreut. Die Endlichkeit desavouiert den Sinn des Lebens, gleichzeitig konstituiert sie ihn auch, weil Sinn auf Wert beruht und Dinge und Zustände nur wertvoll werden können, wenn sie (oder ihr Genuss) endlich und begrenzt sind. Das heißt, die Endlichkeit, die offenkundig den Sinn des Lebens kappt, weil sie alles im Leben hinfällig, eitel und ‚sinnlos' macht, konstituiert doch zugleich die Bedingungen dafür, dass es Wertvolles und daher Sinn geben kann. Eine Handlung, eine Lebensweise und ein gesamtes Dasein machen nur Sinn in Bezug auf das, was endlich ist und zunichte gehen kann; unendliche Freuden in einem unsterblichen Dasein haben keinen Sinn, da sie nicht begrenzt und wertvoll sind. Die Singularität bestimmter Dinge und Zustände macht sie wertvoll; sie sind es, weil sie nicht durch anderes substituierbar sind; und dies gilt eben nicht nur für Augenblicke, sondern auch für die Ding- und Zustandsgesamtheit, die der jeweilige Mensch ist. Erst als einzelner, unwiederholbarer, endlicher und sterblicher Mensch ist der Mensch wertvoll.

Schließlich der Tod. Jeder Mensch muss mit ihm umgehen; der Tod begrenzt absolut das Leben und jegliche Daseinsform, das heißt jegliche Möglichkeit (die im Grunde genommen schon durch Endlichkeit begrenzt wird). Bestimmte Einstellungen und Tugenden können die Herausforderung des Todes annehmen. Mut und Tapferkeit gehören hierzu; sie befähigen zum Leben und zum Tod gleichermaßen. Auch epistemische Klarsicht kann helfen, den Tod als das zu sehen, was er ist: unumgänglich und nicht zu durchschauen (vgl. Jankélévitch 2005, 118 und passim). Am Tod, wie auch sonst an vielen unbestimmbaren Zuständen, zeigt sich, was epistemische Tugenden sind: Da das Wissen bzgl. des Todes zu einem sicheren Ende kommt (denn der Tod ist zwar gewiss, aber der Eintritt des Todes und das ‚Nachleben' sind ungewiss), man also nichts vom Tod wissen kann, und da Glaube und Imagination zugleich verführerische Vorstellungen vom Tod und dem ‚Nachleben' kreieren, ist es eine epistemische Tugend, den Tod als unüberwindbare Grenze unserer Erkenntnis zu *akzeptieren.*

Vom Tod auf als Leben zurück gewandt befähigt er, Imperative des Genießens zu erzeugen; da der Tod alles zerstört und (mutmaßlich) alles ins Vergessen treibt, gilt es, das Leben, so, wie es uns gegeben ist, zu leben, das heißt wahrzunehmen, zu genießen, intellektuell und emotional zu vertiefen.

Der gute Umgang mit dem Tod zeigt sich darin, dass man ihn weder fürchtet noch affirmiert; sicher ist der Selbstmord auch für den charakterstarken Menschen erlaubt, schließlich gehört zum Selbstmord Mut und man kann nicht immer verlangen, dass jemand alle Widrigkeiten des Lebens aushält; aber mehr als der Selbstmord schickt sich doch das Leben für den tugendhaften Menschen. Der Mensch mit starkem Charakter, besonders, wenn er das Leben liebt und das Ungute erträgt, wird nicht ernsthaft an Selbstmord denken, aber es sollte ihm nicht verboten sein, Selbstmord zu begehen, denn der Selbstmord ist (zumindest der Möglichkeit nach) ein autonomer Akt – und Autonomie macht letztlich die ganze Würde des Menschen aus. Im Verhältnis zu seiner Sterblichkeit und zu seinem Tod wird sich der charakterstarke, mental und emotional entwickelte Mensch wappnen, aber der Anspruch an ihn sollte nicht so sein, dass er überhaupt nicht ängstlich sein darf. Jeder darf sich vor dem Sterben ängstigen und jeder darf vom Tod gelähmt werden. Auch hier zu helfen unterstützt die Würde des Menschen, für die durch andere auch dann gesorgt wird, wenn er eben nicht mehr handlungsfähig und frei ist.

Der kultivierte Mensch hat den Tod im Blick, aber natürlich nicht immer; er wird durch den Tod nicht zum Pessimisten. Der Tod wird hingenommen, aber weder in die eine noch in die andere Richtung mystifiziert. Der Tod deprimiert nicht, vor allem deshalb nicht, weil sich der tugendhafte Mensch zum Leben hin wendet; er hat Freude am charakterlichen und intellektuellen Wachstum, er hat Freude am Lebensvollzug, er hat Freude am Guten und keine Angst vor dem Schlechten. Letzterem wird er gerecht, indem er es in seinem spezifischen Gewicht wahrnimmt. Das gute Leben würde zwar kaum Schlechtes enthalten, aber da das gemischte Leben es enthält, ist es gut, mit ihm umgehen zu können. Übel und Schicksalsschläge des gemischten Lebens sowie der Tod als majestätisches Übel fordern den Menschen heraus. Er trainiert sich an ihnen und zwar in Hinblick auf seine Gesamtqualifikation des Guten und Schlechten gegenüber.

Das Gute und das Schlechte. Das Glück des Menschen

5

> *Alle erfahren früher oder später in ihrem Leben, dass ein vollkommenes Glück nicht zu verwirklichen ist, doch nur wenige stellen auch die umgekehrte Überlegung an: dass es sich mit dem vollkommenen Unglück geradeso verhält. Die Momente, die sich der Verwirklichung beider Grenzfälle widersetzen, sind gleicher Natur, sie gehen aus unserem Menschsein hervor, das allem Unendlichen abhold ist.*
>
> Primo Levi, *Ist das ein Mensch?*

Menschen handeln in einer Welt, in der die Unterscheidung zwischen ‚gut‘ und ‚schlecht‘ essenziell ist und in der die substanzielleren Formen, das Gute und das Schlechte (das Böse), unser Denken und Handeln beherrschen. Nur weil wir auf gute und schlechte Weise handeln können ist so etwas wie Moral nötig. An der Wurzel des Guten und des Schlechten liegt einerseits die bloße Beschaffenheit unserer Welt, in der es möglich ist, zuträglich oder abträglich zu handeln; andererseits auch die Fähigkeit, dass wir Dinge und Sachverhalte bewerten können. Man kann sich eine Welt vorstellen, in der alles gleich viel wert ist, eine Welt, in der einen Nagel in die Wand schlagen dasselbe ist wie einen Menschen foltern. Jedem Ereignis wäre eine Indifferenz eigentümlich und menschliches Handeln wäre somit lediglich ein neutrales Geschehen. Oder man kann sich eine Welt vorstellen, in der es zwar relevante Unterschiede (x ist zuträglich, y ist abträglich) gibt, aber Menschen nicht fähig sind zur wertenden Unterscheidung. Das hieße, dass sie ihr Handeln nicht nach den relevanten Unterschieden der Welt ausrichten könnten. Wenn Menschen unfähig wären, zwischen ‚gut‘ und ‚schlecht‘ zu unterscheiden, könnten sie nicht wissen, was sie vorziehen, anstreben, begehren oder meiden wollen bzw. wollen sollten. Ob nun eine vorgängige axiologische Struktur der Welt der Wertsetzungsfähigkeit vorausgeht oder ob Menschen in besonderer

© Springer Fachmedien Wiesbaden GmbH 2017
M. Hurna, *Was ist, was will, was kann Moral?*,
DOI 10.1007/978-3-658-15993-1_5

Weise die Unterscheidung zwischen ‚gut' und ‚schlecht' erst in eine an sich unbestimmte Welt einführen ist eine wichtige, aber weitläufige und schwierige ontologische Frage.[1] Der Einfachheit halber sei hier vorausgesetzt, dass die in Bezug
auf den Menschen zuträglichen und abträglichen Strukturen der Welt einher
gehen mit vier primären Wertungsmöglichkeiten des Menschen, der sich zu seiner
Welt verhält: ‚gut', ‚schlecht', ‚neutral' und ‚ambivalent'.

Zu diesen vier Bewertungen gehört auch die Graduierung: Es gibt ‚besseres',
‚schlechteres' und ‚ambivalenteres'. Lediglich beim Neutralen scheint die Graduierung unmöglich, da das Neutrale weder an sich graduierbar ist noch etwas
zur Graduierung der anderen beiträgt. Alle vier Bewertungen lassen sich substan-
zialisieren und qualifizieren, und zwar als das Gute, das Schlechte, das Neutrale
(Indifferente) und das Ambivalente, jeweils gedacht als Pole mit entsprechenden Gegenüberstellungen. Das Schlechte lässt sich semantisch und sachlich zum
Bösen qualifizieren und weiter zum αὐτόκακον als das aktive und selbstständige
Böse, wie es vor allem im Neuplatonismus auftritt.

Betrachten wir zunächst die sich ausschließenden Gegensätze: ‚gut' und
‚schlecht' und die Qualifizierungen ‚das Gute' und ‚das Schlechte' sind Begriffe
mit ihrem notwendigen Gegenteil. ‚gut' ist ohne ‚schlecht' schlechthin nicht
denkbar. Sie sind nur als Differenz möglich und zusammen wechselseitig
bestimmt: Was nicht gut ist ist schlecht. In der Erweiterung steht ‚neutral' beiden
als Pol gegenüber: was weder gut noch schlecht ist ist neutral. Ist jemand jedoch
der Auffassung, dass es sich bei ‚gut' und ‚schlecht' zwar um Gegenbegriffe, aber
nicht notwendigerweise um ausschließende Begriffe handelt, der mag beide im

---

[1]Wahrscheinlich sind ‚objektive Wertung' und ‚subjektive Wertung' Termini einer bereits
untergegangenen Philosophie. Die Differenz zwischen Subjektivität und Objektivität ist
längst nicht mehr eindeutig, ebenso wenig wie der normative Anspruch der letzteren. Die
Unbrauchbarkeit der Begriffe ergibt sich schon aus ihrem Zusammenspiel: Beide weisen
Mängel auf: Der Subjektivität mangelt es an Objektivität, was sie gemeinhin schwach und
beschränkt werden lässt. Aber auch der Objektivität mangelt es an Subjektivität; damit ist
sie selbst begrenzt und löst nicht das ein, was ihr Begriff verspricht. In der Objektivität gibt
es immer einen Mangel, und zwar genau der Mangel an dem, was die Objektivität üblicherweise als beschränkte Perspektive denunziert. Die überlegene Objektivität hat selbst
einen strukturellen Mangel, was beide Begriffe in ihrer Kontraposition desavouiert. Und
dies kippt letztlich auch den Normativitätsanspruch der Objektivität. – Objektivität kann
auch als gemeinsame Subjektivität definiert werden. Subjektivitäten, die einander überein-
stimmen, konstituieren etwas, was man mit der Bezeichnung Intersubjektivität in den Rang
eines mehr oder weniger Objektiven zu erheben suchte. Aber selbstverständlich ermangeln
die summierten oder qualitativ verbundenen Subjektivitäten immer noch der Objektivität
im alten Sinne. Objektivität als gleiche oder übereinstimmende Subjektivität löst also nicht
die Probleme, insbesondere nicht das Problem der Normativität.

Begriff ‚ambivalent' vereinen. Das hat seine empirische Plausibilität, denn manches erscheint uns als ‚gut' und ‚schlecht' zugleich. Dass jede Medaille zwei Seiten habe drückt aus, dass Dinge oft ambivalent sind, ‚gut' und ‚schlecht' zugleich. Man gelangt mit den vier Wertungen zu folgender Tabelle:

gut	non-schlecht	non-neutral	non-ambivalent
non-gut	schlecht	non-neutral	non-ambivalent
non-gut	non-schlecht	neutral	non-ambivalent
gut	schlecht	non-neutral	ambivalent

In der Tabelle sieht man die logische Struktur der Ausschließung der Wertungen. Das Ambivalente bietet offenkundig keine großen Probleme. Fraglicher ist allerdings die Rolle des Neutralen. Ich überlasse es dem Leser sich zu überlegen, ob das gleichzeitige Bestehen von ‚gut' und ‚neutral' bzw. ‚schlecht' und ‚neutral' zu einer Ambivalenz führt. Das Neutrale ist per definitionem neutral, das heißt ohne negativierende oder positivierende Auswirkung. Somit ist fraglich, ob es zusammen mit ‚gut' und ‚schlecht' etwas Ambivalentes konstituieren kann, wie die folgenden zwei Zeilen aussagen:

gut	non-schlecht	neutral	ambivalent??
non-gut	schlecht	neutral	ambivalent??

Die Terme ‚gut' und ‚schlecht' stehen sich also ausschließend gegenüber. Mit dem dritten Term ‚neutral' gibt es einen dritten Pol. Was gut oder schlecht ist kann nicht zugleich neutral sein, aber was weder gut noch schlecht ist ist neutral.[2]

Kommen wir zur Graduierung von ‚gut' und ‚schlecht', also zum ‚besser' und ‚schlechter'. ‚besser' und ‚schlechter' haben ebenfalls Implikationen des Ausschlusses: ‚x ist besser als y' impliziert ‚y ist schlechter als x'.[3] Zur Graduierung

---

[2]Die Dreierkonstellation findet sich unübersehbar auch in anderen Zusammenhängen: Liebe und Hass schließen sich gegenseitig aus, aber die Hassliebe vereint beide. Liebe und Hass sowie der Hassliebe ist die Indifferenz, die Gleichgültigkeit, als ausschließendes Drittes gegenüber gestellt. Auch Werte und Unwerte haben als Drittes die Indifferenz sich gegenüber. Bei allem Seienden, das Kontraste bildet, ist das Nichts das sie verneinende Dritte.

[3]Gäbe es nur Gutes und wäre nur eine Graduierung innerhalb des Guten möglich – x ist weniger gut als y –, so liefe dies auf einen Widerspruch hinaus zwischen der Annahme, dass es nur Gutes gibt, und der Implikation von schlechter, wie es die Graduierung verlangt. Das scholastische Dogma vom Übel als Mangel an Gutem stellt möglicherweise einen Lösungsversuch dieses Problems dar.

kommt es, wenn man ‚gut' und ‚schlecht' aufeinander bezieht. Das, was schlecht ist, ist durch Anwendung dessen, was gut ist, weniger schlecht als das, was schlecht ist ohne Anwendung auf es durch das, was gut ist. Demgegenüber hätte das, was neutral ist, keinen graduierenden Effekt auf das, was gut oder schlecht ist. Durch Hinzufügung von etwas Neutralem wird das, was gut ist, nicht schlechter und das Schlechte nicht besser. Auch ist das Neutrale in sich nicht graduierbar, wie es vielleicht vom an sich Guten und vom an sich Schlechten anzunehmen ist. Es gibt gegenüber dem, was neutral ist, nichts Neutraleres, sonst wäre das, was neutral ist, nicht neutral. Das Neutrale ist per definitionem das Weder-noch und kann deshalb keine Wirkung auf die Skalen von ‚gut' und ‚schlecht' haben noch kann es auf sich selbst angewendet werden. Dieses strenge Verständnis muss sich in der Alltagsrede jedoch nicht unbedingt niederschlagen. Die Schweiz gilt gegenüber den Achsenmächten als politisch neutraler als das besetzte Dänemark. Doch der Wert der Wertungen ‚gut', ‚schlecht' und ‚neutral' hängt davon ab, dass sie eindeutig sind und die jeweils gegenteilige Wertung ausschließen, während ‚ambivalent' genau von der Uneindeutigkeit abhängt, die das Zusammen von ‚gut' und ‚schlecht' impliziert, gleichgültig, ob ‚gut' und ‚schlecht' zusammen am Objekt auftreten oder ob das Ambivalente nur Effekt eines insuffizienten, uneindeutigen Urteils ist.[4]

Das, was bisher über ‚gut' und ‚schlecht' gesagt wurde gilt auch für Werte. Ein Wert x definiert immer den Unwert non-x (oder y). Ob nun das direkte Gegenteil oder ein Drittes als der Komplementär zum Wert bestimmt wird hängt von der konkreten inhaltlichen Füllung des Wertes ab. Dem Wert ist nicht nur sein bestimmter Unwert, sondern auch die allgemeine Indifferenz entgegen gesetzt.

In unserer Welt gibt es also offenkundig Differenzen und Kontraste. Zugleich gibt es Ambivalenzen, wenn die Bewertungen ‚gut' und ‚schlecht' ineinanderfallen oder tatsächliche Eigenschaften eines Dinges gute und schlechte Seiten offenbaren. Von dieser Tatsache lebt das Konzept der organischen Ganzheiten von G. E. Moore. Danach ist es möglich, dass wir eine organische Ganzheit, die gute und schlechte Teile enthält, besser bewerten als eine organische Ganzheit, die nur gute Teile enthält. Dies liegt daran, dass gute Anteile, die ein Ganzes konstituieren, schlechte Anteile implizieren und schlechte Anteile, die ein Ganzes konstituieren,

---

[4]Ungeklärt ist bisher, woraus wir unseren Begriff von ‚gut' und ‚schlecht' gewinnen. Ist es nötig zu wissen, was ‚gut' und ‚schlecht' bedeutet, um zum Begriff von ‚besser' und ‚schlechter' zu gelangen? Oder lässt uns nur der Vergleich (x ist besser als y) zu einer Vorstellung von ‚gut' und ‚schlecht' kommen? Jedenfalls kann man sagen: Wer das Beste kennt, weiß, was das Gute ist.

gute Anteile implizieren. Dieser Konzeption von Wirklichkeit ist auch der Begriff der Ambivalenz angemessen; uns erscheinen Seiten an unserer Wirklichkeit gut und schlecht zugleich und oft können wir den Anteil von Schlechtem an Gutem oder den Anteil von Gutem an Schlechten nicht gewichten.[5] Nur eine Epistemologie und eine Moral, die auf Vereindeutigung zielen, werden klare Regeln für das Erkennen und Handeln angesichts komplexer organischer Ganze aufstellen können.

Dass wir Dinge oder Situationen als ‚gut' oder ‚schlecht' bewerten ist vor allem für das menschliche Handeln relevant. Offenbar ist es so, dass Menschen das, was sie für ‚gut' halten, dem vorziehen, was sie für ‚schlecht' halten. Auch die Moral bestimmt, dass man das Gute und nicht das Schlechte tun soll. Daher sagt man, dass Wählen heißt, das Gute bzw. das, was einem ‚gut' erscheint, gegenüber dem Schlechten bzw. dem, was einem ‚schlecht' erscheint, vorzuziehen. Doch die Behauptung, Wählen heiße immer das Bessere oder das Gute zu wählen, stimmt nicht; man kann auch zwischen gleich Gutem wählen. Sind x und y in jeder relevanten Hinsicht gleich gut, so ist die Wahl von x nicht die Wahl des Besseren. Setzt man voraus, dass Wählen heißt immer das Gute oder das Bessere zu wählen, so ist es kein Wunder, dass Buridans Esel zwischen zwei gleich nahrhaften Heuhaufen verhungert. Aber Wählen heißt nur, eine Entscheidung zu treffen und zu realisieren – Buridans Esel wählt frei zwischen den beiden gleich

---

[5]Schlecht ist eine Geiselnahme, gut ist die Befreiung der Geiseln aus dieser Lage. Das Gute der Geiselbefreiuung ist Implikat des Schlechten der Geiselnahme, denn die Geiselbefreiung ist nur möglich, wenn es eine Geiselnahme gibt. Das Gute ist im Schlechten (nach Möglichkeit) enthalten. Solche Übel gibt es oft und wir versuchen sie zu vermeiden, auch wenn wir dann das Gute meiden müssen, das im Übel enthalten ist. Anders so genannte Funktionsübel, mit denen Leibniz des öfteren in seiner Theodizee operiert. Funktionsübel sind Übel als notwendige oder teilnotwendige Bedingung von Gutem; sie sind kaum zu umgehen und müssen oft nolens volens ertragen oder sogar realisiert werden (wie Schmerzen bei der Geburt). Perry (vgl. Perry 2012, 24 f.) diskutiert Übel organischer Ganzheiten (ohne den Begriff zu verwenden, eingeführt in ebd. 15, 31) stillschweigend als Funktionsübel, etwa das frühe Aufstehen, um erfolgreich Angeln zu gehen. Durch diese soll unsere Welt insgesamt nicht schlechter, sondern besser werden, denn diese Übel konstituieren das Gute. Der Leser findet leicht hunderte Beispiele: Von den Anstrengungen des Krafttrainings, um nützliche Muskelmasse aufzubauen oder der anstrengenden Bergwanderung, um eine gute Aussicht zu genießen, bis hin zu Polizei und Strafen, die funktional unsere Welt besser machen sollen, indem sie Freiheiten sichern, was sie nur können, wenn sie künstliche Übel sind. - Die Tradition der von Moore so genannten organischen Ganzheiten bzw. das Zusammen von Übel und Gutheiten hat eine lange Tradition und reicht meines Wissens bis in die Scholastik zurück.

guten Heuhaufen aus. Diese Wahl ist übrigens freier als die Wahl zwischen einem guten x und einem weniger guten x, da diese Wahl Buridans Esel zwingen würde, das Bessere zu wählen, soll er rational sein. Man wählt also zwischen zwei guten Dingen und nicht das bessere Ding. Wählen heißt nicht zwingend, sich für das Bessere entscheiden; es heißt vor allem, sich *überhaupt* zu entscheiden.[6] Wenn man Wählen dagegen als Vorziehen definiert, dann ist schon vorentschieden, dass eine Wahl immer das Wählen des Guten oder Besseren vor dem Schlechten oder Schlechteren impliziert. Aber Wählen ist nicht immer Vorziehen, während Vorziehen immer Wählen ist. Rational mag es zwar sein, immer das zu wählen, was besser ist (das frische Obst gegenüber dem faulen Obst), aber rational ist es vor allem, bei zwei gleich guten (oder eben auch gleich schlechten) Optionen überhaupt zu wählen. Wenn man etwas nolens volens wählt, oder wenn man etwas wählt, was man eigentlich nicht wählen würde, dann aus Gründen des Zwangs, aber diese Definition muss ansetzen beim allgemeinen Begriff der Wahl, nicht bei dem des Vorziehens.

In einer Welt wie der unsrigen, in der es nicht nur eindeutige Gutheiten und Übel gibt, sondern in der vieles ambivalent ist, ist es vor allem wichtig, sich zu *entscheiden*. Auch kann man sich gerechtfertigterweise für eigene oder fremde Übel entscheiden, da diese Gutes nach sich ziehen könnten. Konsequenzialisten wie Moore sind mit dieser Problemlage wohlvertraut, während Deontologen jede derartige sich aus der Ambivalenz ergebende Kasuistik ablehnen. Und selbst

---

[6]Und darin besteht die Rationalität der Wahl. Das Bessere dem Schlechteren vorzuziehen ist rational, aber in diesem Fall ist der Rationalitätsbegriff an eine Vorstellung des Guten bzw. des Vorrangs des Guten gebunden. Ein neutraler Rationalitätsbegriff gewährt auch die Wahl eines Schlechteren gegenüber dem Besseren, allerdings nur mit Zusatzbedingungen. Bei einer Wahl zwischen zwei Übeln ist, wenn Rationalität auf Gutes bezogen wird, die Wahlenthaltung rational. Ist sie nicht möglich, besteht Zwang, der die Rationalität unterminiert, weil er zu einer irrationalen Wahl zwingt. Ein neutraler, rein funktionaler Rationalitätsbegriff gewährt die Wahl auch zwischen zwei gleichen Übeln, er muss sich dann aber auf ein anderes Kriterium beziehen, etwa Freiheit. Freiheit und ihr Nutzen lassen sich wiederum unter den Begriff des Guten fassen, bilden wenigstens einen Teil des Guten bzw. sind für sich gut. Vorausgesetzt bei diesen Fällen war immer ein rationales Eigeninteresse, etwa das eigene Wohlbefinden, das ohne Rahmenrationalität und Orientierung an einem Guten nicht auskommt. Ein absolut neutraler bzw. rein funktionaler Rationalitätsbegriff, der beispielsweise Effektivität bei Selbsttötung bestimmt, bewertet die Rationalität bei der Wahl zwischen zwei gleich starken Übeln (= Möglichkeiten der Selbsttötung) nur nach der Effektivität. So könnte in einem extremen Fall der Selbsttötung die Wahl auf ein Mittel fallen, dessen Anwendung zwar zu extremen Schmerzen führt, aber die Auslöschung des Suizidenten garantiert. Es zu wählen wäre für den Suizidenten höchst rational.

Moore weist immer wieder darauf hin, dass nur das Gute (bei ihm die Lust), wenn es denn erkannt würde, das Ziel der moralischen Handlung und also verpflichtend sei.[7] Und auch die Epistemologie des nicht-moralischen Guten strebt die Identifikation des Guten ohne jede Ambivalenz an; der antike Begriff des Guten überwindet die epistemische Ambivalenz ohnehin; deutlich wird dies an Platons Ideenschau. Dennoch kennzeichnet vielleicht nichts sosehr die moderne Moralphilosophie und die moderne Epistemologie als gerade das Ambivalente, das gleichzeitige Bestehen von Gutem und Schlechtem. Die moderne Moralphilosophie ist überdies skeptisch, was die normative Kraft des Guten betrifft; dass x ‚gut‘ ist heißt nicht, dass man x realisieren, anstreben, verteidigen etc. muss, wie es noch das aristotelischen Ideal verkündet. Es besteht eine normative Kluft zwischen der Feststellung, dass x ‚gut‘ ist und dem Imperativ, x anzustreben. Ich werde bei meiner Rekonstruktion der wichtigsten Aspekte des Guten und des Schlechten jedoch Argumente aus den antiken und den modernen Paradigmen verwenden, da nur so die Problemschichtung deutlich wird. Das Problem des Guten und des Schlechten ist, wie immer wieder betont wird, eine überzeitliche Angelegenheit und es gibt keinen Grund, nur eine antike oder nur eine moderne Perspektive einzunehmen.

Zunächst einmal sollte klar geworden sein, dass ‚gut‘ und ‚schlecht‘ noch ohne jede inhaltliche Füllung in logischen Beziehungen zueinander stehen, und dass sich diese Beziehungen vermehren, wenn man ‚neutral‘ und ‚ambivalent‘ als Wertungen hinzunimmt. Dieselben logischen Beziehungen gibt es bei den substantivierten Formen, also dem Guten, dem Schlechten, dem Neutralen und dem Ambivalenten. Wir fragen oft, was gut und was schlecht ist, aber die eigentlich philosophische Frage ist die nach dem Guten und nach dem Schlechten, und dann insbesondere nach dem Guten und dem Bösen in der Welt.

Nun könnte man sagen, dass diese substantivierten Formen eine Falle der Grammatik darstellen: In der Substantivierung liegt die Gefahr, das Gute und das Schlechte zu mehr oder weniger metaphysischen oder naturalistischen Größen werden zu lassen. Die Bestimmung dessen, was ‚gut‘ bedeutet, ist das Hauptproblem der Axiologie, denn ohne eine hinreichende Vorstellung dessen, was ‚gut‘

---

[7]Und zwar als Maximum von Lust gegenüber geringerer Lust: „Die Aussage, ein Ding A sei ‚in sich gut‘, ist äquivalent mit der Aussage, dass, wenn wir zu wählen hätten zwischen einer Handlung, deren einzige oder gesamte Folge A wäre, und einer Handlung, die überhaupt keine Folgen schlechthin haben würde, es immer unsere Pflicht sein würde, die erstere zu wählen, und falsch sein würde, die letztere zu wählen." (Moore 1975, 49) Entsprechendes gilt für das Schlechte, zu dem wir nie verpflichtet werden können, insofern es Lust minimiert oder Unlust erzeugt.

heißt, ist eine aufgeklärte Verwendung des Wortes nicht möglich. Nun ist, wie Moore ausführt, ‚gut' der allgemeinste und eben nicht definierbare Wertungsausdruck; und wie J. O. Urmson hinzufügt ist ‚gut' ein Einstufungsausdruck, der immer Kriterien im Hintergrund hat, die meist auf allgemeine, konventionelle Maßstäbe dessen, was als ‚gut' oder ‚qualitätvoll' *gilt,* zurückgehen. So wird auch die subjektive Bemerkung, etwas sei ‚gut' (und daher je nach Kontext: geeignet, wertvoll, vorziehenswert, nützlich, bewundernswert, achtenswert, erhaltenswert, erstrebenswert etc.) nur möglich vor dem objektivierenden Hintergrund derjenigen, die ‚meinungsbildend' sind. Im Hintergrund einer Einzelbewertung stehen also Konventionen der Wertung. Meist drückt sich in einem subjektiven Werturteil oder Einstufungsurteil nicht bloße Subjektivität, sondern schon das aus der Erfahrung der anderen Übernommene aus. Rational ist es jedenfalls, sich den geläufigen Evaluierungen (‚Gesundheit ist besser als Krankheit') nicht entgegen zu stellen; wie es auch rational ist, die Sache selbst zu prüfen und selbst zu entscheiden, gerade deshalb, weil die kollektive Meinung irrig sein kann. Wir benutzen ‚gut' oder ‚besser' wohl deshalb so häufig, weil sie kontextvariabel sind und weil diese Rede uns nicht auf ein genaueres Werturteil festlegt: Wer zu einem Bild sagt, es sei gut, kann schnell Zustimmung finden, ohne dies weiter begründen zu müssen.

Wie Moore und andere nach ihm sagen, hat ‚gut' keine hinreichende Definition. Und ein Lexikoneintrag unter ‚gut' liefert zwar Synonyme, doch sie alle bringen nur partiell die Semantik von ‚gut' zum Ausdruck.[8] Diese Tatsache und die Möglichkeit, mit dem Gebrauch von ‚gut' seine subjektive oder eine objektive Festlegung offen zu lassen, ermöglicht die vielen Anwendungsmöglichkeiten des Ausdrucks ‚gut' – der bei der Substantivierung (das Gute) verloren geht. Denn das Gute ist immer festgelegt auf etwas Bestimmtes, da man wissen will, was es genau heißt, ein gutes Leben zu führen oder das Gute zu erreichen.

Die Bestimmung dessen, was ‚das Gute' ist, ist somit ein Hauptproblem der Philosophie, deren Schwierigkeit darin besteht, dass die ihr vorausgehende Axiologie den Ausdruck ‚gut' als undefinierbar und kontextvariabel bestimmt hat.

---

[8]Es lässt sich leicht darauf hinweisen, dass der Ausdruck ‚gut' nicht mit seinen lexikalischen Synonymen gleichgesetzt werden kann. Als Synonyme gelten etwa die Ausdrücke ‚erstrebenswert', ‚nützlich', ‚angenehm', ‚lustvoll', ‚tauglich', ‚günstig', ‚hilfreich' usw. Das Grimmsche Wörterbuch weist Begriffe aus wie ‚utilis', ‚nobilis', ‚probus', ‚sanctus', ‚idoneus' usw. Einen dieser adjektivischen Ausdrücke als Substitut für ‚gut' zu nehmen kann zu pleonastischen Ausdrücken führen. Gebraucht man ‚lustvoll' für gut, so wird aus der besseren Lust (im Unterschied zu einer schlechteren Lust) die lustvollere Lust. Wir werden dann aber nicht verstehen, was das qualitativ Bessere an der Lust ist.

Das Gute soll aber das bestimmbare, selbstständige und von volitativen oder epistemischen Bedingungen unabhängige Gute sein. Daraus resultiert seine normative Kraft: Während wir selbst etwas als gut oder schlecht bewerten können, soll das Gute unsere Wertung leiten. Die Bestimmung des Guten ginge über die empirische Feststellung hinaus, dass Menschen nach einem Guten streben, und es bekäme normative Kraft sowie den Status einer eindeutigen Wahrheit inmitten weltlicher Ambivalenz. Da dem Guten im antiken Paradigma dieser Status zukommt, ist es nicht verwunderlich, dass das Gute mehr und mehr entweltlicht und transzendenter wurde. Findet sich bei Aristoteles das Streben nach dem Guten als ein empirisches Faktum (unterstützt von der Logik der Steigerung) und ist dort das Gute ein in der Welt Erreichbares, so wird das Gute bei Platon und in der späteren platonischen Tradition immer mehr der Welt enthoben. Dieselbe Bewegung vollzieht auch das Schlechte in seiner Weiterentwicklung zum metaphysisch Bösen.

Gleichwohl messen sowohl antike als auch neuzeitliche und moderne Autoren dem Schlechten eine Bedeutung bei. Logischerweise ist das Schlechte vom Guten nicht abzulösen; beide konstituieren unsere gemischte Welt und mögliche Ambivalenzen, die für unser Erkennen und Handeln Hindernisse darstellen. Auch in den Theorien, in denen es darum geht, Gutes anzustreben und, da das Gute sukzessiv mit dem Glücksbegriff verschmolzen wird, sein Glück zu erreichen, hat das Schlechte und haben die Übel doch ihre Funktion. Ich möchte das als Argument des Kontrastes zusammenfassen: In Senecas Schrift *Über die Vorsehung* findet sich das (naive) Argument des Kontrastes: „Immer aber glücklich zu sein und ohne Schmerzen durch das Leben zu gehen heißt, die andere Seite der Natur nicht zu kennen." (Seneca 2009, 45) Bei Leibniz heißt es: „Wer das Bittere nicht gekostet hat, verdient das Süße nicht und weiß es nicht einmal zu schätzen." (Leibniz 1995, 43) Und Hölderlin schreibt im *Hyperion*: „Aber die Wonne, die nicht leidet, ist Schlaf, und ohne Tod ist kein Leben." (Hölderlin 2013, 168) Übel, Unglück, Schmerz und Tod gehören nicht nur zu unserer Welt, sie bieten auch die Kontrastfolie, um Gutes, Glück und Angenehmes zu erfahren. Naiv ist dieses Argument, weil es Gutheiten, das Gute und das Glück als einfache Größen nimmt; realistisch ist das Argument aber, weil es von einer gemischten Welt und von der menschlichen Konstitution als etwas ausgeht, das Gutes anstrebt und Schlechtes erleidet. Das Argument bzw. der hinter ihm stehende Gedanke hat sich im Laufe der Zeit trivialisiert. So heißt es in *Wilhelm Meisters Lehrjahren*, dass, wer nie sein Brot mit Tränen gegessen habe, auch nicht die himmlischen Mächte kenne. In der zeitgenössischen populären Kultur heißt es oft, man muss Kontraste (Glück und Unglück, Freude und Schmerz) erleben, um alles zu erleben und um das Glück besser wertzuschätzen. Beides mache das Leben aus und man wachse besonders an Schmerzerfahrungen, während das Glück verwöhnt und schlaff mache. Das Streben nach Glück und die Überwindung von Unglück erprobe mehr Geist und Körper als der Besitz des Glücks. Dies ist auch Senecas Argumentation: Der gute (weil glückliche und tugendhafte) Mensch wächst am Unglück, so groß es auch sei. Er trainiert sich am Unglück; ja er sucht das Unglück, die Herausforderung der Übel in der Welt. (Der wirkliche Held kämpft immer gegen das Böse.)

Eigentümlich am Menschen ist, dass er normalerweise Gutes anstrebt und Schlechtes meidet. So heißt es in Boethius' *Trost der Philosophie:* „Da man also alles um des Guten willen erstrebt, wird nicht jenes, sondern vielmehr das Gute selbst von allen begehrt." (Boethius 2010, 106) Dies ist die Aufnahme der aristotelischen Perspektive: „Jedes praktische Können […], ebenso alles Handeln und Wählen strebt nach einem Gut […]. Wenn es nun wirklich für die verschiedenen Formen des Handelns ein Endziel gibt, das wir um seiner selbst willen erstreben […], dann ist offenbar dieses Endziel ‚das Gute' und zwar das oberste Gut. […] Das oberste Gut aber ist zweifellos ein Endziel." (Aristoteles 1969; 5 f., 15)[9] In der Tradition wird das Erstreben des Guten also explizit genannt und zur Grundbestimmung der Strebeziele – dagegen bleibt implizit, dass der Mensch das Böse meidet. In der christlichen Tradition und noch bei Kant, der den Hang zum moralischen Bösen in der menschlichen Natur konstatiert ebenso wie „die herrliche in uns befindliche Anlage zum Guten" (Kant 1990, 327), wird unterstellt, dass der Mensch zwar das Gute anstrebt, er aber eher durch Schwäche oder freien Willen dem Bösen zugeneigt ist. Dass der Mensch Gutes anstrebt und Schlechtes meidet, insofern er rational, also auf Selbsterhaltung aus ist, dass er aber auch aus guten Gründen oder aus Schwäche dem Bösen zuneigt, ist für alle Philosophen eine Selbstverständlichkeit. Neigung und Abneigung bestimmt der Mensch je nach Maßgabe seiner Interessen. Besonders antike, doch auch einige moderne Autoren, suchen nach dem für alle *verbindlichen* Guten und nach dem für alle zu meidendem Schlechten. Sie suchen einerseits nach der inhaltlichen Bestimmung des

---

[9]Allerdings wirkt der Strebeformalismus bei Aristoteles und insbesondere bei Boethius nicht ganz überzeugend. Man kann Boethius' Satz etwas karikierend formulieren: Da man Dinge um ihres Rundseins willen erstrebt, werden nicht sie, sondern vielmehr das Runde selbst begehrt. Dies erschiene uns merkwürdig, wenn es doch tatsächlich um runde Dinge geht. Gleichwohl kann man das Gute wie das Runde nur erstreben, wenn es an den Dingen ist. Beide Strebevollzüge sind aber unabhängig voneinander; und runde Dinge erstreben heißt nicht, das Runde zu erstreben. Demgemäß heißt ein vollendetes Gut in seinen Unternehmungen erreichen zu wollen nicht notwendigerweise, nach dem höchsten Gut zu streben.

Guten und des Schlechten, andererseits nach der normativen Kraft beider. Dem-gemäß steht die Frage nach dem guten Leben für einen selbst oder für die Gemeinschaft der Menschen im antiken und im modernen Paradigma im Vorder-grund. Ist die anthropologische oder metaphysische Prämisse des Strebens nach dem Guten und des überwiegenden Vermeidens des Schlechten inhaltlich bestimmt, so kann man die Bestimmungen des moralisch Guten und des mora-lisch Richtigen erhellen. Jede Moral ist daher eine provisorische Moral, insofern das Gute und das Schlechte als Strebe- und Vermeidungsziele nicht gesichert sind. Und dies dürfte bisher der Fall sein.

Wer über das Gute nachdenkt, der denkt auch über seine Erreichbarkeit nach und wie er ein gutes Leben führen kann. Und wer über das gute Leben nachdenkt, der befindet sich im Bannkreis sokratischen Denkens. Gleichwohl tritt auch der moderne Denker in die modernen Fragebezirke vom guten Leben angesichts einer immer komplexer, bedrohlicher und ungemütlicher werdenden Welt ein. Der modernen Frage nach dem Glück und nach dem guten Leben ist es eigentümlich, dass das Glück verdiesseitigt wird, während es für antike Autoren nahe lag, das Gute im Transzendentalen zu suchen. Tatsächlich finden wir ab Platon eine suk-zessive Transzendentalisierung des Guten und des menschlichen Glücks (sofern beide konzeptionell zusammenfallen) und bei Aristoteles explizit die Mahnung, das Gute angemessen irdisch zu bestimmen. Denn Aristoteles weist zu Recht darauf hin, dass das Gute im Sinne Platons „durch menschliches Handeln nicht verwirklicht und auch nicht erreicht werden könne." (Aristoteles 1969, 139) Wir suchen nach einem *irdischen* Guten so, wie wir nach einem *erreichbaren* Glück suchen.

Nicht so in der christlichen Philosophie. Im Traditionszusammenhang bei Augustinus und bei Boethius ist das Gute gleichbedeutend mit Gott und daher maximal entweltlicht und transzendent. Ein gutes Leben führen heißt, Gott zu erlangen. So heißt es in *De beata vita:* „Glücklich ist, wer Gott hat, das war erwiesen worden und niemand hatte diesem Satz widersprochen." (Augustinus 2011, 33 f.) Boethius vereinigt das höchste Gut mit Gott; man müsse zugeben, dass „Gott, der Höchste, erfüllt ist vom höchsten und vollkommenen Guten." (Boethius 2010, 103) Ähnlich wie Aristoteles kommt auch Boethius zum Begriff des höchsten Guten, zum *Summum Bonum,* durch additive Vereinigung der erstrebten und positiven Güter:

Alles Sorgen der Sterblichen, das die Anstrengung vielfältiger Beschäftigungen zum Ziel hat, schreitet zwar auf verschiedenem Pfade vorwärts, strebt aber doch zu einem Ziele, dem Glück, zu gelangen. Dies ist aber *das* Gute, nach dessen Errei-chung niemand etwas Weiteres zu ersehen vermag. Es enthält das höchste aller

Güter und alle Güter in sich [...]. Es ist also klar, dass das Glück ein Zustand ist, der durch die Vereinigung aller Güter vollkommen ist. (Ebd. 84)

Im Hintergrund steht für Boethius eine kosmologische Ordnung, die durch „eine eigene Bestimmtheit alles zum Guten leitend ordnet." (ebd. 139) Das ist ein Gedanke, der in Leibniz' Theodizee wieder eine Rolle spielen wird. Und außerdem ist Boethius' kosmologischer Hintergrund im Rahmen seiner Konzeption plausibel. Wir sahen oben, dass, wenn man etwas als ‚gut' bewertet, man einen Maßstab benötigt, eine vorherige Ordnung, um ‚gut-sein' überhaupt zu bestimmen. Diese Rolle spielt bei Boethius der theofizierte Kosmos. Auch Augustinus handelt in *De beata vita* über das höchste Maß, an dem sich alles misst und das „durch sich selbst Maß" und daher „notwendigerweise" ein „wahres Maß" (Augustinus 2011, 61) ist.

Die moderne Philosophie hat diesen Gedanken des Maßes oder der kosmologisch-benevolenten Ordnung aufgegeben und damit den Begriff des *Summum Bonum,* ungeachtet seiner anderen Schwierigkeiten, in eine Krise gestürzt. Aber ideengeschichtlich ist dies erst jüngst geschehen. Noch im Klassizismus und in der Frühmoderne fallen das Wahre, das Gute und das Schöne zusammen, bilden das Gute und das Göttliche eine harmonische Einheit, ja ist die Vorstellung von Harmonie und in gewisser Weise auch die Vorstellung von Perfektion ausschlaggebend für normative Konzepte des menschlichen Lebens. Interessanterweise kehrt Gott bei Augustinus und bei Boethius als das jenseitige Gute als Gesetzgeber wieder, so, als müsste die mangelnde Diesseitigkeit durch strenge Normativität wett gemacht werden.

Das Gute ist im antiken, neuplatonischen und scholastischen Denken stets mehr oder weniger außerhalb der Welt angesiedelt, gleichwohl einzig würdiges Ziel der Menschen, sowohl seiner psychologischen Anlage gemäß als auch in normativer Hinsicht. Derjenige führt ein gutes Leben, der sich Gott zuwendet, der ewiges Heil verbürgt. Die Welt ist eine, in der vor allem das Schlechte zugegen ist und die Übel und die Mangelhaftigkeit der Welt zutage treten. Die moderne Konzeption einer gemischten Welt lässt dagegen hinreichend Raum für das Gute und das Schlechte sowie für das Glück und das Böse, d. h. des Schlechten um seiner selbst willen. Sie weisen untereinander Beziehungen auf, die die Welt als ganze ambivalent machen und in der interessengeleitetes Wählen und moralisches Handeln immer auf die Schwierigkeiten der Identifizierung des Guten und des Schlechten stoßen.

Das *Summum Bonum* hat in dieser Konzeption logischerweise keinen Platz. Nach Boethius besteht das *Summum Bonum* einfach aus der Gesamtheit der (positiven) Güter. Dies ist nur möglich in einer Welt, in der man die Gutheiten summieren kann, weil sie *unabhängig* von Übeln sind.[10] In einer gemischten Welt ist das *Summum Bonum* unmöglich, denn viele Gutheiten sind in Übel eingeschlossen, die unvereinbar sind mit anderen Gutheiten. Gegeben sei eine Gutheit Y und eine Gutheit x, eingeschlossen in ein Übel non-Y. Dann können die Gutheiten x und Y nicht einfach summiert werden; sie können keine Summe an Gutem bilden, da sich die Gutheit Y inadhäsiv zum Übel non-Y verhält. Dasselbe gilt entsprechend für Gutheiten unterschiedlicher Art. Im antiken Paradigma werden die Gutheiten stillschweigend als gleichförmig angesehen, wozu passt, dass die Übel als Ermangelung an Gutem gelten, wodurch auch die Übel gleichförmig sind, da ganz definiert durch den Mangel. Weil die Gutheiten in wesentlicher Hinsicht gleichgeartet sind, können das Gute, das Glück und Gott letztendlich gleichgesetzt werden. In der christlichen Harmonielehre ist das *Summum Bonum* möglich und einfach bestimmbar; dass es transzendent ist, ist eine mögliche Lösung der eigentlichen Unvereinbarkeit von Gutheiten, die erst in der Neuzeit langsam deutlich wurde und ein Resultat der besseren epistemischen Durchdringung von Gutheiten und Übeln ist. Die Schwierigkeiten einer positiven Bestimmung des Guten ist im antiken Denken noch nicht gegeben; auch das Zusammenfallen mit der epistemischen Unbestimmtheit Gottes stellt keine Schwierigkeit, sondern eher eine Lösung dar, da Gott dem Glauben überantwortet ist und der Glaube an das Gute und an eine eigentlich harmonisch-benevolente Ordnung das Erschrecken über die faktische Unvollkommenheit der Welt mindert. Gott ist als Anfang das Vollkommene; ist er auch das Gute, so stellt dies sowohl eine Lösung für die sonst mangelnde Verbindlichkeit des Guten dar wie auch für seine zweifelhafte weltliche Existenz.

In der Moderne hingegen muss das Gute im strengen Sinne irdisch sein und dennoch verbindlich. Eine harmonische Konzeption ist unmöglich. Gleichwohl hängen viele moderne Konzepte mit den antiken Konzeptionen zusammen; einige moderne Autoren verstehen sich explizit als Aristoteliker und entwickelt den naturalistischen Begriff des Guten im Sinne des aristotelischen Gedeihens weiter. Denn im postaristotelischen Denken ist das Gute, sofern es positiv definiert wird, dasjenige, das dem Konzept des Gedeihens, der Prosperität und der Produktivität

---

[10]Die Gutheiten sind den Übeln scharf entgegengestellt, so, wie die Fülle dem Mangel, das Zuträgliche dem Abträglichen und die Tugenden den Lastern. Durch die Ontologie von Gutem und Schlechtem geht ein Riss.

nahe steht (und entsprechend dem Mangel gegenüber gestellt ist).[11] Jemand ist gut, wenn er physisch und moralisch gedeiht und in seinen Unternehmungen Erfolg hat. Im klassischen Denken finden wir das Gute sehr oft gleichgesetzt mit der Vorstellung eines Panazee, das alle Übel übertrumpft. Das Gute ist gut an und für sich und es heilt alle Übel. Es überwindet die Übel, die Mängel und sogar das Indifferente durch Heilung, Gedeihen und Prosperität. Obwohl nach antikem Denken in der Welt ein Mangel bzw. auch das positive Böse herrschen, kommt es doch irgendwann zu einem gerechten Ausgleich, da das Gute (das Paradies etc.) der mangelnden Welt gegenübergestellt und ein Übergang von der einen zur anderen möglich ist. So werden die Leiden, insbesondere in der christlichen Heilslehre, einmal aufgehoben. In der kosmischen Harmonie gibt es, trotz mangelhafter irdischer Welt, letztlich keinen Mangel. Moderne Autoren, die diesen Begriff des Guten und der ausgleichenden Harmonie ablehnen, konzeptualisieren eine Moral

---

[11]Immer wieder kommen Autoren auf den Ansatz zurück, das Gute mit dem Wachstum und der Fruchtbildung zu vergleichen und den Bedeutungskern des Guten im Produktiven, Früchte tragenden und Erfolgreichen zu sehen. So bestimmt Augustinus im Anschluss an die Tradition die Tugend des Maßhaltens als *frugalitas:* „Die Tugend, die diesem Mangel [der *nequitia*] entgegensteht, heißt *frugalitas*. Wie nun diese von *frux*, das heißt von *fructus*, ‚Frucht‘ abgeleitet ist, einer gewissen Fruchtbarkeit des Geistes wegen, so ist nach der Unfruchtbarkeit, das heißt nach dem Nichts, die ‚*nequitia*‘ benannt." (Augustinus 2011, 19) Die Tugenden sind nicht nur funktional gut, da sie zum Guten führen, sondern sie sind auch an und für sich gut. Daher können wir sagen, dass Augustinus *das Gute* als Fruchtbarkeit bestimmt, auch wenn er sich nur auf das Maßhalten bezieht. Explizit mit dem Zuträglichen identifiziert wird das Gute in der Tradition G. E. M. Anscombes von Philippa Foot, G. H. von Wright und Alasdair MacIntyre. Die in dieser Tradition ausgehend von Anscombe so bezeichneten ‚aristotelischen Notwendigkeiten‘ sind das, was den Menschen und die menschliche Gemeinschaft ausmacht; es sind Gegebenheiten, die normativ sind und die definieren, was falsch und schadhaft ist, wobei letztere Begriffe konzeptionell zusammenfallen wie ‚gut‘ und ‚gedeihlich‘. Vor allem sind es Gegebenheiten oder Musterexemplaritäten, die sagen, was der Maßstab für Gedeihen und Verderben ist. In dieser Tradition wird oft das Bild einer Pflanze bemüht, die zum Gedeihen, Wachstum und Fruchtausbildung Wasser, Sonne und Nährstoffe benötigt (vgl. Foot 2001, 44 f.) oder ein Mensch, der Eigenschaften an sich hat, die ihn als Musterexemplar seiner Gattung ausweisen. Diese ‚natürlichen Normen‘ definieren, was gut für eine Spezies oder für ihre Exemplare ist; daraus folgen dann moralische Normen, die wesentlich dazu beitragen dürften, das, was gut ist, zu erhalten. Diese naturalistische und konservative Theorie lässt konzeptuell keine Varianten oder abweichendes Verhalten zu, die ebenso gut oder als zuträglich für eine Gattung und ihre Individuen angesehen werden können. Zudem verewigt sie bestimmte Lebensweisen wie Monogamie, traditionelle Familie und gesunde Nachkommenschaft und damit einhergehend auch die Machtverhältnisse und Normen, die sie enthalten.

der *Kompensation*. Die Gerechtigkeit korrigiert Ungerechtigkeiten und sie kompensiert das fehlende Gute in der Welt und in menschlichen Gemeinschaften.[12]

In der Antike und in den Epochen bis zur beginnenden Moderne ist das Gute überwiegend intrinsisch gut, während für uns Heutige das Gute seine Schwierigkeiten hat. Wie haben einen Sinn für das Zuviel des Guten und auch dafür, was es heißt, jemanden zu seinem Glück zu zwingen und es dadurch zu korrumpieren. Doch nicht überall in der Antike wird das Gute selbst als intrinsisch positiv bestimmt oder ausreichend ohne Bezugnahme auf die Übel definiert. Bei Seneca ist das Glück das, was man erreicht, wenn man sich gegen die Unbilden der Welt, gegen Unglück und Übel stärkt. Sich gegen das Erleiden von Unglück stählen ist der Zweck der stoischen Haltung; zu einer positiven Definition des Guten kommt es nur bedingt. Nach Seneca trainiert der Glückliche, indem er sich unempfindlich macht gegenüber dem Unglück. Er wächst daran: Es ändert „der Heransturm widriger Ereignisse nicht die Gesinnung eines tapferen Mannes; er bleibt standhaft und was auch immer geschieht, das zwingt er in seine eigene Farbe; denn er ist mächtiger als alles, was von außen kommt [...]. Alle widrigen Ereignisse hält er für Übungen [...]. Unglück ist die Gelegenheit zu tapferem Verhalten." (Seneca 2009; 31, 49) Unmittelbar plausibel ist, dass Übel unsere Tapferkeit und unsere Tugenden stärken können.[13] Doch kann es hinreichende große Übel geben, die auch den Tapfersten unter sich begraben. Senecas Konzeption läuft zudem etwas ins Leere: Denn die Frage ist ja, was der Sinn dieser Stählung durch das Unglück

---

[12]Zwar gibt Rawls zu, dass die Begriffe von Gutem und Rechtem dem der Gerechtigkeit „vorgeordnet" (Rawls 2012, 50) sind, da aber das Gute lediglich als „Befriedigung vernünftiger Bedürfnisse" (ebd., 113, ebenso 40, 49) definiert ist und das „Gute nicht unabhängig vom Rechten" (ebd., 48) bestimmt wird, hat die Gerechtigkeit den Primat inne und ist unabhängig von anthropologischen Fragen, etwa dem Streben nach Gutem. In Rawls Theorie der Gerechtigkeit wird, wie auch bei Minimaltheorien der Moral, deutlich der Paradigmenwechsel von der antiken Bestimmung des Guten (als ἡδονή oder εὐδαιμονία) hin zum expliziten Offenlassen dessen, was das Gute oder das Glück sind.

[13]Im antiken Denken sind es die Tugenden, die entweder von den Göttern dem vorzüglichen Menschen gegeben sind, oder die durch Erprobung an Widrigkeiten kultiviert werden können. Dieses Konzept der Tugenden findet sich auch in heroischen Gesellschaften wieder: Es sind Tapferkeit und Todesverachtung, die besondere Tugenden der Heroen darstellen. Verachtet werden von den Heroen nicht die Übel und Leiden der Welt oder der Tod, auch nicht, dass man Böses oder Ungerechtes tut, sondern verachtet wird ausschließlich die *Schwäche*. Die Protagonisten antiker und mittelalterlicher Epen handeln grausam, zornig, unvernünftig und unmoralisch, aber sie handeln stets tapfer und mit einem großen Durst nach Gefahren. Das einzige, was verachtenswert ist, sind eigene Schwäche, Angst und Akrasie.

ist. An einigen Stellen gibt Seneca deutlich zu erkennen, dass die Überwindung des Todes, des Unglücks und der Schmerzen und das Bewahren der eigenen Würde Objekte des Trainings sind. Aber er vermag nicht, angesichts der Tatsache, dass es immer ein großes Unglück geben kann, das den Menschen niederreißt, zu zeigen, was der letzte Zweck des Trainings und der Gefahrensuche sind. Bei Seneca bleibt das Verhalten zum Glück deshalb defensiv; es geht um Abwehr des Unglücks und es ist offen, ob diese Strategie zu einem positiv definierten Glück führt oder nur zu einer Unempfindlichkeit gegen das Unglück. Bei Aristoteles ist die εὐδαιμονία wirklicher Endzweck aller Betätigungen, während es Seneca nicht gelingt, ein Vermeidungsziel als Endzweck anzugeben. In der Stoa ist zwar die Ataraxie im Sinne der Unerschütterlichkeit als Positivum des Glücks definiert. Aber es ist die Frage, ob dieser Glücksbegriff wirklich positiv (= inhaltlich gefüllt) ist und ob er als Definition des Endzwecks eines guten Lebens wirklich befriedigt. Wir kennen aus anderen Zusammenhängen den Unterschied zwischen Frei-sein-von und Frei-sein-für. Senecas Lehre ist defensiv; man ist frei von Unglück, aber ist man auch befreit und fähig zum Glück? Dies scheint nicht so zu sein.

Dagegen steht die etwas geläufigere Definition von Glück als eines positiven und sich selbst definierenden Gutes, das erstrebt wird. Das Erstreben setzt ebenfalls Tugenden, Mühe und Übung voraus. Das Gute (besonders als definiertes Positivum, als *Glück*) kann der erreichen, der sich darin übt, es zu erlangen und zu genießen. Nach antiker Lehre führen die Tugenden, die jemand hat oder ausbildet, einerseits zum Glück, das er anstrebt, andererseits zur Ehre, die mit dem erreichten Ziel verbunden ist. Durch die Tugenden kann man das Leben meistern und erreichen, was man erreichen will. Die Tugenden sind ihrerseits mit dem Begriff des Gedeihens und des Wachstums verbunden, die mit dem Begriff des Lebens und der Vollkommenheit korrespondieren. Die Tugenden, die jemand hat, weil er sich für das Gute, das er durch seine Unternehmungen erreichen kann, aneignet, dürften kaum Resultat der Verteidigung gegen die Übel der Welt sein. Lediglich defensiv Übel und Unglück abwehren hieße, zu keiner positiven Definition des Guten zu kommen und letztlich keinen Leitstern zu haben, der auch moralische Fragen beantwortet. Zugleich sind die Tugenden nicht nur Werkzeug zum Glück, sondern sie sind, wie MacIntyre in Erinnerung rief (vgl. MacIntyre 1995, 201), selbst Frucht und wertvoller Bestandteil guten Lebens.

Dabei sind die Konzepte von Tugenden, von Mühe und Arbeit, vom Wachsen an Widrigem und von Frucht der Tugendausübung ähnlich konzeptualisiert wie die Resultate anderer Unternehmungen. So, wie man nur durch die Mühen des Lesenlernens letztlich lesen kann und erfolgreich sein wird, während eine Abwehr von Analphabetismus fruchtlos ist, so muss man, um das Glück (oder spezifische Freuden) zu erreichen, die entsprechenden Fähigkeiten haben, die man durch eine entsprechende Übung gewinnt. Um Genuss beim Geschlechtsverkehr zu haben, muss man physisch fit sein und wohlwollend gegenüber dem Partner; am besten ist man sowohl in technischen Fertigkeiten wie in sozial-emotionalen Fähigkeiten geübt. Um ein Haus zu bauen muss man handwerkliche Kenntnisse und Fähigkeiten sowie Geduld haben. Um eine gute Speise zu schaffen, muss man entsprechende Übung und Kenntnis haben. Um jemanden aus einer Gefahr zu retten muss man mutig sein; dasselbe gilt für Abenteuer und risikoreiche Unternehmungen. Jedes X verlangt spezifische Fähigkeiten. Man trainiert nicht nur seine Muskeln, um etwas leisten zu können, sondern auch den Verstand und seine sozialen Qualitäten, um etwas Spezifisches erreichen zu können. All das wird auch nicht durch den Einwand erledigt, dass man, um Böses zu tun, ebenfalls bestimmte Untugenden und Fähigkeiten erwerben muss. Denn das Gute zu erreichen wird meist so konzeptualisiert, wie man auch andere Ziele erreicht; dies ist ein Resultat der Aristotelischen Grundüberlegung, nach der Menschen das Gute anstreben wie sonst ihre Güter in ihren verschiedenen Unternehmungen. Und für jedes Ziel gibt es technische und physische Voraussetzungen, um es zu erreichen. Das heißt, jeder, der ein Ziel erreichen will, muss entsprechende Tugenden, gedacht als habituelle Fähigkeiten und Fertigkeiten, besitzen, so auch derjenige, der Gutes oder Böses erreichen will. Dagegen genügt es passiv, schlaff und schwach zu sein, um Opfer der Übel und des Schmerzes zu werden. Das positive Glück braucht also ein aktives Erstreben ebenso, wie der Böse Untugenden und Fertigkeiten des Bösartigen braucht, um effektiv böse zu sein. Und die Tugenden werden in dieser Konzeption nicht nur so verstanden, dass sie Laster kompensieren; die Tugenden sind jeweils offensive Mittel, um das Wesentliche einer Sache oder ein Ziel zu erreichen. Und sie sind habituelles Resultat mit eigenem Wert.

Nun meint das aristotelische Streben nach Gutem bekanntlich noch nicht das Streben nach dem moralisch Guten, das heißt das Streben nach dem Wohl oder dem Glück der anderen. Auch garantiert es nicht, dass, wenn alle nach dem Guten streben, es nicht zu Konflikten kommt. Das Streben nach dem Guten ist je meines, es ist mein Streben aus Klugheit, und gerade dies impliziert, wie jeder Egoismus in der Moral, dass der andere in seinem Wohl zu kurz kommen kann. Das heißt, eine Moral wird nötig, selbst wenn das Gute identifiziert und als *normativ verbindlich* gerechtfertigt wurde. Selbst das Gute, Wahre und Schöne, gedacht als klassische Einheitsidee, garantiert nicht, dass die Menschen wohlwollend zueinander sind. Wenn das Gute (wie andere Güter) als eine begrenzte Ressource erscheint, ist gegenseitiges Wohlwollen sogar am wenigsten wahrscheinlich.[14]

---

[14]Das Paradies ist den Sündern verwehrt, die neidisch und zornig sind auf die Guten und Gerechten, die ins Paradies eintreten. Das Paradies ist in diesem Sinne trotz seiner Fülle ein restringiertes Gut.

Besonders für die moderne Moralphilosophie ist klar, dass nach dem Guten streben noch nicht gleichbedeutend ist mit nach dem Rechten streben. Warum fallen das Rechte und das Gute auseinander? Was richtiges und gerechtes Handeln ist wird dadurch definiert, wie es um den anderen steht. Es kann kein rechtes, gerechtes und also moralisches Handeln gegenüber mir selbst geben. Denn das Richtige und das Gerechte sind bereits an Normen gebunden, die definieren, was erwünscht und was unerwünscht ist. Optimal ist es, wenn das Gute von Ego mit dem Guten von Alter zusammenfällt und das Streben nach dem Guten gerechte Handlungen impliziert. Doch dies ist kaum regelmäßig der Fall. Im Gegenteil: Zur Ambivalenz der Welt gehört es, dass das Handeln, das mein Gutes konstituiert, den Interessen oder Bedürfnissen anderer entgegensteht. Akzeptiert man, dass das Richtige und das Gute zwei unabhängige Größen sind, so kann man sich veranschaulichen, was es heißt, eine moralische Handlung und insbesondere eine ideale moralische Handlung zu vollziehen. Denken wir uns ein Koordinatenkreuz: Auf der Ordinatenachse liegt das Gute, auf der Abszissenachse das Richtige. Je weiter man nach oben oder nach rechts geht, um so größer werden das Gute und das Richtige. Die optimale (ideale) moralische Handlung liegt auf der Winkelhalbierenden; der Punkt der idealen moralischen Handlung ist weit vom Nullpunkt, dem Nichthandeln, entfernt. (Strebt man das eigene Glück an und bedeutet die Realisierung des eigenen Glücks die Negativierung des Glücks eines anderen, so liegt eine unrichtige Handlung vor. Je mehr ich dem Glück des anderen zustrebe, umso mehr geht mein Glück verloren und umgekehrt. Nicht immer muss das Glück von Ego und das von Alter divergieren, aber für die Moral ist nur dieser Konfliktfall interessant.)

Das Koordinatensystem kann mit weiteren Ansprüchen ausgebaut werden. Man sagt oft, eine Handlung muss effektiv sein; guter Wille ist fromm, aber unwirksam. Eine Handlung muss entweder mir oder anderen real nützen, am besten beiden. Notieren wir auf der Applikatenachse das Nützliche. Eine optimale moralische und zugleich selbst- und fremdnützige Handlung liegt am äußersten Punkt vom Ursprung entfernt. Mit der Hinzufügung von Dimensionen nähern wir uns dem Problem der καλοκἀγαθία: Das Schöne und das Wahre können weitere Ansprüche an Handlungen sein. Die maximale Realisierung aller dieser Ansprüche treibt den optimalen Punkt immer mehr vom Nullpunkt hinaus, zugleich zieht es die Winkelhalbierende in die Mitte der Dimensionen und realisiert somit immer nur ein Suboptimum der Einzeldimensionen. Dies ist der Grund, warum das *Summum Bonum,* hier verstanden als Realisierung aller möglichen als gut deklarierten Handlungsansprüche, *unmöglich* ist. Die Realisierung aller Dimensionen zugleich zieht die Effektivität der einzelnen Dimensionen auf ein niedriges Niveau herunter: Alle Ansprüche optimal zu vereinen wird stets unmöglicher. Weitere Dimensionen wie die Selbstlosigkeit oder die Pflichtenkategorizität oder die Authentizität einer Handlung können nur partiell realisiert werden. Eine perfekte moralische Handlung, also eine Handlung, die aus geläuterten Motiven, aus guter Absicht mit den nützlichsten und besten Folgen vollzogen wird, die zugleich das Schöne und die Gerechtigkeit voll verwirklicht, ist so ideal wie unmöglich. Das liegt nicht nur daran, weil einige Aspekte schon als Gegensätze angelegt sind, etwa Geläutertheit der Motivation und Nutzen der Handlung. Per definitionem wird Paradoxes in der Perfektion versöhnt. Gegensätzliche Ideale wie Engagement und Unparteilichkeit können in einer idealen Handlung realisiert werden, aber eben nur idealiter.

Bisher habe ich nur die formalen Zusammenhänge von ‚gut' und ‚schlecht' behandelt; und wo das Gute und das Schlechte inhaltlich bestimmt wurden, liegt die Bestimmung ganz auf der Linie der Tradition: sinnliche oder intellektualisierte Lust: ἡδονή oder εὐδαιμονία. Die inhaltliche Bestimmung des Guten, des ‚gut-sein' in seiner substanziellen Form, fällt nicht nur unter subjektiven Bedingungen schwer, sondern auch umso schwerer, je objektiver und also verbindlicher der Begriff sein soll. Wie das Gute definieren? Die axiologische Grundlage von ‚gut' hat sich als kritisch erwiesen, da ‚gut' zwar formal gegenüber ‚schlecht', aber eben *nicht eindeutig inhaltlich* bestimmt werden kann. Das substanzielle Gute als Qualifizierung von ‚gut-sein' übernimmt diesen kritischen Status. Die geläufige inhaltliche Bestimmung des Guten ist diejenige als Glück, aber auch ‚glücklich-sein' ist unbestimmt oder jedenfalls zu offen für verschiedene Meinungen. Auch der allgemeine Begriff des Gedeihens, des Heilenden und des Zuträglichen führen zwar eine Bestimmung ein, doch geht gerade die Vorstellung von Glück über sie hinaus: Der Kranke wünscht sich Gesundheit, aber der Gesunde wünscht darüber hinaus mehr, eben Glück.

Die traditionsgeschichtlich wirksamsten Kandidaten für eine Bestimmung des Glücks, ἡδονή und εὐδαιμονία, werden aus Verlegenheit einer Neubestimmung des Guten oft zusammengenommen und als eine, wie bereits gesagt, richtige Mischung sinnlicher und intellektueller Anteile für das Leben dargestellt. Lustvolle Tätigkeiten erleben, vor Unlust bewahrt zu sein und das Erleben der Lust bewusst wahrzunehmen führen zu einer mehr oder weniger positiven Definition des Guten, das Menschen anstreben und erreichen können. Diese Bestimmung ist noch so offen, dass persönliche, gesellschaftliche und kulturelle Glücksquellen unterschiedlichster Art berücksichtigt werden können, ohne eine bevormundende Glücksvorstellung zu befürworten. In dieser Mischung sinnlicher und intellektueller Qualitäten kann Glück sich dann auch auf das ganze Leben erstrecken, Übel und Leiden umfassen und mildern, und mit anderen Tätigkeiten verknüpft sein und also holistisch genannt werden. Jedes nur vorübergehende Glück oder jede nur vorübergehende Kenntnis, so stark sie auch sein mögen, können nicht diesen Status des Holistischen erreichen. Zudem sind bestimmte Quellen des Glücks abhängig von der Lebensphase, ebenso wie bestimmte Übel. In diesen Fällen ist Glück nur potenziell erreichbar.

Dass uns das so erreichte Glück zugleich vor Übeln abschirmt bzw. unsere Leiden mindert geht mit dem holistischen Charakter einher. Nicht befriedigend wäre ein Glück, dass wir nur erstreben können, wenn wir von Leiden frei wären. Diese Bedingung wäre äußerst unrealistisch. Dass aber das Glück Leiden und Übel modifizieren kann, sollte in den Glücksbegriff eingehen. Dass der Mensch leiden kann und sicher leiden wird, ist eine offensichtliche Tatsache, die nach dem Argument des Kontrastes ja auch das Glück erst wertvoll macht; zudem liegen die Leidensfähigkeit und die Glücksfähigkeit in der menschlichen Conditio gleichursprünglich begründet und der Mensch wäre nicht das, was er ist, würde man die Leidensfähigkeit von der Conditio und also von der Glücksfähigkeit abtrennen. Gerade weil der Mensch leiden kann, strebt er Zustände des Nichtleidens und des Glücks an. Das Streben nach dem positiven Ziel, dem Glück, und das Vermeidungsziel, die Leiden, gehören zusammen und genügen ebenfalls der holistischen Konzeptualisierung des Glücks. Der Mensch ist darauf aus, dass das Glück sein Leben umspannt und nicht das Unglück.

Die zweifache Möglichkeit des Glücks, einmal für sich Ziel zu sein, einmal Mittel zum Zweck der Leidensminderung zu sein, korrespondiert mit dem Begriff der Tugenden, die ebenso Mittel sind zur positiven Erreichung des Glücks wie zur Abwehr des Unglücks. Welchen Wert sie als Frucht eines guten Lebens haben kann hier offen bleiben.

Es gibt also eine instrumentelle, zweckhafte Seite am Ziel des Glücks, das, so die traditionelle Konzeption, Ziel an und für sich ist. Doch in unserer Welt gibt es *kein* Ziel, das an und für sich Objekt unseres Strebens ist. Dies liegt an der konditionellen Unruhe des Menschen, der zwar Ziele erstrebt, sich aber mit keinem erreichten Ziel begnügt. Demgemäß kann er das Glück auch nicht als Endzustand anstreben; er kann es nur sukzessive anstreben und neigt, wenn er es in den Händen hält, zu seiner Vermehrung. Auch dies harmonisiert mit der vorliegenden holistischen Konzeption. Diese schlägt sich nieder in der Frage nach dem guten Leben, das ja ein zeitlicher und räumlicher Vollzug ist, und letztendlich auch in der Frage nach einem guten Tod, der ja ein Übel ist und dem wir nicht entkommen.

Zudem trägt die holistische Konzeption des Glücks der Tatsache Rechnung, dass wir in einer gemischten Welt leben, in der Gutheiten mit Übeln und Übel mit Gutheiten konditional verknüpft sind. Manche Quellen des Glücks lassen sich nicht ohne vorherige Mühe oder ohne anderweitige Übel anzapfen. Auch die Maximierung des Glücks zu einem reinen und vollendeten Glück ist aus diesem Grund nicht möglich; wären die mit dem Glück verbundenen Übel auch nur infinitesimal klein, so würde sein unendliches Anwachsen die Übel doch auch proportional unendlich vermehren. Die holistische Konzeption wird der Tatsache gerecht, dass es auch kein einziges ,Empfängnisorgan' für das Glück gibt, wie in den alten Lehren die Seele, sondern dass sich der Mensch gemäß seiner Conditio verschiedener Glückserfahrungsquellen bedient, sinnlichen und intellektuellen. Zuletzt wird die holistische Konzeption auch der Tatsache gerecht, dass es kein utilitaristisches Kalkül für Glücksmaximierung gibt, jedenfalls keines, das sich auf das ganze Leben erstreckt. Im Gegenteil: Manches zufällige Glück kann in die holistische Konzeption eingepasst werden; das zufällige oder seltene Glück hat aufgrund seiner Zufälligkeit und seiner Seltenheit doch auch einen bestimmten Wert; was wir nicht anstreben können, was uns aber vor die Füße rollt, können wir wertschätzen. Ebenso erfassen wir zufällige Unglücke als ungerecht und empörend.

Dass Glück und Unglück untrennbar miteinander verbunden sind und wie man dennoch angesichts dieser Tatsache sagen kann, was es heißt, ein gutes Leben zu führen, soll jetzt gezeigt werden.

In einer gemischten Welt zu leben heißt für den Menschen, in einer Welt zu leben, die von Ambivalenzen gekennzeichnet ist; es heißt, auf Gutheiten zu stoßen, die nicht ohne spezifische Übel zu haben sind (sei es als Mangel an Gutem, sei es als selbstständige Übel) und die somit die Wahl schwierig machen. Es heißt auch, dass der Mensch selbst ein gemischtes Wesen ist, der strukturell miteinander verbundene positive und negative Eigenschaften hat. Was seine sinnliche Konstitution betrifft, so scheint der Mensch Wohlbefinden und Schmerz mit ein und demselben Nervensystem zu empfinden. Man könnte ihm also die Empfänglichkeit für Schmerz nicht nehmen, ohne ihm zugleich auch die Empfänglichkeit für Wohl zu nehmen.

Eine gemischte Welt, in der es Gutheiten und Übel gibt, unterscheidet sich vom Paradies, in dem es nur das Glück ohne sein Gegenteil gibt. Im Paradies hat man nur die Option glücklich zu sein, und in diesem Sinne keine Freiheit. Man ist festgelegt auf Glück.[15] Wir in unserer gemischten Welt halten die Freiheit dagegen für essenziell und bewerten ein durch Freiheit, durch zielgerichtetes Handeln oder durch Arbeit erreichtes Glück als noch wertvoller als ein zufälliges. In unserer gemischten Welt wissen wir das Glück und die Überwindung von Übeln zu schätzen. Sowohl in der wechselseitigen Definition von Gutheit und Übel als auch für sich betrachtet erlangen wir ein Verständnis dafür, was wir anstreben und was wir meiden wollen (sollten). Moral ist ein gesellschaftliches Mittel, Antworten auf die Fragen, besonders im Konfliktfall zu geben, ohne dass sie uns als Maximalmoral Antworten auf eine gute Lebensführung gäbe. Die Definition des Guten hat die moderne Moral weitgehend aus ihrer Zuständigkeit verbannt.[16] Nur in einer gemischten Welt ist Moral überhaupt notwendig.

Doch zunächst ist es so, dass jeder selbst nach den Glücksmöglichkeiten strebt, die er zu erlangen meint. In seinem individuellen Leben setzt sich der Mensch Ziele; er weiß, was er vermeiden und was er erreichen will; in seinem Planen muss er Gutheiten und Übel berücksichtigen und zueinander in Beziehung setzen; er muss überdies wissen, was er, jedenfalls für eine bestimmte Phase seines Lebens, anstrebt. Es können dies gute Dinge sein oder das Gute an und für sich oder, realistischer, das Gute an den guten Dingen. Dieses Streben nach Gutem ist auch möglich in einer gemischten Welt, das heißt auch gegenüber Dingen, die nicht nur Gutes beinhalten. Hinzu kommt, dass wir Gutes oft nicht enthusiastisch, sondern nur nolens volens anstreben.

---

[15]So viele Paradoxien hält der Begriff des Paradieses bereit: Im Paradies gibt es nur die elysischen Freuden und keine irdischen oder höllischen Leiden, also ist es mangelhaft. Insofern irdische Leiden an eine konkrete Beschaffenheit, sagen wir x, geknüpft sind, so impliziert paradiesische Freude den Verlust von x. Also ist es mangelhaft. Stellen wir uns Menelaos vor, wie er nach seinem Tod die Insel der Seligen erreicht. Insofern er seine Leidensfähigkeit verliert, wird er mangelhaft. Dies gilt auch, wenn er sich im Jenseits vervollkommnen würde. Mit allen Begriffen des Jenseits verbinden wir die Vorstellung von Vollkommenheit. Wer in das Jenseits eintritt, wird glücklich, ihm mangelt es an Leiden. Wer gesund wird, dem mangelt es an Krankheit. Und wer jung wird, dem mangelt es an Gebrechen. Wer im Paradies unendlich mal besser wird, verliert alle seine Mängel, was nichts anderes heißt, als einen Mangel zu erleiden. Wenn es Helena auf der Insel der Seligen als vollkommene Schönheit gibt, verliert sie doch ihre konkrete Schönheit, die sie unter den Lebenden besaß. Kurz gesagt: Dem Paradies mangelt es am Mangel, das macht es mangelhaft. Anders gesagt: Der Vollkommenheit mangelt es an der Unvollkommenheit, das macht sie mangelhaft. Lediglich die gemischte Welt enthält alles und ist somit vollkommen.

[16]Gleichwohl ist zu fragen, ob Minimalmoralen wie diejenigen von J. L. Mackie oder B. Gert nicht gerade das Schlechte und sogar das Böse als äußerste Vermeidungsziele definieren müssten, was sie nicht tun.

Wie sieht es nun aber aus mit den spezifischen Verbindungen von Gutheiten und Übeln, die einem Menschen in einer gemischten Welt widerfahren können? Offensichtlich gibt es doch Gutheiten (Wohl etc.), die schon bestehende Übel verbessern, und Übel, die schon bestehendes Wohl korrumpieren können. So kann das Kennenlernen eines freundlichen Menschen (als Fall einer guten Sozialbeziehung) eine bestehende Erkrankung mildern.[17] Aber eine neue Erkrankung kann ein bestehendes Wohl (etwa Schönheit, gute Sozialbeziehungen etc.) korrumpieren. Diese Beziehung gegenseitiger Graduierung zwischen Wohl und Übel bestehen auch jeweils zwischen Übeln und Übeln sowie zwischen Gutheiten und Gutheiten. Hässlichkeit, zu der eine Erkrankung tritt, kann diese unerträglicher machen; Reichtum, der zur Schönheit tritt, kann diese noch angenehmer machen. Es ist plausibel anzunehmen, dass die Beeinflussung auch zwischen Gütern und Übeln unterschiedlicher Arten bestehen. Besonders das Gut ‚Gesundheit' und das Übel ‚Krankheit' wirken verbessernd oder korrumpierend auf verschiedenartige sonstige Güter und Übel. Reichtum und Armut können verbessernd oder verschlimmernd auf Güter und Übel wirken, die nicht der Klasse des Materiellen angehören; wer intelligent ist, aber arm, der wird trotz seiner Intelligenz unter seiner Armut leiden, obwohl Armut aus der Klasse der materiellen Übel stammt, während Intelligenz aus der Klasse der immateriellen Güter stammt. Das bedeutet, dass Übel Übel gewichten und Gutheiten korrumpieren können und dass Gutheiten Gutheiten gewichten und Übel mildern können. Vermutlich spielt die Klassenzugehörigkeit der Übel und Gutheiten bzw. ihre Art auch eine Rolle beim entsprechenden Erfolg, das Gute oder das Übel der anderen Klasse zu verbessern oder zu korrumpieren. Doch eine Kasuistik der Beeinflussung müsste zuerst die Kasuistik der Klassen von Gütern und Übeln klären und das ist besonders bei subjektiven Gütern und Übeln ein schweres Unternehmen. (Zum Beispiel ist Gesundheit, obwohl ein objektives Gut, doch subjektiv und wird ganz individuell geschätzt oder aufs Spiel gesetzt.)

Es gibt zudem Übel, die Gutheiten vernichten, und Gutheiten, die Übel gänzlich aufheben. Das ist nicht nur eine logische Erweiterung der Tatsache, dass Übel und Gutheiten einander beeinflussen, sondern es ist ja tatsächlich der Fall, dass Übel das bestehende Wohl oder das Glück eines Menschen vollständig und

---

[17]Ich berücksichtige in meiner folgenden Darstellung nicht nur Gutheiten und Übel, die sozusagen auf derselben ontologischen Ebene liegen oder derselben Gattung angehören, das heißt, ich gehe davon aus, dass man Freuden verschiedener Art und Übel verschiedener Art jeweils miteinander wie auch untereinander in Beziehung setzen kann. Dies gilt entsprechend für Qualitäten und Quantitäten, da es allein auf die Art des Maßes ankommt, ob beide vergleichbar sind.

unwiderruflich zerstören können; wie es auch eine Tatsache ist, dass bestehende Übel durch ein Glück vollständig aufgehoben werden können. Beispiele: Jemand hat einen reichen Besitz (ein großes Weingut im Périgord) und macht Schulden; er verliert alles, seinen Besitz, die Gunst seiner Familie, seine Freunde. Oder: Jemand lebt in Armut, ohne nennenswerte Sozialbeziehungen, immer am Rand der Verwahrlosung und mit einem Hang zu reichlich Alkohol. Er wird jedoch für einen Film entdeckt, und der mit dem Film verbundene Erfolg reißt ihn aus dem alten Leben, ermöglicht ihm Heilung, den Zugriff auf neue Glücksquellen etc. In dem einen Fall ist das bisherige Glück vernichtet, in dem anderen Fall das bisherige Unglück.

Es gibt jedoch auch Fälle, in denen bestehende Übel und Gutheiten (Wohl, Glück) *unabhängige* Größen sind, die für jemanden bestehen, *gleichgültig wie stark* ein zusätzliches Übel oder ein Wohl auftreten oder zunehmen. (Dasselbe gilt auch für Übel, die auftreten, ohne andere Übel zu modifizieren; und für Glück, das auftritt, ohne Einfluss auf ein anderes Glück zu haben.) Beispiele für diese (vier) Fälle sind schwieriger zu finden und dürften konstruiert erscheinen, besonders, da ich annehme, dass jemandes Glück von einem ihm gleichzeitig spürbaren Unglück nicht beeinflusst wird, was voraussetzt, dass er beide zwar nicht isoliert empfinden muss, aber dass er sein Glück von dem wie groß auch immer werdenden Unglück nicht korrumpieren lässt, was oft eine außerordentlich starke charakterliche Leistung ist. Doch nehmen wir an, jemand erhält die Diagnose einer schweren Krebserkrankung, er isoliert dieses Unglück und lässt sein Glück, beispielsweise seine Freude beim Spielen mit seinen Kindern, davon nicht beeinflussen. Oder: Jemand sitzt unschuldig im Gefängnis, und er erfährt, dass sein Gegenspieler ermordet wurde. Das verbessert nicht sein Unglück, aber er verspürt doch Freude. Oder: Jemand leidet seit Kindheitstagen unter einer Krankheit, im Alter wird sein Bein amputiert. Er erlebt also zwei Übel, aber das zweite Übel muss sein erstes Übel nicht notwendigerweise gewichten und sein Leben insgesamt verschlechtern. Oder: Jemand hat ein großes Weingut im Périgord, ein stattliches Vermögen und gute soziale Beziehungen. Er schreibt einen Bestseller, er wird berühmt; diese Art von neuem Glück berührt sein bisheriges Glück nicht. (Der Beweis wäre, dass, wenn er das neue Glück verlöre, er das alte unbeschadet behielte.) In den letzten beiden Fällen würden wir intuitiv davon ausgehen, dass Übel und Glück sich gegenseitig beeinflussen und das spätere Glück das frühere Glück bzw. das frühere Übel und das spätere Übel das Lebensglück bzw. das Lebensunglück entsprechend vergrößern. Oder auf einen Tag besehen: Wenn zu Rückenschmerzen Langeweile und zu dieser Zahnschmerzen kommen, so würden wir sagen, die Summe an Unglück vergrößert sich. Oder, weil Summe rein additiv ist, wir würden sagen, alle drei Übel beeinflussen sich qualitativ; die Rückenschmerzen werden bei anderen Schmerzen noch unerträglicher (es kann aber auch sein, dass sie sie relativieren). Ist es plausibel anzunehmen, dass die ersten Übel nicht irgendwie beeinflusst werden? Gewöhnlich ist das der Fall. Doch würde ich sagen, es gibt Übel und Glück, die einfach nicht modifizierbar sind – die weder von Übeln noch von Gutheiten beeinflusst werden. Nur weil dies so ist, ist eine stoische Haltung denkbar, die in der Seelenruhe Glück findet, weil diese unbeeinflusst ist von anderen Übeln oder Glück. (Denn die *Seelenruhe* kann nur Glück sein, weil der Stoiker von einem anderen Glück, das ihm widerfährt, unbeeindruckt ist.)

Es ist allerdings wichtig, dass der Mensch zum Beispiel an einem Glück teilhaben kann, das resistent ist gegenüber anderem Glück (sonst würde er das erste Glück schnell aufgeben und ziellos sein) bzw. das resistent ist gegenüber Übel (sonst würde er bei irgendeinem auftretenden Übel nicht mehr in der Lage sein, sich an etwas zu erfreuen oder unabhängige Freude anzustreben). So müsste ja der, der mit Hässlichkeit oder mit unheilbarer Krankheit geschlagen ist, es aufgeben, nach seinem Glück zu suchen, wenn es nicht unabhängig von den schlechten Voraussetzungen bestehen könnte.

Das von Übeln unzerstörbare Glück ist übrigens jenes Philosophem, das die Denker suchen, wenn sie εὐδαιμονία suchen. Es gibt Übel, die das Bestehen und die Qualität (bzw. den ganzen Charakter) eines Glücks niemals beeinflussen können, auch wenn die Übel maximal sind und denselben Glücklichen treffen, der sein Glück genießt. (Die Frage ist, ob der Tod ein Übel ist, der immer das Glück eines Menschen korrumpiert.) Selbstverständlich ist die Rede von Beziehungen bzw. von der Selbstständigkeit von Übeln und Gutheiten bzw. Glück deshalb schwierig, weil ihre jeweilige Qualität selbst dann, wenn sie angegeben werden kann, doch in der jeweiligen Verbindung oder in der Isolation schlecht spezifiziert werden kann. Nehmen wir an, Peter sitzt im Gefängnis wegen Mord; die Tat und die Bestrafung mindern seine Freuden am Leben; aber er genießt eine spezifische Freude, nämlich die *Schadenfreude* am Unglück, das er dem Ermordeten und seinen Angehörigen angetan hat. Oder er genießt es, dass ihm seine Rache (in der Ausführung eines genialen Verbrechens, im maximalen Schaden etc.) geglückt ist. Kann seine Schadenfreude als echte FREUDE und somit als ein Bestandteil der holistischen Glückskonzeption gelten? Aristoteles würde die Selbstständigkeit der Freude und die Qualität der Schadenfreude als FREUDE nicht anerkennen. Wir können aber sagen, dass die Schadenfreude eben durch ihren Anteil an dem, was wir unter FREUDE verstehen, charakterisiert ist. Die Schadenfreude ist eine

Art von FREUDE.[18] Sie ist vielleicht nicht die beste Freude, aber doch zur Klasse der FREUDE gehörig und deshalb nicht korrumpierbar durch andere Freuden oder Übel. Peters Schadenfreude ist also resistent gegenüber dem Übel, das ihm durch die Bestrafung zugefügt wird.[19] Wenn wir sie als echte Freude anerkennen,

---

[18]Welche Freude ist *besser:* Schadenfreude, ‚klammheimliche Freude', Mitfreude, Siegesfreude, Gaumenfreude, Spielfreude vs. Freuden der Muße, Vorfreude vs. Erfüllungsfreude, xy-Freude? Alle Freuden sind durch ihren Bezug zur Gattung FREUDE charakterisiert. Die Vorfreude ist anders als die Freude, wenn sich das, was die Vorfreude anvisierte, erfüllt; beide gehören jedoch der Gattung FREUDE an. Im Dependens dieser einfachen Komposita steht der Modifikator, im Kopf steht die FREUDE als unveränderlicher Bestandteil. Unveränderlich heißt nicht, dass diese nicht zu- oder abnehmen kann; sie ist veränderlich innerhalb ihrer Gattung, kann aber nichts anderes sein als FREUDE. Im Dependens steht, welcher Art die Freude ist. Die Stärke kann sowohl in der Art als auch in der Gattung zunehmen oder abnehmen; vielleicht ist die Vorfreude schwächer als die Erfüllungsfreude, doch beide sind sie besser als keine Freude. Man kann verschiedene Freuden anvisieren, je nach dem, was einem wichtig ist: Die Spielfreude visiert der an, der Spielen will; die Arbeitsfreude visiert derjenige an, der arbeiten will; die Freude der Muße derjenige, der müßig sein will. Welche Freude besser ist hängt davon ab, was man will. Die Freude, die man genießt, muss daher stets FREUDE sein. Um Schadenfreude zu haben muss derjenige, der sie hat, sich auf den Wert beziehen, der dadurch realisiert wird, etwa, dass er sich über einen anderen stellt bzw. den Schaden des anderen als seinen Nutzen sieht. Unabhängig von der moralischen Beurteilung durch Dritte, die der Schadenfreudige ja nicht teilt, muss also erwiesen werden, dass Schadenfreude durch ihren Bezug zur FREUDE eine echte Freude ist und dass der Schaden von Alter die Freude von Ego nicht korrumpiert – was man nur erweisen kann, wenn man eine negative Beziehung des Schadens von Alter auf die Freude von Ego nachweist. Umgekehrt ist es plausibler anzunehmen, dass der Schaden von Alter eine positive Einwirkung auf die Freude von Ego hat, sonst wäre ja Schadenfreude unmöglich – doch wir haben einen klaren Begriff von ihr. *Weil* sie möglich ist, verurteilen wir sie moralisch. Und der Schaden von Alter kann ja tatsächlich der Nutzen von Ego sein, und über seinen Nutzen kann Ego sich freuen. Die Schadenfreude ist also als FREUDE realisiert. Sie steht im gleichen Rang mit anderen Freuden, sofern sie FREUDE ist. Die Frage ist weiter, wie sich die verschiedenen Freuden beim Einzelnen anfühlen; die Schadenfreude könnte sich nicht so intensiv oder echt anfühlen wie die Freude an einem Geschenk beispielsweise. Aber die Dimensionen des Gefühls sind zu subjektiv und einer Beschreibung zu wenig zugänglich, als dass wir die Freuden miteinander vergleichen könnten. Im Gegenteil: Der Bezug zur FREUDE macht sie vergleichbar und stellt sie als Erstrebenswertes auf dieselbe Ebene. Sofern sie FREUDE sind, sind sie gleich, haben sie dieselbe Wurzel. Vor allem könnte man ja sagen, dass, wer keine andere Freude als nur Schadenfreude empfinden kann, wenigstens diese empfinden sollte, um überhaupt einen Zugang zur FREUDE zu haben.

[19]Der Sinn von Strafe ist es, ein künstliches Übel zuzufügen. Jemand, den eine Strafe trifft, kann natürlich unbeeindruckt davon bleiben; in diesem Fall ist es möglich, dass er nicht den Sinn der Strafe erfasst oder dass er gleichgültig gegenüber ihrem Sinn ist, der ja primär ein gesellschaftlicher Sinn ist.

also als zugehörig zur Klasse der FREUDE, und weil sie nur möglich ist, weil sie auf dem Schaden beruht, den Peter dem anderen antat, so müssen wir sagen, dass sie unabhängig ist vom Übel, das Peter als Strafe erfährt. Wir müssen dann aber auch sagen, dass sie selbstständig ist, und zwar in der Hinsicht, dass sie Peters Situation auch nicht verbessert. Die Übel der Bestrafung können noch so maximal sein, sie berühren Peters Schadenfreude nicht und diese berührt Peters Situation nicht. Die Todesstrafe kann die Schadenfreude durch Beendigung der Bedingung des Freuens natürlich aufheben; wir können aber auch annehmen, dass Peter sie tagtäglich, etwa bis zu seiner Hinrichtung, stark und lebhaft erlebt. Ist sie das *einzige* Gut, dann ist klar, dass sie das Glück, das Peter erreichen kann, maximal ausfüllt.

Je nach Charakter von Peter wird er die Schadenfreude so hoch schätzen und so intensiv erleben, dass ihm die gegenwärtige Bestrafung nichts ausmacht. Zudem kann er andere situationsspezifische Freuden innerhalb des Gefängnisses erfahren. Zwar ist Bestrafung durch die Justiz darauf gemünzt, alle Freuden, die jemand haben kann, durch Freiheitsentzug zu beeinträchtigen, aber es kann gleichwohl sein, dass diese Art von Übel von resistenten Freuden begrenzt wird. Freiheitsberaubung und Beraubung an Gesundheit sind gute Kandidaten für die Hypothese, dass Übel *immer* das Wohl eines Menschen beeinträchtigen. Andererseits kennen wir die (teils stoische, teils moderne) Forderung, sich resistent zu machen gegenüber allen Arten von Übeln – und diese Forderung ist nur zu verstehen, wenn es Glück oder Freuden gibt, die von Übeln welcher Art auch immer unbeeindruckt und unabhängig sind. Den Charakter gegenüber Übeln stählen heißt ja, Glücksquellen so zu isolieren, dass ihnen keine Übel etwas anhaben können. Andererseits haben wir einen Sensus dafür, dass gewisse Arten von Übeln wie Krankheit, Armut, soziale Isolation, Tod (bzw. grausames Sterben) immer das Wohl bzw. Glück eines Menschen negativ affizieren (oder bestehende Übel verstärken). Das bedeutet, wir müssen, um zu sehen, welche Übel und welche Gutheiten (aufgrund ihrer Beschaffenheit) unabhängige Größen sind, auch auf den Charakter und auf die Empfindungsweisen des Betreffenden sehen.

Die Liebe eines Menschen oder der Beistand oder die Freundschaft können sich positiv (mildernd etc.) auf Übel auswirken, aber natürlich nicht auf hinreichend große Übel. Krankheiten, Armut, Isolation oder die Feindschaft durch andere können sich negativ (glücksmindernd etc.) auf mein Wohl auswirken, aber natürlich nicht auf ein hinreichend großes Glück. Irgendwann geht der Effekt der Beeinflussung von Glück auf Übel bzw. von Übel auf Glück verloren. Und deshalb, so die Tradition der Glückslehre, geht es darum, dasjenige Glück zu erreichen, das vollkommen resistent ist gegenüber negativen Beeinflussungen. Sie machen sich den Effekt der restringierten Reichweite der Beeinflussung zunutze.

Und weil äußere (hinreichend große) Übel nicht in der Macht des Einzelnen liegen, hat die Stoa (und ihre theoretischen Derivate) sich auf die Empfindungsweisen bzgl. Übel bzw. auf die Quellen der Seelenruhe kapriziert. Ebenso die Lehren von Tyche und Fortuna, die die *Unbeständigkeit* und *Unabhängigkeit* des zufallenden Glücks betonen und damit natürlich ein abstraktes Moment liefern, dass man sich am glücklichen Zufall erfreut. Die Gesundheit, die einem zufällt, ist das primäre Wohl, der Glückszufall das sekundäre Wohl, aber ein Qualifikator. Bei Tyche und Fortuna gibt es auch Übel, die neben dem Glück bestehen können, demnach ist es ein Glück, das von negativen Wechselfällen unberührt bleibt. Ebenso die εὐδαιμονία-Lehren, die das Glück als ein gegenüber Übeln resistentes Glück auffassen. Das Glück genügt sich selbst, wie Aristoteles sagt, und die Tätigkeit des Geistes bietet die betreffende Autarkie. Allerdings ordnen die εὐδαιμονία-Lehren viele Beschwerlichkeiten so an, dass sie auf dem Weg zum Glück liegen; die Mühen sind dem Glück notwendig vorgelagert und sie bieten Anlass, durch Training seinen für das Glück empfänglichen Charakter zu stärken bzw. sie bieten das Training, den Verführungen der ‚niederen Lüste' zu widerstehen.

Das heißt, diese Beschwerlichkeiten korrumpieren die εὐδαιμονία nicht. Sie wäre unmöglich, gäbe es Leiden nicht, die man zu überwinden habe. Das gilt auch für das Ananda. Gerade die Prüfungen durch Leiden ermöglichen die Befähigung zum Ananda, während der, der es erreicht, resistent gegenüber den Übeln wird. Selbstverständlich: Sind das Glück, die Erlösung oder die Seligkeit transzendental, wie im Christentum oder im Buddhismus, so sind die Übel nicht im obigen Sinne gegenwärtig und die These ist nicht anwendbar. Wo das Glück aber irdisch ist, wie bei der εὐδαιμονία, da ist es resistent gegenüber den gleichzeitigen Übeln, die den Glücklichen treffen, und darin besteht ja auch das doppelt Erstrebenswerte des Glücks: Als positiver Zustand und als Abwesenheit von Übeln.

Allen Lehren ist gemeinsam, dass sie davon ausgehen, dass es mindestens ein (holistisches) Wohl (also Glück) gibt, das von Übeln und Beschwernissen nicht korrumpiert, ja nicht einmal erreicht wird. Demnach muss es zur (vollendeten oder erstrebenswerten) Disposition des Menschen gehören, dass er, obschon er Übel *erleidet*, das Glück *empfindet* und somit auch faktisch erreicht. Man fragt sich gewöhnlich, welches Glück (im Sinne der Lehren) jemand noch erreichen kann, der völlig verarmt, erkrankt oder depriviert und vom Tode bedroht ist. Wie kann der glücklich sein, der unfrei, sozial isoliert oder verdammt ist? Wie kann Hiob glücklich sein? Und was kann Winnie in Becketts Stück mehr erreichen als die Erinnerung an glückliche Tage, die unwiderruflich vorbei sind? Diese Fragen beantwortet man gewöhnlich damit, indem man darauf hinweist, dass das Glück (als Resultat einer entsprechenden Haltung) verinnerlicht werden muss, denn jemand, der all seinen Besitz und damit all seine Möglichkeiten verloren hat, der sein Glück nicht in der Aktion finden kann, der muss es in der Passion finden. Wer sein Glück nicht in der Interaktion oder im Wachstum an der Welt findet, der muss es verinnerlichen und es in einem Zustand der Ausgeglichenheit finden. Auch unser Beispiel des Gefangenen legt dies nahe, ebenso Aristoteles' Hinweis auf die intellektuelle Tätigkeit, die jedermann isoliert von günstigen oder widrigen Lebensumständen ausführen kann. Und die geläufige Rede vom Bereithalten der Glücksfähigkeit zielt in etwa ebenso in diese Richtung; jedenfalls begnügt sie sich mit den Vorbedingungen des Glücks.

Aber diese Konzeptionen berühren nur marginal das hier vorliegende Problem, weil das höchste Glück, das jemand erreicht, sowieso nur ihm zugehörig ist. Es ist also immer in einem gewissen Sinne ‚privat' und ‚innerlich'. Aber wichtiger ist, ob das Glück, das jemand erreicht, von seinen anderweitigen Leiden berührt wird – und für gewöhnlich würden wir sagen, dass das leider der Fall ist. Das muss schon ein enorm starker Charakter sein, der angesichts der Zerschlagung all seiner Möglichkeiten und Glücksquellen dennoch Glück findet. Eine weitere Frage ist, ob er sein Maximum an Glück erreichen kann, wenn er bestimmte Mittel und Möglichkeiten eben *nicht* mehr hat. Zudem liegen ja die Glücksquellen in der Tat auch außerhalb seiner Macht; denn ganz voraussetzungslos hat nicht einmal Aristoteles das Glück desjenigen gefasst, der denkend und erkennend tätig ist und dadurch seine menschlich-göttlichen Anlagen vollendet. Selbstverständlich: Das Glück ist kein einheitlich objektiv zu erfassendes Phänomen und es ist in keiner der bisher vorliegenden Konzeptionen stark normativ. Normativ ist es höchstens, weil viele Glücksquellen sozialer Natur sind, also von der Gesellschaft bereitgestellt werden und durch diese entzogen werden können. Wäre es allein eine Einstellungssache, jeder starke Charakter könnte glücklich werden.

Doch der Kern des vorliegenden Problems ist, dass das Glück, sei es nun abhängig vom Einzelnen oder sei es vollständig von der Gesellschaft oder den Umständen gegeben, in seinem Maximum unbeschadet von gleichzeitigen (= gleichzeitig empfundenen) Übeln ist, die auch sehr groß sein können, jedoch nicht so groß, dass sie das Glück zerstören, was natürlich immer möglich ist. Man kann also denjenigen beneiden und als wirklich glücklich loben, der, was ihm auch widerfährt, an einem Glück, wie es auch beschaffen sei, teilhat, das resistent ist gegenüber den Übeln, *ohne* dass dies bloße Einstellungssache ist. Dieses Glück muss andauernd sein und das Leben qualifizieren, ohne von den Leiden und Übeln korrumpiert zu werden.

Was ist dazu notwendig? Eine bloße Resistenz gegenüber den Übeln oder ein eigenständiges Glück? Die Antwort lautet: Beides, denn ohne ein wirkliches, für sich bestehendes Glück kommt man nicht aus; bloße Resistenz gegenüber Übel definieren und realisieren das Glück nicht; die stoische ἀταραξία, die sich zu einem großen Teil über die Abwehr extremer guter und schlechter Affekte definiert, liefert keinen positiven Begriff von Glück. Der Adel der Seelenruhe resultiert eher aus der erlangten Autarkie – aber Autarkie ist die Unabhängigkeit von etwas und nicht die Hinwendung zu etwas. Mit dem vorliegenden Glücksbegriff (wie auch mit den Begriffen von Wohl und Gutheiten) suchen wir aber etwas, das man erstreben und erhalten kann, suchen wir eine positive Beziehung zu etwas. Andere Lehren sehen diese Beziehung in der Beziehung zu Gott, insbesondere zur mystischen oder amourösen Vereinigung. Doch wir benötigen keine Lehre des Transzendentalen, da wir ja ein ‚irdisches Glück' suchen. Auch die intellektuelle Tätigkeit des Geistes als einziger Kandidat für die εὐδαιμονία überzeugt nicht.

Wir suchen nach etwas, dass eine Quelle des Glücks ist durch *Engagement,* durch Beziehung und Involvierung. Und derart positiv soll es dann auch resistent gegenüber Übeln sein, die jemanden gleichzeitig ereilen. Nur im Positivum kann etwas Erstrebenswertes bestehen; nur was uns Beziehungen liefert, das können wir als Ziel angeben; die stoische Loslösung von den Leiden oder unangemessenen Freuden (und damit von der Welt als ganzer, die ja eine gemischte Welt ist) kann nicht annehmbar sein.

Es ist wahr, dass Übel unser Glück zerstören können. Auch ist es eine Tatsache, dass uns Übel und Leiden immer befallen; sie sind unsere ewigen Begleiter. Aber es ist ebenso wahr, dass wir rationalerweise nach einem Glück suchen, das unabhängig von den Leiden ist, obschon sie uns attackieren. Sonst würde es einfach keinen Sinn machen, glücklich sein zu wollen, denn es ist bei den Übeln wie bei lästigen Personen: Sie treten einfach immer wieder auf.

Nun sind die Übel verschiedener Stärke in unserem Leben nicht wegzudenken; unsere Welt *ist* eine gemischte Welt, also müssen wir mit den Übeln leben (und *dennoch* glücklich sein). Eine bloße Abwehr von Übeln würde uns niemals zum Glück befähigen. Unser Glück in der Autarkie suchen wäre ebenfalls falsch, da wir uns aus unseren Beziehungen lösen müssten. Vielmehr bietet das Engagement den Schlüssel: Uns in die Welt, in Gutheiten und Übel engagieren, befähigt uns zum Glück. Da Übel auch Gutheiten enthalten, müssen wir uns natürlich auch auf Übel beziehen; wir würden die Menge an Gutheiten nur minimieren, würden wir Übel meiden, die Gutheiten enthalten. Außerdem müssen wir verschiedene Gutheiten kennenlernen, erstens um verschiedene Übel dadurch zu mildern, zweitens um unterscheiden zu können, welche Gutheit die bzw. welches Wohl das bessere ist. Das Glück ist nun das Optimum an Gutem und das muss es auch sein, um nicht ein beliebiges Gutes zu sein. Gleichzeitig muss es als Optimum erreichbar sein, es ist also kein Optimum im Sinne einer Perfektion. Nur durch das Engagement in der Welt, durch das Tätig-Sein, erfassen wir in einem ersten Schritt das Gebiet der Möglichkeiten von Wohl und deshalb von Glück. Das Glück ist keine Summe von Wohl, sondern es ist etwas holistisches. Als solches ist es zwar abhängig sowohl von uns (unseren Anlagen, Fähigkeiten, Bedürfnissen etc.) als auch von den Möglichkeiten der betreffenden Gesellschaft. Das bedeutet, was immer es auch ist, es besteht für sich und neben den Leiden, die man sonst noch hat. Und das bedeutet, auch der Arme, Isolierte, Geknechtete, Gefangene, Erniedrigte etc. kann glücklich werden.

Doch dies ähnelt den Vorstellungen der Lehren, die das Glück verinnerlichen. Ist etwa der Gefangene den Möglichkeiten eines Engagement beraubt, glücklich zu werden, so ist es plausibler anzunehmen, dass er durch die Gefangenschaft in seinem Glück beeinträchtigt wird; also ist es so, dass er nicht über das Glück verfügt, das resistent gegenüber Übeln ist, wie wir es verlangen. So ergibt sich ein Widerspruch: Wir sagen, sinnvoll ist nur die Annahme, dass man ein Glück finden kann, das auch bei gleichzeitigem Leid besteht, denn alle Leiden kann man sich nicht vom Leib halten; zugleich müssen wir sagen, dass derjenige, dem großes Übel zufällt, seines Glücks beraubt ist; das müssen wir annehmen, weil andere es so einrichten können, dass jemand seines Glücks durch Leiden beraubt wird. Strafe hat diesen Sinn. Und da wir die Privatheit des Glücks ablehnen, müssen wir die Lehre fallen lassen, nach der wir ein Glück suchen, das resistent ist gegenüber Leiden, die jemanden gleichzeitig haben kann.

Was ist die Lösung? Wir suchen nach einem Glück, das so groß ist, um gegenüber gleichzeitigem Leiden resistent zu sein; aber wir müssen einräumen, dass es hinreichend große Übel gibt, um jedes Glück zu zerstören.

Nur diese Lösung verbindet alles, was in einer gemischten Welt möglich ist: Übel und Wohlergehen, künstliche Sanktion durch Übelzufügung oder Raub des Glücks, zugleich Streben nach Glück, das nicht in der Privatisierung eines Glückszustandes liegt. Zudem muss das Glück schwach normativ sein; es ist nicht so ganz individuell, wie man meinen könnte, wenn man Aristoteles oder den Stoikern glaubt. So, wie wir sagen, dass jemand x-Freude anstreben soll, genauso müssen wir sagen, dass jemand sein Glück finden soll. Wir können sagen, die x-Freude ist *besser* als die y-Freude, doch wir empfehlen immer die FREUDE. Wir selbst streben nach GLÜCK, und zwar nach einem positiv bestehenden Glück, so, wie wir ja auch eine positive Freude anstreben und nicht nur die Vermeidung von Unlust. Wir zielen auf ein positives Gut, so, wie wir nach tatsächlichen Beziehungen und Involvierungen streben und nicht nach Isolation (die ein Resultat der stoischen Lebensweise wäre). In allen Beziehungen gibt es aber Übel und in allen positiven, glücksspendenden Beziehungen gibt es das Risiko von Übeln.

Dass nun das Glück holistisch ist heißt, dass es keine bloße Summe ist, etwa von hedonistischen Lüsten und geistigen Freuden (die nicht per se inkompatibel sein müssen). Zur Ganzheit des Glücks gehört, dass es verschiedene Freuden oder Gutheiten miteinander verbindet. Wir haben oben gesehen, dass es Gutheiten gibt, die einander beeinflussen (andere tun dies nicht); diese gegenseitig sich beeinflussenden Gutheiten können ein Verständnis dafür liefern, wie es sich mit der spezifischen Qualität des Glücks verhält. Gewöhnlich sagt man, der Glückliche müsse auch gesund sein, wenigstens dürfen bestimmte Übel nicht so gravierend sein, dass er der Möglichkeit von Glück beraubt ist; andererseits sagen wir ja gerade, dass auch derjenige, der unter starken Gebrechen leidet, ein Glück anstrebt, ja eines, das ihn so glücklich macht, dass es sich mildernd auf seine Leiden auswirkt. (Und diese Hoffnung muss jeder, der nach Glück strebt und Übel flieht, haben.)

Derjenige, der nach Glück strebt, muss auch fähig zum Glück sein; sein Glück muss die Kraft haben, selbst unbeeindruckt von Leiden zu sein und gerade diese abzumildern. Wir gewinnen ja etwas Doppeltes, wenn wir Glück erlangen: Das Glück als solches und seine Kraft, Übel zu vernichten. Denn Glück hat die Kraft, Übel zu vernichten; und Unglück hat die Kraft, Wohl und Gutheiten zu vernichten. Genau diese Eigenschaften verbinden wir mit den Begriffen von Glück und Unglück. Wir müssen anerkennen, dass es Übel gibt, die unser Glück (oder unsere Fähigkeit zum Glück) vernichten, dann sprechen wir von einem großen Unglück. Weil wir aber nicht jedes große Übel umgehen können, müssen wir das Glück *suchen und finden,* während wir Übel erleiden. Nur deshalb macht das Erstreben von Glück Sinn.

Nun ist das Manko des Glücks, dass es zwar viele Voraussetzungen für es gibt, aber keine hinreichende und sichere Bedingung. Viele Bedingungen sind persönlicher, viele aber gesellschaftlicher Natur. Die Glücksressourcen wie die Mittel ihrer Erschließung werden von der Gesellschaft zur Verfügung gestellt. Ebenso wie die hedonistischen Quellen sind die Einstellungen eines jeden zum Glück gesellschaftlich geprägt. Auch wenn uns die Moral nicht sagt, was Glück ist und was wir als das Gute anstreben sollen, so sagt uns doch eine vorhergehende Axiologie, dass wir Glück anstreben sollen. Wir sollen dies trotz seiner letztendlichen Unbestimmtheit und Unbestimmbarkeit. Dabei kann das Erstreben selbst etwas sein, was uns problematisch vorkommen müsste. Oft haben wir das Gefühl, dass wir die Vorbedingung zum Glück realisieren, ohne, dass es eintrat. Oder wir haben das Gefühl, dass wir uns an der Vorbedingung der Vorbedingung zur Erreichung des Glücks abmühen. Die Vorvorbedingungen zu realisieren führt uns immer weiter zurück und entfernt uns vom angestrebten Glück. Sobald wir das

Glück in den Händen halten entrinnt es uns schon. Und selbst wenn wir anerkennen, dass gerade diese Metapher das Glück zu sehr verdinglicht und wir das Glück holistisch verstehen müssen, als ein Glück, in dem wir ständig unterwegs sind, so haben wir nicht das Gefühl, das Glück zu erreichen, jedenfalls nicht auf die befriedigende Art, wie man sonst ein Ziel erreicht. Merkwürdig an der gängigen Glückskonzeption ist die Mittel-Ziel-Fassung. Eine alternative Vorstellung kann sein, dass wir das Glück niemals aktiv, also auch nicht durch Engagement und auch nicht durch die Involvierung in Beziehungen erreichen können, da es *kein* Ziel ist. Das Glück ist eher ein Zufall oder ein Gast, der kommt und geht. Es gehört dann zu den Dingen, die, wie Jon Elster sagt, wesentlich Nebenbedingungen sind, die nicht-intentional sind und die sich einfach als Resultat von etwas anderem (intendierten) einstellen. Man sagt oft, glückliche Menschen seien glücklich aus keinem besonderen Grund. Sie sind glücklich, weil sie keinen Grund haben, es nicht zu sein. Man sagt, glückliche Menschen sind solche, die das GLÜCK gar nicht anstreben, sondern die die kleinen Freuden im Leben schätzen. Grundlose Freude ist nach dieser Auffassung echte Freude; sie ist weder zu gewinnen noch zu verlieren. Sie ist ein phantomähnlicher Besitz, der die Leiden materiellen Besitzes nicht kennt, sondern nur die Freude am Sein. Man sagt oft, glückliche Menschen suchen nicht nach Glück. Wenn es da ist, genießen sie es. Allerdings sagt man kaum etwas über den Status der Leiden in dieser Konzeption des Glücks. Auch Leiden müssten darin etwas sein, das jemandem einfach so zufiele. Und würde dies das Leiden erträglicher oder unerträglicher machen?

Letztlich dominiert die Sichtweise, dass man seinem GLÜCK hinterher jagen kann. Darin kann etwas Tragisches liegen. Aber das Tragische ist jedem Engagement für eine Sache und auch jedem Verlust eigentümlich. Wo immer man das GLÜCK auch ansiedelt, im Erstreben oder im Haben, im Sein oder im Vollzug des Lebens, der Begriff des GLÜCKs macht nur Sinn, wenn es erfahrbar ist für den Menschen, wenn es ein wertvolles Ziel ist oder wenn es das Leben als ganzes lebenswert macht. Es gehört zur Rationalität des Menschen, dass er sich glücksfähig hält und das Glück, wenn es ihn ereilt, auch genießt. Das Glück wird durch den Genuss nicht korrumpiert. Der Genuss kann geistig oder sinnlich sein; in der holistischen Konzeption ist er beides und entspricht genau den konstitutionellen Vollzugsmöglichkeiten des Menschen, der deshalb Mensch ist, weil er unweigerlich auf Glück ausgerichtet ist und dennoch frei ist, es zu verfehlen.

Bisher habe ich mir die antike Prämisse zu eigen gemacht, dass der Mensch nach einem Guten strebt in der Logik, wie er nach Gütern strebt; und ich habe mir zu eigen gemacht, dass das Streben nach dem Guten gleichbedeutend ist mit dem Streben nach Glück, weil Glücklich-Sein die beste inhaltliche Füllung des

Guten ist, analog zu der Tatsache, dass jedermann alltäglich nach Wohlbefinden strebt, während jedermann Schmerzen und Unwohlsein meidet. Allerdings wird das Glück nicht wie ein Ziel angestrebt, sondern in der Permanenz des Lebens. Zudem muss anerkannt werden, dass die Strebelogik letztendlich nur eine anthropologische Annahme und schlichtweg nicht bewiesen ist. Außerdem wird die Unbestimmtheit des Begriffs des Guten nur durch eine andere Unbestimmtheit, durch den Begriff des Glücks, ersetzt. Das gilt auch noch, wenn man im Begriff des Glücks hedonistisches und eudämonistisches Wohl verschmilzt und in gewisser Weise harmonisiert. Verneint man aber, dass Menschen aktiv nach Glück streben, so kann man doch im Sinne der Fortuna-Vorstellungen annehmen, dass sie ihnen zufallendes Glück genießen. Ein weiteres Problem ist, dass das Glück, das Menschen möglicherweise aktiv anstreben, nur schwach normativ ist, selbst wenn es gelingen sollte, ein für alle Menschen gültiges Glück zu identifizieren. Dies ist bisher nicht gelungen, und alle liberalen Gesellschaften begnügen sich mit einem subjektivistischen Glücksverständnis. Lediglich gesellschaftlich verbindlich wird, dass jedermann seinem persönlichen, subjektiv verstandenen Glück nachjagen darf.

Die Prämisse, dass Menschen nach Glück streben, ist nur von der Beobachtung geleitet, dass Menschen zum Positiven neigen, und zum Negativen nur, insofern sie darin etwas Positives erkennen, wie Lust im Schmerz oder Erlösung im Tod. Niemand strebt für sich selbst Schlechtes an. Und es würde für uns keinen Sinn ergeben, wenn sich jemand die ausschließliche Existenz einer schlechten Welt oder einer Hölle auf Erden wünschte. Nicht einmal ein böser Gott würde für sich das reine Übel wünschen; er wünscht es anderen und sich selbst positive Vermögen wie Macht oder auch Lust – und damit Gutes. Es wäre paradox, das Negative mit dem Begriff des Erstrebens zu verbinden. Streben und Vermeiden sind genauso entgegengesetzt wie Glück und Unglück, Positives und Negatives. Daran ändert auch die Tatsache nichts, dass wir offenkundig in einer gemischten Welt leben, in der Übel in Gutheiten und umgekehrt eingeschlossen sind, und in der das Glück oft nicht ohne Unglück zu haben ist. Wenn wir den Begriff des Strebens fallen lassen, so können wir doch nicht leugnen, dass sich Menschen an Gutem und Schlechten orientieren und ein diesbezügliches Unterscheidungsvermögen besitzen. Und dieses Unterscheidungsvermögen wird eingesetzt, wenn es um das gute Leben geht. Denn niemand will ein schlechtes Leben führen, ein Leben in Verdruss, Schmerz und Leid. Niemand will Hiob sein, und wenn, dann nicht ohne Hoffnung auf ein besseres Leben.

Wir können den Menschen also gemäß der Tradition als ein Lebewesen bestimmen, dass Gutes erstrebt, auch wenn es vielleicht nicht nach Glück strebt.

Und wenn die Orientierung am Guten eine unplausible Annahme ist, dann können wir doch beobachten, dass Menschen versuchen, ihr Leben zu *verbessern*. Und diese Richtung verweist uns auf den Bereich des Positiven. Ein gutes Leben zu führen ist also ein Leben, dass einer sukzessiven Verbesserung folgt. Dies sollte in unseren Begriff des holistischen Glücks eingehen. Jedes Wohlbefinden, jedes Glück ist nicht dauerhaft; gerade deshalb versucht der Mensch, es über sein Leben zu erstrecken, es stets neu zu erreichen. Nach der Erkenntnis, dass es kein Glücksziel geben kann, wird der Mensch dennoch nicht die Idee aufgeben, dass er sein Leben *verbessern* kann, sei es auf einem hedonistischen, sei es auf einem eudämonistischen Terrain. Dass sein Glück holistisch ist heißt erstens, dass es sich über sein Leben erstreckt. Es heißt zweitens, dass es erreichbar bzw. realisierbar ist. Glück gibt es nicht in der Vollendung – und Gutheiten sind immer mit Übeln durchsetzt.[20] Das heißt nichts anderes, als dass das Glück des Menschen oft deformiert und beschränkt ist durch die kleineren und größeren Übel, die einem Menschenleben in einer gemischten Welt widerfahren können. Das holistische Glück ist keine Summe an einzelnen Glücksmomenten oder der sprichwörtlichen kleinen Freuden. Sie sind, was immer sie auch konkret in einem Menschenleben sind, der Klasse des GLÜCKS zugehörig.

Dies kann aber bedeuten, dass dem Menschen die Teilhabe an Glücksarten der Klasse GLÜCK unmöglich ist. Dennoch gehen wir alle davon aus, dass wir das Gute im Sinne eines glücklichen Lebens (oder das Glück im Sinne eines guten Lebens) erreichen können. Dass ein gutes Leben möglich ist scheint uns so etwas wie einen Sinn des Lebens zu eröffnen. Und bei dieser Konzeption ist entscheidend, dass das Gute oder das Glück konkret sind, und dass beide positiv definiert sind und nicht negativ, über die Abwesenheit von Übeln.

Versucht aber jemand in einer gemischten Welt, in der Übel und Gutheiten zusammenhängen, ein holistisches Glück zu erreichen, so muss er aus genau diesem Grund die Übel in den Glücksbegriff integrieren. Er muss die Übel ihrerseits

---

[20]Dies gehört zur Konzeption der gemischten Welt. Dabei habe ich bisher die Frage ausgeklammert, ob auch das Gute das Schlechte (das Böse) inkludiert und umgekehrt. Gemäß der polartigen Struktur sollen das Gute und das Schlechte (das Böse) stets das jeweils Andere sein. Dies schließt zumindest aus, dass wir auf beiden Seiten zwei gleichstarke Gemische haben, nicht jedoch, dass sich im Guten letztendlich Schlechtes findet und im Schlechten letztendlich Gutes. Das gilt auch für das Böse. Das Böse hat keinen anderen Sinn, als schlecht zu sein. Aber es ist am Positiven orientiert, insofern es sich selbst erhält. Der gemischten Welt steht übrigens nicht das reine Gute oder Böse entgegen, sondern das Nichts.

durchlöchert sehen von Gutheiten, von Glücksmöglichkeiten. Er muss das holistische Glück so konzeptualisieren, dass es nicht die Summe von Freuden ist, sondern Anteil an den Freuden der Klasse GLÜCK, das selbst nicht transzendent ist, sondern in den erreichbaren Freuden konkret wird. Diese konkreten Freuden oder Glücksmomente führen in die Welt, aus der sie stammen; sie führen anstatt zum Privatismus in die Involvierung der Welt. Das Erreichen der konkreten Glückselemente verlangt ein diesbezügliches Engagement, einen Provollzug. Wenn etwa die Liebe des Partners, Freundschaft, beruflicher Erfolg, Familie usw. Quellen des eigenen Glücks sind, dann ist klar, dass man sich engagieren muss, um diese Quellen erlangen zu können. Es ist auch klar, dass man damit das Risiko ihres Verlustes oder ihres Gegenteils eingeht. Der Verlust der Liebe und der Freundschaft oder das sich Zuziehen von Hass und Feindschaft sind die Gefahren, die sich aus dem Engagement ergeben.[21] Die Gutheiten, das Wohl und das mögliche Glück werden jeweils so weit realisiert, wie das eigene Engagement und die Umstände es zulassen; das holistische Glück wird pro tanto realisiert in einer Welt voller Übel und vergleichsweise geringen Freuden. Das erreichbare Glück kann dabei nicht die bloße Summe sein von Freuden, da manche Freuden miteinander unvereinbar sind. Aus diesem Grund müssen wir uns so oft zwischen verschiedenen Freuden und Glücksmöglichkeiten entscheiden – man kann nicht alles haben. Anders als im Begriff des *Summum Bonum* liegt im Begriff des holistischen Glücks gerade die Tatsache, dass divergente und dispersive Freunden nicht vereint werden können. Man muss wählen. Setzen wir voraus, dass Menschen zwar nicht das Gute als solches anstreben, jedoch das jeweils bessere, dann können wir die einfache Tatsache beschreiben, dass Menschen Kriterien entwickeln, mit deren Hilfe sie etwas als besser gegenüber etwas anderem bestimmen. So kann ein weitgehender Konsens erreicht werden. Gesundheit beispielsweise gilt nicht als das GUTE, das man anstrebt, sie wird aber der Krankheit vorgezogen. Im Vollzug des Vorziehens bleibt vieles, was man erreicht, vorläufig. So orientiert

---

[21]Sowohl die Arbeit an den Gutheiten der Welt, wie etwa die Arbeit an einer Partnerschaft, als auch der bloße Zufall einer Liebe ohne eine entsprechende Mühe, machen diese Dinge wertvoll. Da alles plötzlich entrissen werden kann, sind Liebe, Vertrauen, Freundschaft usw. zusätzlich von unschätzbarem Wert. Überdies würde eine automatisierte oder künstliche Bereitstellung solcher essenzieller Gutheiten diese unecht machen. Weil diese Dinge von Wert sind, wird verständlich, warum die Erinnerung an verlorenes Glück bittersüß ist: Die Erinnerung schmerzt, weil das Erinnerte verloren ist; aber die Erinnerung hält das Verlorene auf eine gespenstische Art und Weise präsent.

man sich zwar vage am Guten, aber dieses bleibt für sich unbestimmt, während die jeweils besseren Dinge gewählt werden.

Jemand, der ein gutes Leben führen will, wird also Positives erreichen wollen, was immer es auch ist und worin auch immer es bestehen mag. Er wird es entweder erstreben oder es akzeptieren, wenn der Zufall es ihm vor die Füße wirft. Solange er nicht bloß die kleinen und konkret erreichbaren Freuden summiert, sondern sich an der Klasse der FREUDE ausrichtet, wird er Bedingungen schaffen, um ein gutes Leben zu führen. Dieses kann durch Übel und auch durch ein großes Unglück korrumpiert werden. Oben hatte ich bereits gesagt, dass es zwar nützlich ist, einen entsprechend starken Charakter auszubilden, dass aber dieser nicht davor schützt, Opfer eines hinreichend großen Unglücks zu werden. Gerade weil das Glück des guten Lebens nicht transzendent ist, ist es zerstörbar. Das holistische Glück ist fragil und es gibt keine Garantie, dass man es erreicht. Da man aber nicht alle Übel abwehren kann, da einen immer ein großes Unglück ereilen kann, muss man lernen, die Übel zu akzeptieren und das Gute im Schlechten zu sehen.

Genau dieses Akzeptieren der Übel, das Extrahieren gewisser Freuden aus dem Unglück und auch das Vermeiden von exzessiven hedonistischen Freuden entspricht einem Begriff, den antike und moderne Glückstheoretiker gerne verwenden und der nahezu perfekt in unsere bürgerlichen Gesellschaften mit ihrer Neigung zur Ruhe und zum Privativen passt. Es ist der Begriff der Gelassenheit. Gelassenheit ist die Grundstimmung, die entsteht, wenn das holistische Glück sich über das ganze Leben erstreckt und Freuden und Übel umgreift. Gelassenheit ist das Mittlere zwischen der exzessiven hedonistischen Lust und der eudämonistischen Vergeistigung. Gelassenheit kennt nicht den risikohaften Einsatz auf Glück und auch nicht die beherrschende Angst drohenden Verlusts von Glück. Gelassenheit sieht dem Unglück gleichmütig entgegen. Allerdings verneint sie auch größtmögliches Engagement und jene Unruhe, die dem Engagement eigentümlich ist. Gelassenheit ist die Ruhe, die sich verträgt mit einer ebenfalls befriedeten bürgerlichen Gesellschaft, die mittelmäßige Glücksgüter und Freuden für ihre Mitglieder bereit hält. Das mediane Glück ist die Lösung zwischen dem Glück von Alter, das Ego schadet, und dem Glück von Ego, das Alter schadet. Beide realisieren das ihnen größtmögliche Glück, wenn sie einander berücksichtigen, wie es ihnen die Moral gebietet (ebenso, wie sie eine mediane Freiheit erreichen). Hinzu kommt: Als private Haltung ist die Gelassenheit die Vorsicht gegenüber den Übeln und die Tilgung der Exzessivität extremen Glücks. Die Gelassenheit meidet den Rausch des Positiven und des Negativen und genießt mittelmäßige, lauwarme Freuden.

In der Tat entsprechen der gemischten Welt, in der wir leben, gemischte Freuden. Dennoch neigen wir zur Verbesserung unseres Lebens und zur Optimierung der Freuden. Zugleich wissen wir, dass in einer gemischten Welt zu leben nicht bedeutet, dass Glück und Leid ausgewogen sind; gerade hier kann uns großes Unglück erleiden. Sich lediglich gegen dieses zu wappnen entspricht weder dem antiken noch dem modernen Verständnis von gutem Leben, gleichwohl gibt es auch im holistischen Glück immer die Vorsicht und die Prävention neben dem Versuch, das positiv definierte Gute zu erreichen. Ich selbst halte jedoch die Gelassenheit nicht für die geeignetste Haltung gegenüber den Übeln und Gutheiten der Welt. Gerade die Verbesserung unseres Lebens verlangt ein gewisses Maß an Engagement; und der Aktivität bedarf es auch, um unterschiedliche Freuden, auch solche in Übeln, zu erlangen. Gelassenheit impliziert eine gewisse Unempfindlichkeit gegenüber der Welt. Engagement bedeutet dagegen Empfänglichkeit; und wer das Leben in voller Weise führen will, muss auch bereit sein, die Übel zu empfinden. Da ich das Engagement als Zugang zur Welt präferiere, wird deutlich, warum ich mich auf die antike Strebekonzeption eingelassen habe: Erst wer etwas erstrebt, kann auch engagiert für etwas sein. Und umgekehrt wäre es unplausibel zu sagen, dass jemand, der engagiert für etwas ist, dieses nicht erstrebt. Wir können aber beiseite lassen, ob das Erstreben zur anthropologischen Grundausstattung des Menschen gehört.[22]

Wenn wir das erreichbare Glück als etwas verstehen, das momenthafte und dauernde Freuden verschiedener Intensität beinhaltet, so ist klar, dass auch einige andere Phänomene verständlich werden: Wir lassen uns oft von Glücksversprechen leiten und dies eher als von der wahrscheinlichen Aussicht auf Glückserfüllung. Wir orientieren uns an der Vorfreude statt an der erreichbaren Freude. Und wir leben lieber im Glücksirrtum als in der Glücksenttäuschung. Das liegt daran, dass das holistische Glück sowohl die verschiedenen Freuden der Erfüllung in sich schließt als auch die Freuden der bloßen Aussicht auf Erfüllung. Alle diese Freuden sind es wert, erlebt zu werden. Allerdings verliert das holistische Glück den punktuellen Zielcharakter, den noch das *Summum Bonum* inne hatte. Indem es sich über das Leben mit seinen Höhen und Tiefen erstreckt, indem es verschiedene Arten von Freuden und Wohlergehen einschließt und indem diese verschiedene Grade der Intensität annehmen können, verliert das holistische Glück seine Konkretheit, die einem Handlungsziel eigen sein muss. Ein Handlungsziel muss immer *bestimmt* sein, will man seine Handlungen danach ausrichten; das

---

[22]So liegt es nahe, Bedürfen und Begehren als Strebemodi zu nehmen.

gilt auch für einen Zustand, der als Ziel umrissen sein muss. Aber das holistische Glück ist ein Zustand, das nur so weit bestimmbar ist, wie es in der Zukunft liegt, das aber weniger bestimmbar und weniger steuerbar ist als ‚Integral' eines Lebens. Zugleich wird deutlich, das dieses Glück nicht privativ ist; es ist abhängig von anderen, abhängig von den Möglichkeiten, die Epoche und soziale Umgebung dem Betreffenden bieten. Wenn aber sein Glück von anderen abhängig ist, wenn es nicht das ist, was er durch alleiniges Engagement erreichen kann, wenn holistisches Glück heißt, es neben und in Übeln zu entdecken und zu erkämpfen, und wenn dies bedeutet, den anderen in seinen Glücksmöglichkeiten zu berauben oder selbst beraubt zu werden, dann ist klar, dass es in einer Gesellschaft eine Moral braucht. Diese schneidet dann aber diejenigen Glücksquellen ab, die in der bloßen Expansion der egoistischen Freuden liegen. Die Moral schützt gewisse Glücksquellen und Entfaltungsmöglichkeiten der jeweils anderen und stellt somit einerseits ein Präventivmittel für Unglück dar, andererseits aber auch Quelle von Unglück (das etwa in Schamgefühlen oder Bestrafungen liegt). Wäre mein Glück nur meine Sache, so wäre die Beantwortung der Frage, wie ich mein glückliches Leben führen kann, auch die Beantwortung der Frage nach den Einzelhandlungen und Entscheidungen, die ich ausführen muss. Das hieße, der Begriff des guten Lebens lieferte die konzeptuelle Basis für Klugheitsnormen. So aber muss ich den anderen berücksichtigen und die Moral liefert mir (partiell) die Klugheitsnormen, der es bedarf, um nicht Opfer von Bestrafung, also künstlichen Unglücks zu werden. Der Begriff des holistischen Glücks passt sich eher den modernen Moralkonzeptionen an als Aristoteles' eudämonistischem Glück.

Wir können daher die Frage beantworten, welche Moral mit dem so gewonnenen Begriff des guten Lebens überhaupt vereinbar ist. Die Antwort lautet: eine gemischte Moral, insbesondere eine Mischung von permissiver und direktiver Moral, die Platz lässt für Ideale und freie Lebensentwürfe. Wir erinnern uns daran, dass Moral mit mehr oder weniger starken und mit Sanktionen gestützten Verbots-, Gebots- und Erlaubnisnormen operiert. Dabei sind Normen nur ein gesellschaftlicher Notbehelf neben der Tatsache, dass der Mensch Gutes von sich aus und das Richtige aus den richtigen Gründen tun kann. Normen sind meist kein Mittel zum Guten, sondern Mittel, das Schlechte zu verhindern – weshalb sie keinen Eigenwert besitzen. Man soll zwar das Gute tun, da das Gute aber meist unterbestimmt ist, soll man wenigstens nichts Schlechtes tun. Normen können aber nicht das eigene freie Streben nach Gutem ersetzen und sie können es nur bedingt fördern; oft gelingt es Normen nicht einmal, schlechte Handlungen zu präventieren. Offenbar haben Normen nur eine Auxiliarfunktion, schlechte und gute Motive entsprechend zu verhindern oder zu verstärken. Außerdem sind

Normen dort gänzlich unbedeutend, wo es darum geht, das, was wertvoll ist, aus sich heraus zu entwickeln, etwa gute menschliche Beziehungen, Freundschaft, Vertrauen, Liebe und Wohlwollen. Durch Zwang kann man nicht durchsetzen, was einen Wert für sich hat. Und durch normativen Zwang kann man nicht durchsetzen, was einer eigenen freien Motivation bedarf: Es ist offenkundig, dass das Aussperren von Obdachlosen aus Gebäuden nichts dazu beiträgt, dass Obdachlose ein häusliches (das heißt ein erwünschtes und vielleicht generell wünschbares) Leben führen werden. Dazu bedürfte es einer anderen, nämlich einer genuin auf ein besseres Leben zielenden Motivation. Durch normativen Zwang wird auch nicht das geschaffen, was die Geborgenheit in einer Familie oder die Solidarität unter Arbeitern ausmacht; Normen können diese Beziehungen und die in ihnen produzierten Werte nur zusätzlich absichern. Allgemein gesagt: Das bloße Vermeidenwollen von non-x ist niemals das Erlangenwollen von x. Das heißt aber nun, dass, wer ein gutes, das heißt glückliches Leben führen will, all das, was genuin wertvoll ist und dadurch geschaffen wird, dass man es frei vollzieht (wie Freundschaft, Liebe etc.), eben aus sich heraus schaffen muss. Er muss sich zusätzlich an die (begründeten, rationalen und legitimierten) Normen halten, die eine Gesellschaft zum gegenseitigen Schutz etabliert; aber er kann nicht hoffen, dass ihn ein bloß normkonformes Leben *glücklich* macht. Insofern der vollendete Normenbruch eine Glücksquelle darstellt, so muss er das Risiko abwägen. Jedenfalls darf er die Glücksquellen der anderen nicht verletzen und diese ihnen nicht unbegründet entziehen; dies ist eine Einschränkung, die nicht mit dem Begriff des *Summum Bonum,* wohl aber mit dem des holistischen Glücks vereinbar ist. Er ist deshalb nicht mit dem Begriff des *Summum Bonum* vereinbar, weil dieses eine Konzeption von Glücksmaximierung darstellt. Und die eigene Maximierung des Guten bzw. des Glücks wird in einer Gesellschaft, die eine Moral etabliert, gerade an einem bestimmten Punkt unterbunden. Ganz verboten sind böse Handlungen, also solche, die (sei es mit Grund oder aber sinnlos) das Glück anderer zerstören. So machen unsere Gesellschaften also aus der Möglichkeit des irdischen Paradieses, das darin bestünde, dass zumindest ich mich aller möglichen Freunden hingebe, einen beschaulichen Hinterhof, indem die adäquate Einstellung zu den Übeln und Freuden der gemischten Welt die der Gelassenheit ist.

Es ist überdies klar, welcher Art von Übeln die Normen einer Moral beikommen wollen: Sie wollen das schützen, was Menschen einander Gutes tun, sie wollen die positiven und produktiven Grundlagen der Gesellschaft schützen, die wertvollen zwischenmenschlichen Beziehungen und ihre ‚Produkte‘ wie Liebe, Vertrauen, Freiheit, Freundschaften usw. Menschen kooperieren und schaffen somit das, was sie brauchen und wollen; sie schaffen Güter und in diesem Sinne das Gute. Sie schaffen einen Progress, indem sie ihre Handlungen und

Erzeugnisse miteinander verbinden und gemeinsame Werte pflegen. Schlechtes Verhalten ist einfach das Zerstören dieses Progresses oder das Ausbeuten der Kooperation. Beides kann es nur geben, wenn es ein produktives und in diesem Sinne gutes Substrat gibt. Gäbe es dies nicht, so könnte der Räuber nichts rauben, der Mörder nichts töten und der Betrüger nichts durch Betrug erlangen. Das Schlechte (das Böse) ist also kein Mangel am Guten, sondern ein Parasit des Guten: Nur dort, wo es ein produktives Handeln mit entsprechenden werthaften Erzeugnissen gibt, nur dort kann es schlechte Handlungen und Destruktion geben. Ich überlasse es dem Leser zu überlegen, in welchem Verhältnis das Schlechte am Substrat des Guten auftreten wird. Doch scheint es plausibel anzunehmen, dass nur dort, wo es eine Εὐπραξία als produktives, konstruktives Handeln gibt, negative Handlungen auftreten können, während ohne diese Basis das negative Handeln zum Erliegen käme.

Das sichere oder immerhin regelmäßige Auftreten schlechter Handlungen dürfte nun plausibel machen, warum es Normen gibt, die das, was Menschen wichtig ist, schützen. Für das Gute schlechthin kann es keine Schutznorm geben; das Gute ist zu unbestimmt, um eine entsprechende Handlungsnorm zu konkretisieren. Dass man das Gute, was es auch sei, anstrebt, das heißt, dass man sich auf die Seite des Positiven begibt, kann nur eine Empfehlung sein. Und auch, dass man ein guter Mensch wird oder dass man ein gutes Leben führt kann nicht Sache einer Norm sein. Es ist Sache eines Ideals.

Regeln, Normen und Ideale gibt es, weil sie uns von einem schlechten Zustand in einen besseren Zustand zu versetzen helfen. Es gibt sie, weil sie anleiten, bilden, besser machen. Für die Regel und die Norm gilt dies nur bedingt, denn sie erziehen und bilden nicht, sie leiten nur an und orientieren unser Handeln besonders in Bezug auf das, was man im eigenen oder im fremden Interesse vermeiden sollte. Keine Norm, die ein schlechtes Handeln von mir unterdrückt, macht mich zu einem guten Menschen. Und keine Regel, die mein Handeln leitet, führt mich über sie hinaus; die bloße Regelbefolgung führt mich nicht zu einem Gut, das jenseits der Regel liegt. Die Verkehrsregeln ordnen nur den Verkehr, sie stellen Minimalforderungen an gutes Fahren, aber sie machen mich nicht zu einem guten oder exzellenten Fahrer. Einen guten oder exzellenten Fahrer macht es zwar aus, die Regeln zu kennen und anzuwenden, aber sein Gutsein geht darüber hinaus. Dagegen sagt uns ein Ideal, was wir anstreben sollten. Es ist eine Empfehlung, schwach normativ, und hat daher eher etwas mit Werten als mit Normen zu tun. Im Ideal erkennen wir, was umfassend wertvoll ist. Eine Norm kann man erfüllen, ein Ideal dagegen nicht; man kann sich ihm nur annähern und meist lebt das Ideal davon, dass wir das Mangelhafte unseres So-Seins erkennen. Auch das Ideal einer besseren Gesellschaft schwebt uns vor Augen, ebenso das Ideal unseres eigenen guten Lebens. Um sich einem Ideal anzunähern muss man ebenfalls *engagiert* sein. Dies ist bei der bloßen Normenbefolgung gerade nicht der Fall.

Ich komme nun zum letzten Punkt. Wenn man ein gutes Leben führen will, fragt man auch nach dem *Sinn des Lebens*. Man kann Sinn in Bezug setzen zu den oben entwickelten vier Wertungen: ‚gut', ‚schlecht', ‚neutral' und ‚ambivalent'. Diese Wertungen sind, weil sie Wertungen sind, zugleich auch Sinnkategorien. Sinn macht für uns ein gutes Leben, ja das Gute überhaupt; das Schlechte, insbesondere das Böse, verneinen den Sinn. Aus Übeln und Schlechtem lassen sich immerhin Sinnderivate ableiten, wie etwa, dass ein Unglück gute Folgen hat. Das Neutrale ergibt für uns keinen Sinn; es hat keine Funktion. Auch das Ambivalente macht für uns Sinn, aber eben einen uneindeutigen. Gerade das Schlechte, das letztlich doch Gutes in sich birgt, ist für uns paradigmatisch für Ambivalenz. Es überrascht kaum, dass die vier Wertungen irgendetwas mit Sinn zu tun haben. Wir bewerten die Welt und im Zuge der Bewertung sagen wir, was wir für sinnvoll, für sinnlos oder für absurd halten. So, wie wir das Gute anstreben, so meiden wir das Sinnlose. Manche erschüttert der Gedanke, in einer absurden Welt ohne Sinn und Zweck zu leben. In einer solchen Welt würde die Frage nach einem guten Leben im traditionellen Sinne keinen Sinn ergeben. Ohne eingebettet zu sein in einen Sinn der Welt ist es schwer, etwas für gut zu halten. Andererseits ist gerade der Mensch in der Lage, der offenkundig sinnlosen Welt einen Sinn abzutrotzen. Da nur der Mensch ein Wesen ist, dass sich nach dem Sinn fragen kann, ist nur er es, der die Welt mit Sinn belegen kann, auch wenn sie, nach allem was wir wissen, offenkundig zwecklos in sich ruht, ohne Telos entstanden ist und ohne Telos vergeht. Das Nichts, die Sinnlosigkeit par excellence, verneint alles, was in einer gemischten Welt existiert, die Gutheiten, Übel und das Neutrale, denen der Mensch begegnet.[23]

---

[23]Eigentlich muss man verschiedene Sinnlosigkeiten unterscheiden: Die Frucht, die niemand isst, hat einen anderen Un-Sinn als die Frucht, die unfruchtbar ist. Letztere ist ein Ding ohne Telos. Das Überflüssige hat eine andere Sinnlosigkeit als das Unfunktionale. Und das, was keinen Zweck hat, ist auf andere Weise sinnlos als das, dessen Zweck unterbrochen wurde. Dem Menschen ist es eigentümlich, dass er verschiedenen Dingen einen verschiedenen Sinn zuschreiben kann. Und er hat die Neigung, auch aus dem Sinnlosen einen Sinn abzuleiten. Ein Unglück, sagen wir ein Verkehrsunfall, hat keinen primären Sinn, mehr noch: Jeglicher Telos der Verunglückten ist durch ihren Tod hinfällig geworden. Aber man kann das Gute im Unglück, das Nützliche im Unnützen und das Sinnvolle im Sinnlosen erkennen und in diesem Sinne einen sekundären Sinn extrahieren. Sinnlos oder sinnwidrig im Sinne des Absurden ist letztlich nur das, aus dem man keinen sekundären Sinn ableiten kann.

Wer ein gutes Leben führen will, der muss ein Leben führen, das einen Sinn ergibt. Angesichts des drohenden Todes ist dies ein schwieriges Unterfangen. Das Gute und der Sinn müssen im Jetzt bestehen, zugleich muss man sagen können, das Leben sei insgesamt gut gewesen und habe an und für sich Sinn gemacht. Wir sind geneigt, den Sinn zu quantifizieren und dasjenige Leben ein sinnvolles zu nennen, das irgendein Produkt oder eine Leistung hinterlässt (Kinder, Vermögen, eine wissenschaftliche Leistung etc.). Aber es ist nicht aufrichtig, ein Leben und den Sinn eines Lebens in einer kaufmännischen Denkweise zu verstehen und zu bewerten. Immerhin entzieht sich, anders als der Begriff des *Summum Bonum,* der Begriff des holistischen Glücks dieser Denkweise. Wer ein gutes Leben führen will, der muss seinem Leben einen nicht quantifizierbaren Sinn geben, das heißt, er muss einen Sinn entwickeln für die qualitative Dimension des Guten und des Schlechten.

Literatur

Aristoteles (1969): *Nikomachische Ethik*. Stuttgart

Augustinus (2011): *De beata vita/Über das Glück*. Stuttgart

Boethius (2010): *Trost der Philosophie*. Stuttgart

Elster, Jon (1986): *Subversion der Rationalität*. Frankfurt

Ewing, Alfred C. (2014): *Ethik. Eine Einführung*. Hamburg

Foot, Philippa (1997): *Die Wirklichkeit des Guten. Moralphilosophische Aufsätze*. Frankfurt

Grimm, Jacob/Grimm, Wilhelm (1984): *Deutsches Wörterbuch*. Band 13. München

Halbig, Christoph (2013): *Der Begriff der Tugend und die Grenzen der Tugendethik*. Berlin

Hare, R. M. (1997): *Die Sprache der Moral*. Frankfurt

Hölderlin, Friedrich (2013) *Hyperion*. Stuttgart

Hurna, Myron (2014): *Legitimation moralischer Normen. Ein moralphilosophischer Entwurf*. Berlin

Jankélévitch, Vladimir (2005): *Der Tod*. Frankfurt

Kant, Immanuel (1990): *Die Metaphysik der Sitten*. Stuttgart

Kant, Immanuel (2002): *Zum ewigen Frieden*. Stuttgart

Leibniz, G. W. (1995): *Fünf Schriften zur Logik und Metaphysik*. Stuttgart

Levi, Primo (^{5}2015): *Ist das ein Mensch?* München

Lewis, David K. (1975): *Konventionen. Eine sprachphilosophische Abhandlung*. Berlin

Luhmann, Niklas (2008): *Die Moral der Gesellschaft*. Frankfurt

MacIntyre, Alasdair (1995): *Der Verlust der Tugend. Zur moralischen Krise der Gegenwart*. Frankfurt

Moore, George E. (1975): *Grundprobleme der Ethik*. München

Nestle, Wilhelm (1956): *Die Vorsokratiker*. Düsseldorf

Perry, John (2012): *Dialog über das Gute, das Böse und die Existenz Gottes*. Stuttgart

Popitz, Heinrich (2006): *Soziale Normen*. Frankfurt

Rawls, John (2012): *Eine Theorie der Gerechtigkeit*. Suhrkamp

Reiner, Hans (1965): *Gut und Böse*. Freiburg

Schlick, Moritz (^{2}2002): *Fragen der Ethik*. Frankfurt

Seebold, Elmar (Hrsg.) (^{25}2011): *Etymologisches Wörterbuch der deutschen Sprache*. Berlin

© Springer Fachmedien Wiesbaden GmbH 2017   149
M. Hurna, *Was ist, was will, was kann Moral?*,
DOI 10.1007/978-3-658-15993-1

Seneca (2009): *De otio/Über die Muße // De providentia/Über die Vorsehung.* Stuttgart
Seneca (2010): *Über die Güte.* Stuttgart
Steinfath, Holmer (Hrsg.) (1998): *Was ist ein gutes Leben?* Frankfurt
Stemmer, Peter (2008): *Normativität. Eine ontologische Untersuchung.* Berlin
von Wright, G. H. (1994): *Normen, Werte und Handlungen.* Frankfurt

The manufacturer's authorised representative in the EU is Springer
Nature Customer Service Centre GmbH, Europaplatz 3, 69115 Heidelberg,
Germany. If you have any concerns regarding our products, please
contact ProductSafety@springernature.com

Printed and bound by CPI Group (UK) Ltd, Croydon, CR0 4YY
27/04/2026
02097656-0006